Horst Rumpf

Unterricht und Identität

Perspektiven für ein humanes Lernen

Juventa Verlag München

ISBN 3-7799-0534-5

1976 © Juventa Verlag München
Printed in Germany
Druck: Brönner & Daentler KG, Eichstätt

Inhalt

I: Schullernen und die Bedrohung der Identität . . . 9

II: Zweifel am Monopol des zweckrationalen Unterrichtskonzepts
Thesen über das Verhältnis von Lernzielen und Unterrichtsereignissen 29

III: Divergierende Unterrichtsmuster in der Curriculumentwicklung 53

Vier Curriculum-Ausschnitte als Beispiele (S. 56) — Drei Grundprobleme bei der Modellierung von Lernerfahrungen (S. 69) — Definitionsdivergenzen und ihre Verarbeitung (S. 79) — Erfahrungstypen, Erkenntnismethoden, Planungskonzepte (S. 85)

IV: Identitätsorientierung im Unterrichtsalltag
Materialien zu Analyse und Beurteilung 89

Erstens: ein Unterrichtsgespräch und seine Analyse. Methodenprobleme (S. 91) — Zweitens: ein Vorschlag zur Beurteilung von Leistungen im Deutschunterricht der Sekundarstufe (S. 106)

V: Rituale der Angstabwehr
Über Lehrgewohnheiten der Hochschule und ihre Entstehungsbedingungen auf seiten des subjektiven Faktors 113

Die Wissenschaft und ihre Hochschul-Insignien (S. 115) — Orientierungsängste (S. 118) — Probleme bei einer nicht-monarchischen Definition von Lehre (S. 124)

VI: Konkurrenzlernen
Gedanken zum Leistungsprinzip 129

Beispiel A: Es muß Schlechte geben (S. 130) — Beispiel B: Die Verwesung von Schulwissen oder: Lernen und Glauben (S. 133) — Beispiel C: Nachdenken statt Nachreden (S. 134) — Beispiel D: Ein Lernterrain: für Leistung präpariert (S. 137) — Handlungsräume und ihre Rahmenbedingungen (S. 139) — Thesen zum Leistungsprinzip (S. 140)

VII: Arbeit an der eigenen Identität 143

Das Ich und seine sozialen Identitäten: Unterscheidungen und Verdeutlichungen (S. 143) — Szenen, Situationen, Kommentare (S. 146) — Die bedrohte Identität. Schlußbemerkungen (S. 163)

Anhang: Arbeitspapiere 167

Notizen nach dem Seminar »Standardisierung und Selbsttätigkeit« 167
Inhaltsanalyse von Unterrichtsmaterialien 169
Seminar: Inhaltsanalyse von Unterrichtsmaterialien . . 171
Thesen zu einer interaktionistischen Didaktik . . . 173

Anmerkungen 181
Literaturverzeichnis 193

Krisenerfahrungen auf seiten des subjektiven Faktors der Gesellschaft — Erfahrungen der Ohnmacht, der Aufspaltung, der Verwirrung und der daraus folgenden Apathie zeichnen in spezifischer Weise auch die Praxis der Erziehung, und zwar bei allen Beteiligten, auf allen Ebenen.
Man muß fragen, ob das »Überwältigende gesellschaftlicher Objektivität« (Klaus Horn) nicht ein solches Ausmaß angenommen hat, daß jede Bemühung, Subjekten trotzdem auf dem Weg zwischenmenschlichen Handelns Erfahrungen ihrer Bedeutung und ihrer Lebenskontinuität zu ermöglichen, scheinhaft wird und der Selbsttäuschung erliegt. Aber diese Frage sollte nicht mit dem Blick des Großinquisitors gestellt werden, der aufgrund seines Eingeweihtseins in die objektiven Wahrheiten und die richtigen Methoden verdächtig genau weiß, daß jeder — politisch oder wissenschaftlich — in die Irre geht, der Subjekte und ihre normalen Erfahrungen in zwischenmenschlichem Handeln ernst nimmt, weil er ihnen etwas zutraut.
Diese Frage nach der Übermacht des objektiven Faktors dispensiert jedenfalls nicht den mit Erziehung und Unterricht Befaßten davon, seine nachhaltige Aufmerksamkeit alltäglichen Phänomenen zuzuwenden, in denen sich vermutlich die Arbeit von Menschen an ihrer eigenen Identität, an der Kontinuität ihrer Erfahrungszusammenhänge, an der Erweiterung ihres Deutungs- und Handlungsspielraums regt oder in denen diese Arbeit rituell abgeblockt wird und erstarrt.
Die folgenden Aufsätze sind Übungen in dieser Aufmerksamkeit, und zwar in verschiedenen Richtungen: in Richtung auf normale Alltagsszenen mit Lernenden innerhalb wie außerhalb von Unterricht in den Aufsätzen I und VII; in Richtung auf die die Curriculumentwicklung wie die Unterrichtsforschung bestimmenden Deutungsmuster von Unterricht (II, III und IV); in Richtung auf die den Unterricht in Schule und Hochschule orientierenden Rituale und Normen (V und VI).

I
SCHULLERNEN
UND DIE BEDROHUNG DER IDENTITÄT

Was geschieht, wenn die Erwachsenenwelt in die Heranwachsenden einwandert, kann man sich in zwei Formen vergegenwärtigen, verdeutlichen: in Gestalt von Szenen, Szenenelementen, die zu berichten, vorsichtig zu interpretieren sind — sowie in Gestalt theorieorientierter Darlegungen, die auf die Schnittmuster und Hintergrundmechanismen solcher Szenen abheben. Ich beginne mit Szenen und Beispielen — in der Hoffnung, daß das auch den ausdrücklich theoretischen Erörterungen des letzten Abschnitts zugute kommt.

Beispiel 1:
»Eine Studentin erzählt: Als sie gerade in die Schule gekommen war, durfte sie einmal zuhören und zusehen, wie der Lehrer den Älteren an einem Globus überzeugend demonstrierte, wie sich die Erde einmal an jedem Tag herumwälzt. Sie erwartete nun voller Angst die Nacht, in der sie unten zu hängen und abzustürzen fürchtete. Zu ihrem Glück dachte sie nicht konsequent genug, um den Sturz auch der Bettstelle in ihre Furcht einzubeziehen! So half es denn, daß sie sich an ihr festklammerte, und es geschah nichts sichtlich Gefährliches. Nur die Angst.« (Wagenschein/Banholzer/Thiel 1973, S. 72).

Eine womöglich freundliche, verständige und anschauliche Belehrung — und die Welt geht aus den Fugen, die Welt nämlich, die das Kind sich aus seinen früheren Erfahrungen zurechtgelegt hatte, die es für stabil hielt mitsamt ihren sinnfälligen Gesetzlichkeiten: was unten hängt, stürzt ab, wenn es nicht festgemacht ist. Und natürlich geht auch das gelehrte Erwachsenen-Weltbild aus den Fugen — und zwar deswegen, weil das Kind seine früheren Welterfahrungen und Deutungen nicht einfach stillegte und verleugnete, sondern irgendwie zusammenzubringen versuchte mit dem überraschend Neuen, was es da vorgeführt bekam.

Das Erwachsenen-Weltbild scheint bedroht — von Mißverständnissen, von Verzerrungen; das in die Schule mitgebrachte Kinder-Weltbild ist nur dann bedroht, wenn der Heranwachsende das Schüler-Ich nicht einfach abtrennt von dem, was ihm sonst noch die Welt zu erfahren und zu denken gab. Nur wenn also solche Bemühung um die Kontinuität eigener Erfahrungen, um die verschiedene Erfahrungsausschnitte tragende Identität sich überhaupt regt — nur dann kann es zu so heiklen Beschädigungen von Weltbildern kommen, zu Ängsten vor dem Absturz, vor dem Sturz aus gewohnten, sinnlich verbürgten Sicherheiten. Erscheinungsformen, Bedingungen, Konsequenzen solcher Konfrontationen etwas schärfer sehen und einschätzen zu lernen, soll hier wenige Schritte weit in der vorsichtigen Analyse von Beispielen und Situationen versucht werden.

Die Menschen brauchen den anderen, um — sozusagen im Spiegel der Erwartungen und der Reaktionen des anderen — sich selbst wahrzunehmen, sich selbst bestätigt und ratifiziert zu sehen. Niemand kann sich selbst stabilisieren, ein kontinuierliches Ich aufbauen, wenn er nicht den Umriß dieses Ich in den Reaktionen und Erwartungen anderer vorgezeichnet sieht.

Beispiel 2: Nicht anerkannt?
Ein siebenjähriger Zweitkläßler, vor dem Umzug in ein anderes Land, quält sich mit der Angst — die ihm von Klassenkameraden eingeträufelt wird —, er müsse in dem anderen Land von vorn anfangen, das Zeugnis werde da nicht anerkannt.

Die Sorge, sozial nicht der bleiben zu können, der man in anderen Beziehungen geworden ist — diese Sorge ist unverkennbar: Wer man ist, das merkt der Bub, das rührt davon her, als wer man von mächtigen und bedeutsamen anderen angesehen wird. Und ein Wechsel bedroht gerade das Ich, das in anderen, früheren Zusammenhängen gebildet und ratifiziert wurde. Das alles, was ich hier bin, könnte unversehens zu nichts werden in der neuen Welt, in die ich komme.

Damit ist, in gewisser Verschärfung, die Lage jedes Neulings, der ein Fremdling ist, in einem wichtigen Aspekt umrissen: Er bringt Anteile mit, er bringt ein Ich mit, das nicht recht paßt — jeder hat wohl Erinnerungen an Schul- und Hochschulinitiationen und Situationen, die ihm die Erfahrung brachten, er werde hier als jemand angesprochen, der er überhaupt nicht sei: fehl am Platz, ungeeignet, ohne die nötigen Voraussetzungen, je nachdem.

Viel hängt also davon ab, wie das institutionalisierte, das räumlich und zeitlich aus dem sonstigen Leben ausgegliederte und auf Ziele hin gesteuerte Lernen in Schulen jeder Art das lernende Ich vorzeichnet — wie die Lerner-Rolle geschnitten ist: ob man bestimmte Teile des mitgebrachten Ichs verleugnen oder einbringen soll[1]. Wenn man sich die Verwirrungen des absturzgeängsteten Kindes vergegenwärtigt, möchte man meinen, eine möglichst strikte Trennung des Lerner-Ichs von dem Ich der Privatgedanken sei wünschenswert.

Beispiel 3: Der Knochenmann
Wer als Zehn- oder Elfjähriger beginnt, Tierkunde nach dem Schulbuch von Schmeil zu lernen, hat natürlich schon eine ganze Reihe Erfahrungen und Theorien zum menschlichen Körper — er weiß beispielsweise, daß andere stärker, schneller, dicker, krankheitsanfälliger sind als er, und er weiß, welche Folgen das für sein und der anderen Befinden hat. Wenn er das zehnseitige Vorkapitel der Tierkunde — überschrieben mit »Der menschliche Körper und seine Pflege« — zu lernen vorgesetzt bekommt, müssen diese Erfahrungen und die an sie geknüpften Gedanken schweigen, obwohl die Überschrift in ihrem zweiten Teil immerhin so etwas wie Beziehungen zu alltäglicher Lebenspraxis verheißt. Doch man findet meist anatomische Beschreibungen und Klassifikationen — gefolgt von Lebensregeln im gelben Kästchen. Der erste Abschnitt »Das Knochengerüst« informiert detailliert über Gelenk- und Knochensorten. Ein Schädel und Skelett mit insgesamt 23 Knochenhinweisen auf zwei Seiten bringt zunächst noch allgemeine Hinweise auf »Knochen des Fußes« und »Knochen der Hand«. Aber schon auf der nächsten Seite werden die Lücken gefüllt: Von Elle und Speiche bis zum Fußwurzel-, Mittelfuß- und Zehenknochen passieren weitere Skelettbestandteile Revue — das Ganze mündet in einen gelben Kastenabschnitt »Pflege der Knochen«; da steht

zu lesen: »Zum gesunden Knochenaufbau brauchen besonders Kinder viel Milch, Obst und Gemüse. Achte immer auf eine gute, aufrechte Haltung. Sie wird durch Turnen, Schwimmen und andere Sportarten gefördert. Vermeide jedoch jede Übertreibung beim Sport!« (Otto Schmeil: Tierkunde für die Unterstufe der Allgemeinbildenden Höheren Schule — Wirbeltiere, Salzburg o. J., S. 6 ff.).

Als was, als wer wird hier der Lerner angesprochen? Gewiß nicht als einer, der seine eigenen Vorerfahrungen anhand dieser Vorgabe durcharbeiten, klären, erweitern soll. Das hier vorgestellte Knochenmann-Ich hat kaum etwas mit dem Ich gemein, das im sonstigen Leben seine Aufgaben, Freuden, Schwierigkeiten hat. Es ist noch gar nicht in die Debatte für oder gegen solche Modellierung der Lerninhalte und der in ihnen mitmodellierten Rolle des Lernenden eingegriffen, wenn man registriert, in dieser Vorstellung vom Schullernen werde der Neuling im Lernterrain als weißes Blatt konzipiert — er bringt nichts mit, es fängt systematisch vom Nullpunkt an, das Lernen. Das spart vielleicht Verwirrungen, das erleichtert bestimmt die Steuerbarkeit, die Kontrollierbarkeit, die Vergleichbarkeit der Lernprozesse. Lerninhalte und ihnen gemäße Lernszenen daraufhin zu mustern, ob, in welchem Grad, in welcher Art das Ich seine mitgebrachten Erfahrungen stillzulegen, zu kanalisieren, einzubringen hat: das wäre eine grundlegende und durchgängige Frage für eine Didaktik, die die Qualität der in Lehr-Lernprozessen aufgebauten Identität für wichtig hält. Sie wäre bei der Analyse wie bei der Neuentwicklung von Unterrichtsmaterialien, Unterrichtsszenen, Unterrichtsergebnissen zu stellen: Wie werden die Lerninstitutionen mit der Fremdheit, der Andersheit, der Undomestiziertheit der ihre Demarkationslinie Überschreitenden fertig, und wie entschlüsseln und verarbeiten die in Lerngänge Eingeschleusten die Signale und Vorschriften der Lehrinstitution?

Beispiel 4: Präpositionen und Lernverzicht
Ein Zehnjähriger bekommt in sein Heft als Lernaufgabe diktiert: »Das Fügewörtchen oder Vorwort (= Präposition) dient dazu, ein Satzglied in den Satz zu fügen. Es verlangt vom Sub-

stantiv einen bestimmten Fall ... Vorwörter, die den 2. Fall verlangen: anstatt, statt, außerhalb, innerhalb, oberhalb, unterhalb, diesseits, jenseits, halber, laut, kraft, mittels, unweit, inmitten, während, wegen, infolge, trotz, um willen ...« usw.

Der mit dieser Aufgabe Konfrontierte hat nicht nur die positive Leistung zu vollbringen, sich Fallregeln für Präpositionen einzuprägen und diese reproduzieren zu können — er hat auch einen Verzicht zu leisten; er hat darauf zu verzichten, die ihm geläufige Sprache so zu gebrauchen und zu lernen, wie es ihm vertraut ist — in Gesprächen, in Fernsehsendungen, in Klagen: immer taucht Sprache in Sinnzusammenhängen auf, im Austausch mit anderen, in irgendwelchen Interessenbeziehungen. Hier geht es nun darum, Sprache ganz anders wahrzunehmen — sie sozusagen herauszuoperieren aus Interessen- und Lebenszusammenhängen. Das Sprache lernende und gebrauchende Ich des Alltags ist strikt geschieden von dem Sprache lernenden Ich, das diese Regeln lernt — weil Sprache im einen und im anderen Fall etwas gänzlich Verschiedenes ist. Dem persönlichen Ich wird vom sozialen Ich Verzicht auferlegt. Eine gute Leistung hängt davon ab, ob es gelingt, sich die von diesem Unterricht vorgeschriebene Sprach-Lernrolle überzustreifen, in ihr zu agieren und sie zu isolieren von der Rolle dessen, der Sprache zu alltäglicher Verständigung und Selbstvergewisserung lernt und braucht: Man lernt die Ablösung der Sprache von Affekten, Erinnerungen, Erfahrungen. Interessant ist die Beobachtung, was Menschen in einem so präparierten Lernterrain noch miteinander anfangen können: es gibt da nichts zu grübeln, zu diskutieren, zu vergleichen; man kann das lernen, man kann sich abhören, man kann Fehler zählen, man kann mit der Stoppuhr messen, wer es schneller schafft; die Reinigung der Lerninhalte von Lebenshintergründen und Verwendungszusammenhängen begünstigt einerseits die Isolierung — man hat nichts, worüber man reden könnte, weil die Einlagerung verschiedener Lebenshintergründe gesperrt ist —; andererseits findet man soziale Selbstbestätigungen vor allem darin, daß man schneller, besser als andere in der Bewältigung der vorgestellten Aufgaben ist. Fazit: Die Modellierung der Lerninhalte, die Isolierung bzw. die Innervierung von persönlichen Ichanteilen und der Zuschnitt der sozialen Beziehungen, das sind verschiedene analytisch zu unterscheidende Seiten desselben Geschehens.

Die zwei skizzierten Beispiele illustrieren ein Schullernen, das weitgehend isoliert vom Ich sonstiger Lebenspraxis läuft. Werden dem Ich so die Verwirrung und die Bedrohung erspart, die das kleine Mädchen erfuhr, als es sich nachts an seinem Bett festhielt, voll Angst, wegen der Erddrehung abzustürzen? Werden ihm andere Verwirrungen, Bedrohungen aufgenötigt? Zur Diskussion dieser entscheidenden Fragen ist es zweckmäßig, einige Äußerungen und Szenen zu mustern, die das wahrnehmen und ernst nehmen, was Menschen mitbringen, wenn es ans Lernen geht.

Beispiel 5: Fragen in Costa Rica
»Sie haben berichtet, daß die Erde sich dreht. Einige behaupten, das wäre absurd, denn dann würden die Füße manchmal oben sein. Und das ist nicht so!«
»Wie ist die ›Grundlage‹ unserer Erde? Denn wenn sie rund ist wie eine Apfelsine und in der Luft schwebt, wie ist es möglich, daß die Menschen nicht umfallen und die Meere nicht auslaufen?« (Wagenschein 1975, S. 179).

Die so fragen, sind offenbar nicht bereit, ihre Erfahrungen der sie umgebenden Welt mitsamt den darein verwobenen Gedanken widerstandslos aufzugeben, wenn sie von neuen Erkenntnissen hören — solche Erwachsenen-Fragen, hat man zu Recht registriert, sind bei unserer vollbeschulten Gesellschaft kaum vorstellbar. Sie sind winzige Ausschnitte aus den rund 55 000 Briefen, die seit 1963 bei dem »Instituto Centroamericano de Extension de la Cultura« von Roderich Thun und seinen Mitarbeitern eingegangen sind. Briefe und Anfragen stammen von den mittelamerikanischen Landbewohnern, den Campesinos, die zu Millionen die Sendungen des Instituts mit Transistoren in entlegenen Urwalddörfern und Farmen hören können — sie sind zum Teil geschrieben von Schreibkundigen im Auftrag von

Analphabeten. Daß sie solches zu fragen wagen, scheint mir zu beweisen, daß diese Erwachsenenbildung nicht nach Art einer bestimmten Missionierung vorgeht: Die eigenen, tiefverwurzelten Erfahrungen und Weltbilder kommen zur Sprache, sie werden ernst genommen und angenommen — sie sind nicht das, was Wissenschaftsmissionare bestenfalls als Anknüpfungspunkt für ihre Belehrungen verwenden, um die Rückschrittlichkeit dieses vorwissenschaftlichen Heidentums darzutun.

Es ist dort offenbar gelungen, ein Netz dialogischen Austauschs aufzubauen — die Antworten können nicht so sein, daß sie die Fragen ein für allemal erledigen. Wagenschein fragt sich, ob Einwendungen gegen das kopernikanische Weltbild, wie die oben zitierten, bei uns Schulgebildeten nicht bloß zum Schweigen gebracht wurden, mehr oder minder gewaltsam unter dem einschüchternden Unfehlbarkeitsanspruch der Wissenschaft. Er hat Gründe. Man mag sich prüfen: Wer kann wirklich in einen Dialog eintreten, ohne sich sofort auf Bücher, auf Autoritäten, auf Forschungsergebnisse anderer berufen zu müssen und dadurch sein Gegenüber in die Rolle des nur noch zu belehrenden Objekts, sich aber in die des auch recht unmündigen, priesterlichen Vermittlers von Wissenschaft zu manövrieren? Wie sieht eine für normal gehaltene Belehrung in unserer Welt aus — nicht nur in der Schule, auch in den Medien, den Illustrierten, den Tischgesprächen? Welche Fragen werden zugelassen, sind anständig, dürfen sich vorwagen — und welchen Typ von Antworten glauben diejenigen sich schuldig zu sein, die dem Ruf des Wissenden zu genügen haben? Mit solchen Fragen im Sinn mag man noch einen Gedankenaustausch wägen, der aus dem Institut berichtet wird. Die Rückfrage bezog sich auf den großen Schrecken dieser Länder, die Erdbeben: »Ihr habt uns gelehrt, wie die Erdbeben entstehen. Aber unsere Alten sagen, das sei das Zucken der großen Schlange, auf der die Erde ruht.« Die Antwort: »Von der großen Schlange wissen wir nichts mehr. Was wir euch sagen, ist die Überzeugung der Gelehrten« (Wagenschein 1975, S. 183).

Beispiel 6: Thema Ich
Konrad Wünsche schreibt im Kapitel »Thema Ich«: »Ein Arbeiter auf der Bühne ist für einen Arbeiter im Parkett immer dann ein Erlebnis, wenn er ihm ansehen kann: Ja, das bin ich, es gibt meine Sorgen, es gibt meinen Alltag, das ist der Rede wert, daß ich da bin. Auch meine Schüler sollten das Gefühl haben, daß es der Rede wert ist, was und wie sie sind. Gewöhnlich haben sie das nicht« (Wünsche 1972, S. 50 f.).
Wünsche wendet sich konsequent zu einem Sach- und Sprachunterricht, in dem Schüler erfahren können, daß sie wer sind, weil das ernst und wahrgenommen wird, wie sich ihnen die Welt anfühlt. Da gibt es zum Beispiel die Selbstbeobachtung — zu schreiben ist etwas zum Thema: »Ich, wenn ich eine Arbeit schreiben muß.« Wünsche gibt ein Beispiel: »Ich denke zuerst einmal, wie meine Arbeit ausfallen wird. Dann überdenke ich das Thema sehr genau. Ich denke an zu Hause. An den nächsten Tag. Ich zögere auch sehr. Manchmal denke ich auch, was für ein Unsinn, solch ein blödes Thema. Ich lutsche am Füller und sehe nach nebenan, wieviel mein Nachbar schon geschrieben hat. Ich kratze mich am Kopf und fange an zu schreiben. Nach einer halben Seite denke ich schon an das Ende ... Ich denke an die Blödheit meines linken Nachbarn, er stört mich zwar immer, aber auch nur, wenn er nicht weiß, was er schreiben soll« (Wünsche 1972, S. 57).

Es gibt ein Subjekt, mit schweifenden oder diffusen Affekten, in einer bestimmten sinnlich erfahrenen Umwelt — und diese Affekte, Erfahrungen sollen nicht immer und regelmäßig übersprungen werden mittels wohlgeformter Erörterungen im abwechslungsreichen guten Deutsch, das beispielsweise nie abgehackt sein darf. Aber in diesen Gefühlen und Erfahrungen komme *ich* vor — und nicht nur dasjenige, das das gute Deutsch beherrscht und sich über bestimmte Stoffgebiete informiert zeigt. Wünsches Praxis ist die inständige und einfallsreiche Bemühung, dem Subjekt in der Schule die Chance zu gewinnen, sich selbst, das Sediment seines Lebens wahrzunehmen — es nicht namens vorgeschriebener Normen und eingespielter Rituale unablässig durchstreichen und für nichts halten zu müssen.
Aber, so mag man von unseren eingeübten Wertungsgewohnheiten aus fragen, was lernen denn Schüler bei sol-

chem Unterricht? Ist denn das noch Schule, Sprachschulung? Was werden die Meister sagen? Wünsche dazu: »Was lassen wir also sonst aus, wenn wir über Jupp schreiben, der seinem Vater hilft, oder über den Straßenarbeiter, der mit dem Preßluftbohrer die Asphaltdecke aufbricht? Ihn selber. So kann das Thema ›Ich‹ als allgemeines soziales Problem erkannt werden« (Wünsche 1972, S. 58). Vielleicht werden sie auch auf das aufmerksam, was man ausläßt, wenn man sich nur mit Kunst, mit Politik, mit Religion, mit Wissenschaft, mit Bildungs- und Konsumgegenständen befaßt und ganz unaufmerksam dafür wird, wie sie sich einem anfühlen. Man kann sehr viele der neuen didaktischen Initiativen einzelner Lehrer oder Gruppen im Zusammenhang des »offenen Klassenzimmers«, der entschulten Schule, der offenen Curricula, des projektorientierten Unterrichts entziffern als Bemühung, den subjektiven Faktor nicht länger zu überspringen, dem Lernenden die Nichtigkeitserfahrung zu ersparen, wenn der Lerngegenstand Unterwerfung fordert.

Aber haben denn Lernende wirklich etwas einzubringen? Hier meldet sich das nicht wegzudiskutierende Lehrermißtrauen, das Praktikermißtrauen gegen das pädagogische Schwärmen von der Selbsttätigkeit. Dazu noch eine Szene aus einer pädagogischen Werkstatt:

Beispiel 7: Das schwimmende Schiff
Ein Lehrer erzählt einer vierten Klasse von einem Besuch im Hamburger Hafen, einem eisernen Lastschiff im besonderen, bis zum Rand mit Sand beladen, und trotzdem schwamm es. Er läßt ein 10 cm langes oben offenes Plastikschiffchen auf dem Wasser schwimmen, fragt, warum es wohl schwimme, und läßt Buben berichten:
Martin: »Das Schiff ist ja auch nicht nur so ein Eisenklotz. Das Schiff ist ja geformt, und innen drin ist ja auch noch Luft, und also ist's genauso wie 'n Boot, so daß hier die Luft ist, und wenn das reinsinkt, dann kann kein Wasser reinlaufen. Also muß es schwimmen.«
Bernhard: »Bei diesem kleinen Ding da, kann ja die oben raus, und wenn das so wär, dann könnt ja die Luft oben raus, und da das Wasser schwerer ist, und das blaue Schiff ist ja auch schwerer als die Luft, da könnt das ja auch untergehen.«

Stefan: »Ich bin der Meinung... Ich hab in unserer Badewanne einen Versuch gemacht, und zwar hab ich ein kleines Schiffchen genommen und hab es schwimmen lassen, und dann hab ich es mit Wasser vollaufen lassen, und dann ist es abgesoffen. Und da kann eigentlich nur die Luft das Schiff tragen, egal, ob es vielleicht eine Million Tonnen wiegt, weil die Luft ist viel stärker als alles.«
Thomas: »Das Schiff, das verdrängt ja Wasser, z. B. in einem großen See verdrängt das Schiff Wasser, und das Wasser drückt von unten das Schiff immer weiter hoch. Das Wasser will ja auch im See bleiben. Wenn du z. B. 'ne Hand in irgendeinen Eimer tust, dann wird's Wasser höher, dann steigt es, und so ist es beim Schiff auch.«
Uwe: »Auch wie der Männe (Thomas) sagte. Das Schiff, das macht ja 'ne große Menge Wasser weg, drückt es ja an die Seite. Das Wasser möchte ja auch keine Delle wie die Luft, und des drückt denn das Schiff wieder hoch, damit's nicht untergeht.« (Wagenschein/ Banholzer/Thiel 1973, S. 154).

Der Stoff dieses Unterrichts ist dem Unterrichtsprozeß nicht präexistent — so daß dann nur noch die verschiedenen Stationen dieses präexistenten Gebildes mehr oder minder programmgemäß anzulaufen wären; der Stoff entsteht im Austausch der Kinder — sie tauschen *sich* aus, im genauen Sinn des Wortes: ihre Theorien tragen Erfahrungen, Stücke ihrer selbst, in sich. Absurd die Vorstellung, daß in diesem Gespräch ein Kind darauf achtete, was *er*, der Lehrer, wohl hören möchte, worauf *er* wohl hinausmöchte. Ist es die Luft, die das Schiff ausfüllt, sozusagen aufgeblasen hält wie einen Ballon — oder wehrt sich das Wasser gegen einen Eindringling, so wie es keine Dellen haben will? Sie greifen ungefragt auf ihre Erfahrungen zurück, sie reden eine deutliche Sprache — ohne Angst, terminologisch unkorrekt oder ungenau zu werden, der andere wird schon zurückfragen, wenn er was nicht versteht. Dieses Schüler-Ich ist offenbar nicht so fern dem alltäglichen Ich, wie das bei dem Lernen der Knochensorten und der Präpositionstabelle zu vermuten war, und diese soziale Beziehung ist nicht so gereinigt von Lebenswelten, so hinorientiert auf einen abstrakten Leistungswettkampf wie in den genannten Beispielen. Sie scheinen erfahren zu können, daß sie wer sind – denn ihre Gedanken finden in ihrer Sprache kommunikative Resonanz, sie müssen nicht abdanken, wenn es ernst wird mit dem Lehrstoff. Der oben angedeutete Zusammenhang zwischen dem Zuschnitt von Lernvorgaben, von Interaktionsfiguren, von einzubringenden oder auszugrenzenden Subjektanteilen ist auch hier deutlich.

Was kann nun mit Bedrohung der Identität gemeint sein? Ist die Ausgrenzung von Erfahrungsbeständen, die Isolierung von Ichanteilen nicht das Gegenteil von Bedrohung? Schafft sie nicht den Anlaß von Verwirrungen aus der Welt, der Folge von unkontrollierten Vermischungen privater Gefühle und Theorien einerseits und offiziell approbiertem Bildungsgut andererseits? Was hier bildhaft mit »Ausgrenzung« oder »Isolierung« angedeutet ist, bedarf genauerer Analyse. Nur wenn die dabei spielenden Mechanismen deutlich werden, läßt sich der Prozeß wägen und beurteilen, mittels dessen Gesellschaft auf dem Weg des Schullernens in die Subjekte einwandert. Was widerfährt dem Ich beim Schullernen?[2]

Ich gebe diesmal nicht zuerst ein Beispiel, sondern versuche eine theoretische Beschreibung, sie ist angeregt durch den symbolischen Interaktionismus und sozialwissenschaftlich orientierte Psychoanalyse: Dem Heranwachsenden, dem Studenten, jedem Lernenden wird in den etablierten Lehreinrichtungen eine bestimmte Lerner-Rolle angesonnen; sie liegt sozusagen bereit, er sieht sich aufgefordert, in sie hineinzuschlüpfen; das bedeutet, daß er eine Reihe von Auffassungen, Wertschätzungen, Handlungsgewohnheiten, Handlungsrhythmen zu übernehmen hat; er soll manches für bedeutsam, für wichtig halten, was ihm seither vielleicht gleichgültig oder abstrus oder nichtexistent erschien, z. B. die Knochen- und Gelenksorten oder die Präpositionenregeln oder eine Fachterminologie, die vorgestellt wird, oder ein Kunstwerk, das für bedeutend zu halten ist, oder eine Erkenntnis, die als wichtig und verbürgt zu akzeptieren ist.[3]

Wie bringen Lerninstitutionen es fertig, Neuankömmlinge wie Fortgeschrittene in solche neuen Iche, »mes« im Sinn von Mead (1973, S. 207 ff.) hineinzuschleusen — sie in ihnen zu halten? Diese Grundfrage der Sozialisation durch Schullernen fächert sich auf in die Frage nach der objektiven wie die nach den subjektiven Determinanten dieses Vorgangs, dieser Vorgänge: denn offenbar setzt die Institution bestimmte Signale und Bedingungen, um die Lerner-Rolle vorzuzeichnen und zu stabilisieren: Signale und Bedingungen, die von der Modellierung der Lerninhalte über die selbstverständlich gemachten Spielregeln des Umgangs bis zur Profilierung und Aufteilung von Schulraum und Schulzeit gehen.

Und offenbar sprechen solche Vorgaben bestimmte Bereitschaften und Mechanismen auf seiten des subjektiven Faktors der in die Lehrinstitution Kommenden an. Es gibt nun faktisch sehr verschiedenartige Anforderungsstrukturen, durch die Lerner-Rollen mehr oder minder starr, mehr oder minder isoliert von anderen Erfahrungszusammenhängen nahegelegt oder durchgesetzt werden: verschiedene zitierte Beispiele, das vom Knochenmann wie das vom nicht untergehenden Schiff stammen ja aus realen Schulen.

Eine bestimmte Spielart von objektiver Anforderung und subjektiver Entsprechung will ich etwas schärfer ins Auge fassen — es spricht vieles dafür, daß sie aus vielen gesellschaftsbedingten Gründen nach wie vor dominiert, es spricht auch manches dafür, daß sie unersetzlich ist —, um so wichtiger, die psychischen Unkosten zu wägen. Es wird dem Lernenden angesonnen, etwas für wichtig, vernünftig, wertvoll, ehrfurchtweckend zu halten, was ihn insgeheim, d.h. von dem mitgebrachten Repertoire seiner Weltbearbeitung her, eher gleichgültig, belanglos, nicht überzeugend anmutet. Aber dieses mitgebrachte Erfahrungssubstrat zum Zug kommen zu lassen, ist bedenklich und gefährlich; es würde ihn seine soziale Existenz kosten können, wenn er sich so gäbe, wie er von Herkunft ist: wenn er die Einwände und Überlegungen beispielsweise äußerte, die ihm in weniger künstlich arrangierten Lebenszusammenhängen selbstverständlich wären. Er wäre von seiten wichtiger Bezugspersonen, von seiten einer mit eindrucksvollen Gebäuden und Riten ausgestatteten Institution als auffällig, als nicht recht dazugehörig zu identifizieren, wenn er dermaßen aus der Rolle fiele. Er wäre also nicht der, der er doch sein sollte: nicht akzeptiert, nicht widergespiegelt als normal, nicht ratifiziert von wichtigen anderen. Der Affekt, der aufkommt, wenn man in wichtigen sozialen Zusammenhängen zu nichts zu werden droht, ist die Angst. Von anderer Seite her entsteht auch Angst: Was man seither für wichtig, interessant, wertvoll, vernünftig zu halten gewohnt war, das eingespielte Weltbild sozusagen, ist ja ein Bestandteil des eigenen Ich geworden. Und es kann sein — bei bestimmten, wohl nicht ganz selten vorkommenden Formen der Schul- wie der Hochschulsozialisation —, daß diese Anteile in der neuen Lernumwelt nichts gelten; das ist schon ein Angriff, wenn das unversehens für nichts gilt, wenn das nicht anerkannt wird, was einem in anderen sozialen Feldern Zustimmung, Resonanz, eine akzeptierte Identität verschafft hat. Die Angst, daß das mitgebrachte Ich zu nichts werden könnte, wenn man in die vorgezeichneten Weltbilder der Lernrolle hineinschlüpft — sowie die Angst, in der neuen mit vielen Insignien sozialer Bedeutsamkeit ausgestatteten Institution nicht hoffähig, nicht präsent werden zu können —, diese beiden Ängste sind wohl zu veranschlagen, wenn man Schullernen ins Auge faßt, und es ist wohl deutlich, daß die Analyse des Aufbaus kognitiver Strukturen allein die lebensgeschichtliche und affektive Dynamik nicht in den Blick bekommt, die den Aufbau solcher Strukturen antreibt und ihm einen Stellenwert im Aufbau der eigenen Identität des Lernenden gibt. Es ist zu registrieren, daß sowohl die lerntheoretische wie die curriculumorientierte Spielart der Didaktik merkwürdig unsensibel für solche Dynamik auf seiten des subjektiven Faktors der Lernenden geblieben ist, Folge der Hintergrundtheorien und ihrer Akzentuierungen.

Hier ein Erklärungsversuch: Die Sorge, in einer akuten Situation nichtig zu werden, macht Ängste virulent, die von weit herkommen, und die soziale Streßsituation begünstigt Reaktionsformen, die die Schwierigkeiten nicht wahrnehmen und durcharbeiten, sondern überspringen.[4] Das bedrohte Ich verzichtet auf die nichtapprobierten Bestände; sie bringen, lässig gesagt, nur Scherereien. Es verfügt über einen Mechanismus, einen Springmechanismus sozusagen – es identifiziert sich mit der übermächtigen Anforderung, es identifiziert sich mit dem, was es anzugreifen droht; es hält aufgrund dieser Identifikation unversehens auch das für wichtig und richtig, was der bedeutsame andere für wichtig und richtig hält, es läßt seine mitgebrachten Lebenshintergründe hinter sich – sie stören nur. Nicht nur die Angst, auch die Fähigkeit, sich durch Identifikation mit der bedrohlichen Anforderung aus den Verwirrungen zu schwingen, sind – das hat Psychoanalyse zu sehen gelehrt – nicht erst im Augenblick gelernt, sie sind in der Kindheit gelernt: Eine Möglichkeit, mit der eigenen Ohnmacht leben zu können, besteht darin, sich unter Überspringen der eigenen Reallage mit Mächtigen zu identifizieren – auch und gerade, wenn diese Mächtigen das eigene Selbstbewußtsein angreifen. Unter dem Druck der Situation können, dies die These, infantile Ohnmachtsgefühle und Größenphantasien, Größenbedürfnisse, aufleben.[5] Aber einerlei, ob man diese Herkünfte der Ängste und der Art ihrer Bannung akzeptiert oder für eine luftige Konstruktion hält: bemerkenswert an dieser Lösung des Dilemmas zwischen verschiedenen Erfahrungsfiltern, zwischen verschiedenen Ichanteilen ist jedenfalls, daß das Ich auf Bemühungen verzichtet, die divergierenden Erfahrungsbestände irgendwie zusammenzubringen, wie es das Mädchen versucht hat, das sich nachts am Bett festhielt. Mit dem Psychoanalytiker Nunberg zu sprechen: das Ich kommt nicht mehr zum Synthetisieren.[6] Die »stillschweigenden Akte der Ichsynthese« (Erikson 1974, S. 124 f.) werden gelähmt. Es spielen da auch noch einfachere soziale Anpassungsmechanismen mit: der

Wunsch dazuzugehören, an gemeinsam geteilte Bedeutungen angeschlossen zu sein, als Mitglied einer an bestimmten Aufgaben orientierten Einrichtung innerhalb wie außerhalb dieser Einrichtung anerkannt zu sein und sich selbst im Spiegel dieser Anerkennung wahrzunehmen und stabil halten zu können.[7] Auch diese Art von Anpassung neigt dazu, die kritische Arbeit des Synthetisierens eigener Erfahrungen und Affekte mit Vorgaben und Anforderungen zu vernachlässigen, sie zugunsten der Identifikation mit vorgegebenen Handlungsmustern zu überspringen.

Beim Übergang in neue Rollen und damit verbundene Deutungshorizonte sind Uminterpretationen notwendig, weil und wenn das Individuum seine Kontinuität zu wahren sucht, sonst — so Dreitzel im Anschluß an A. L. Strauss und G. H. Mead — verliert das Individuum die »Orientierung ermöglichende Distanz« (Dreitzel 1972, S. 240); die affektive Austrocknung der relevanten Ziele ist weitere Folge.[8]

Hier ist nicht behauptet, Schullernen begünstige ausschließlich oder vorwiegend diesen die Naherfahrungen und die subjektive Lebensmitgift überspringenden Typ der Bearbeitung von Identitätsanfechtungen — aber es ist ein wichtiger Typ. Was er schenkt und was er kostet, mag noch ein letztes Beispiel aus dem didaktischen Alltag illustrieren:

Beispiel 8: Kopernikanische Schnellinformation:
Aus dem Brief eines Vaters (Physiker):
»Ich habe das Gespräch mit meiner Tochter mal aufgeschrieben: Vor ein paar Tagen ist sie acht Jahre alt geworden. Sie geht jetzt in die dritte Klasse.
›Heute war's in der Schule schön: Wir haben was über die Sonne gelernt.‹ — ›Was denn?‹ — ›Wo sie auf- und untergeht. Im Osten geht sie auf und im Westen unter. Und nachts ist sie im Norden.‹ (Deutet mit dem Arm in die genannten Himmelsrichtungen. Pause) ›Aber in Wirklichkeit dreht sich ja die Erde um sich selbst; die Sonne bewegt sich nicht.‹ — ›Wie soll sich denn die Erde drehen wie ein Karussell, davon merken wir doch gar nichts? Außerdem kannst du doch sehen, wie sich die Sonne am Himmel bewegt genauso wie der Mond auch.‹ — ›Na, die riesige Sonne soll sich um die kleine Erde drehen?‹ —

›Wieso ist denn die Sonne so riesig? Du weißt doch, wie klein sie am Himmel ist.‹ — ›Doch nur, weil sie so weit weg von uns ist!‹ — ›Woher weißt du denn das?‹ — ›Fahr doch mal hin, dann wirst du's schon merken. Sie ist ein paar Meilen von uns weg.‹ — ›Wieso ein paar Meilen?‹ — ›Gibt es denn noch was Größeres als Meilen?‹ Kurze Diskussion über Längenmaße; dann fährt meine Tochter fort: ›Aber wenn sich die Erde um sich selber dreht, dann sind wir ja manchmal oben und manchmal unten; mit dem Kopf nach unten! Und fallen trotzdem nicht runter!‹ An dieser Stelle dachte ich erleichtert, nun sind ihr doch Zweifel gekommen. Aber offenbar war die Frage nur rhetorisch gemeint und vermutlich schon von der Lehrerin in dieser Form als rhetorische Frage gestellt worden. Die Antwort kam nämlich gleich darauf: ›Wir fallen nicht runter, weil die Erde magnetisch ist und alles anzieht.‹ — ›Aber du weißt doch, daß ein Magnet nur Eisen anzieht.‹ — ›Na ja, es ist ja nicht richtig magnetisch. Das ist noch zu schwer, das kriegen wir erst später. Und dann: stell nicht so dumme Fragen, du weißt's ja doch besser als ich.‹« (Wagenschein/Banholzer/Thiel 1973, S. 72 f.).

Die Sorgsamkeit im Umgang mit den Erfahrungen, mit den sinnlich sich aufdrängenden Erscheinungen, mit den aus ihnen hervorgehenden Vermutungen und Gefühlen ist nicht sehr groß — jedenfalls erschüttern solche Erfahrungen, auf die der Vater zurückverweist, nicht im Ernst das übernommene Weltbild — das Vertrauen, daß die Schulkarriere alle Ungereimtheiten noch lösen wird, wird schon im Vorschuß geschenkt. Was will man denn als Achtjährige gegen die Wissenschaft machen — und warum stellt sich der Vater ärgerlicherweise so dumm? Man gewinnt durch solche Lernsprünge Anteil am Weltbild der mächtigen Erwachsenenwelt — zwar auf dem Weg des Glaubens, aber immerhin; man spart sich Unsicherheiten und Zweifel, vielleicht auch interessante Entdeckungen, die bei der Konfrontation mit eigenen Naherfahrungen herauskommen dürften, aber wozu das, es liegt ja doch alles schon fest. Freud äußert einmal, ein gewisses Maß an Kulturheuchelei könne man beim heutigen Entwicklungsstand der Gesellschaft wohl für notwendig halten (Freud 1967, S. 336) — Kulturheuchelei im Übernehmen und Hochschätzen offizieller Moral und approbierter Menschenbil-

der trotz unablässiger manifester Naherfahrungen, die den Annahmen vom humanen und vernünftigen Menschen ins Gesicht schlagen. Ein gewisses Maß der auf dem Weg der Identifikation mit Mächtigen übernommenen Erfahrungsfilter dürfte unabdingbar zur Sozialisation auch durch Schullernen gehören. Nur sollte man möglichst illusionslos wissen, bewußt haben, was man tut, wenn man so lernt oder lehrt. Die in Gang kommenden Mechanismen sind nicht harmlos, sie sind auch politisch nicht harmlos.[9] Die Nichtigkeits- und Ohnmachtserfahrungen des Subjekts, das von mächtigen gesellschaftlichen Gebilden überherrscht und zerstückelt wird — diese Ohnmachtserfahrungen harmonieren allzugut mit Größenphantasien derer, die sich auf dem Weg kurzgeschlossener Identifikation mit den fremden Federn politischer, wissenschaftlicher Größe schmücken müssen, um nicht zu verzweifeln. Der Protz der Selbstdarstellung des Dritten Reiches, die waffenklirrende Selbstdarstellung politischer Systeme, die trunkene Ekstase darüber, daß »wir« jetzt zum Mond fahren können — das sind womöglich verschiedene Äußerungen derselben infantilen Angst vor dem Nichtigwerden und der Bemühung, auf infantile Weise damit fertig zu werden. Hier liegen gerade nur angedeutete gesellschaftspolitische Auswirkungen der Art, wie Schullernen die Identität der Lernenden aufgreift und damit den subjektiven Faktor der Gesellschaft zurichtet. Die darin greifenden Mechanismen des objektiven Faktors, der Schullernen inneviert, sind — soweit ich sehe — viel öfter und umfassender analysiert worden als die Mechanismen auf seiten des subjektiven Faktors, auf denen hier der Akzent lag. Der infantile Umgang mit Wissenschaft — die Unterwürfigkeit und der Glaube an eine Größe, deren Prinzip gerade Verzicht auf Unterwürfigkeit und auf den Glauben an Autoritäten ist — ist nur ein besonders offenkundiges Signal für diese politisch bedeutsame Zurichtung des subjektiven Faktors, wie sie durch Schullernen — von der Grundschule bis zur Hochschule — offenbar jedenfalls nicht verhindert wird.
Jacques Barzun von der Columbia-Universität schreibt im

Vorwort zu dem edition-suhrkamp-Band »Voraussicht und Verstehen« von Toulmin: »Man kann sagen, daß die westliche Gesellschaft gegenwärtig die Wissenschaft beherbergt wie einen fremden, mächtigen und geheimnisvollen Gott« (Barzun 1968, S. 10).

Einige resümierende Schlußbemerkungen:

(1) Bedürfnisse und Interessen der Beteiligten einbringen, die in Lernen und Lehren Verwickelten zu Subjekten werden zu lassen, nicht an der heutigen Wirklichkeit vorbeizuerziehen — solche zu oft auf zu hohem Abstraktionsniveau gehörten programmatischen Forderungen lassen sich aufgrund der hier vorgelegten Beispiele als Fragen der Beziehung zwischen persönlicher und sozialer Identität verdeutlichen.

(2) Die Fächer, die Fachinhalte sind kein An-Sich, kein kultisch zu verehrendes und priesterlich weiterzureichendes Wissens- und Kulturgut — sie sind Niederschlag von Aktionen, Interaktionen vergesellschafteter Menschen. Wenn diese Lehrinhalte zu fixen Lehrstoffen (vgl. Rumpf 1972) versteinern (und das passiert durchaus auch sogenannten modernen und modernsten Inhalten), d. h., wenn ihre wie immer bestimmte Sachstruktur den Unterricht absolut beherrscht, dann drohen die unterworfenen Subjekte — Lehrende wie Lernende — zu verstummen und zu regredieren — anfällig für realitätsferne Ohnmachtsängste und Größenphantasien mit ihren Folgen. Das Erfahrungen und Anforderungen integrierende Ich verschwindet, wenn es in den Lerninhalten nicht vorkommt, sich in den ihnen zuzulegenden Bedeutungen nicht finden kann. Apathie, diffuse Aggressivität sind Folgen.

(3) Wie groß der Spielraum ist, den Schullernen hier und heute hat oder haben könnte, ist nicht von vornherein zu sagen. So schwierig die Lage des subjektiven Faktors ist — es gibt erstaunlich viele Praxisberichte — von Wünsche bis

Kuhlmann, von Postman/Weingartner bis Silberman – und praxisnahe Curiculumprojekte, die neue, subjektsensible Interaktionsentwürfe in Schulinhalten probieren.

(4) Wenn ihre Schüler umflutet sind von disparaten Informationen und Lernangeboten, kann die Schule sich nicht mehr im Ernst als fast monopolartige Stelle der Weitergabe von Informationen und gesellschaftlich etablierten Bedeutungzulegungen verstehen. »Die äußere Umgebung kann nun viele der klassischen Funktionen der Schule übernehmen, aber es gibt nichts, was die klassischen Funktionen der außerschulischen Umgebung übernehmen könnte« (Coleman 1974, S. 368). Die Verminderung des Informationschaos, der Verwirrung, des »hastigen Nichtstuns« (Gorki); die Wahrnehmung eigener Erfahrungen, die Arbeit an ihren Zusammenhängen und Bedeutungen, am Verstehen, an Aufmerksamkeit, auch für die eigenen Gefühle und die anderer; am Verzicht auf konfektionierte Scheinlösungen, auf Idyllen, auf bescheidwissende Geschwätzigkeit; die Freude, selbst etwas zu erfahren, wer zu sein, etwas Neues mit anderen zutagebringen zu können und dafür Anerkennung zu finden – das sind zentrale Schulaufgaben, die sich in neuen Pionieraktivitäten vielerorts abzeichnen; diese Pionieraktivitäten überspringen die heiklen Beziehungen zwischen persönlicher und sozialer Identität nicht, sondern erfahren sie als Triebkraft von Schullernen.

(5) In einen allgemeinen erziehungstheoretischen Rahmen kann das diese Detailanalysen Bewegende kommen durch ein Zitat aus Klaus Mollenhauers »Theorien zum Erziehungsprozeß«: »Wo immer Lernerwartungen entstehen oder an Individuen gerichtet werden, steht deren Identität zur Diskussion, d. h. die Frage, wieweit sich die in den Erwartungen zum Ausdruck kommende Perspektive in die gebildete und balancierte Identität dieses Individuums integrieren läßt. Der Grad von ›Repressivität‹ eines Erziehungssystems oder einer Erziehungspraxis ließe sich

deshalb danach bestimmen, wieweit dieses für den Bildungsprozeß von Individuen und Gruppen fundamentale Erziehungsproblem zum Thema gemacht wird« (Mollenhauer 1972, S. 105).

Das Problem zum Thema machen heißt aber auch zu erörtern, wieviel solche nicht in die Erfahrungskontinuität einzuarbeitende Lernforderungen, wieviel ichfremde Lernaktivitäten heute in bestimmten Lehr- und Lebenszusammenhängen unabdingbar sind — und warum. Die Frage ist auf verschiedenen Ebenen — vom konkreten inhaltsbezogenen Unterricht über die sozialen Normen bis zur Lehrplan- und Kontrollebene — zu stellen; sie kann nicht dogmatisch vorentschieden sein, wenn man nicht in Schwärmerei oder in Resignation verschiedener Couleur fallen will.

(6) Es würde sich vermutlich für die Didaktik wie für alle an Schule Beteiligten auszahlen, wenn sie Geschehnisse möglicher Belastungen eigener oder fremder Identität beachten lernten. Das Bedrohliche, das Anregende, das Hilfreiche liegt vielleicht vor der Tür.

(7) Das alles zielt also auf kein Aktionsprogramm für nicht Dagewesenes — nur auf den Vorschlag zur Aufmerksamkeit auf schon Dagewesenes oder doch jedenfalls dann und wann Mögliches. Auf sozialwissenschaftlich heißt das Empathie oder kommunikative Kompetenz, auf deutsch: ein Hauch von Brüderlichkeit.

II
ZWEIFEL AM MONOPOL DES ZWECKRATIONALEN UNTERRICHTSKONZEPTS THESEN ÜBER DAS VERHÄLTNIS VON LERNZIELEN UND UNTERRICHTSEREIGNISSEN

1. Unterricht ist eine komplizierte Angelegenheit. Um mit ihm — sei es analysierend, sei es planend, sei es handelnd — zu Rande zu kommen, bedarf es der Reduktion dieser Komplexität.

2. Unterricht ist also jeweils das, als was man ihn anschaut. Als was man ihn anschaut, hängt davon ab, auf welche Züge, Merkmale, Zusammenhänge man mehr oder weniger oder überhaupt nicht achtet. Auch die in Unterricht Agierenden — sei es planend, sei es unterrichtend, sei es unterrichtet — produzieren, akzentuieren und beachten einiges mehr, anderes weniger, anderes gar nicht.

3. Im Schulalltag werden die die Aufmerksamkeit dirigierenden Kriterien, diese das Denken und Handeln steuernden Filter kaum je bewußt, ihre Problematisierung gefährdete die Handlungssicherheit; sie werden infolgedessen auch nicht auf ihre Konsistenz, ihre Angemessenheit, ihre unausgesprochenen Voraussetzungen, ihre Entstehungsbedingungen, ihre Traditionen hin reflektiert, analysiert, kritisiert und möglicherweise verändert.

4. Die Existenz solcher den Unterricht akzentuierenden Filter läßt sich leicht daran ausmachen, was von wem als Störfaktor oder was als irrelevant angesehen wird. Es dürfte beispielsweise Lehrer geben, die die Sitzordnung (z. B. Kolonnen- oder Hufeisenform) als gleichgültig, als in der einen oder anderen Spielart förderlich bzw. störend

auffassen und beurteilen. Darin zeigt sich, daß mit der die Realität filternden Akzentuierung eine Wertung verbunden ist — positiv, negativ, neutral, je nachdem.

5. Es wäre ein (wissenschaftsabergläubischer) Irrtum anzunehmen, empirisch arbeitende Unterrichtswissenschaft setze ihren Ehrgeiz darein, die ganze Unterrichtsrealität (sei es eine vorgefundene, sei es eine zu entwickelnde) unverkürzt einzufangen und greifbar zu machen. Auch sie kann nicht anders arbeiten als mit Filtern, die ihrerseits von einem ihre Erkenntnissuche leitenden Interesse konstituiert werden.
Unterrichtswissenschaftler und Unterrichtspraktiker kommen also darin überein, daß sie ihre Aufmerksamkeit auf bestimmte Felder, Faktoren, Dimensionen von Unterricht zentrieren.
Sie unterscheiden sich mindestens in zweierlei Hinsicht: Der Unterrichtswissenschaftler sucht immerhin dem Anspruch zu genügen, seine die Aufmerksamkeit steuernden Fragestellungen, seine »Filter« also, zu reflektieren und zur Diskussion zu stellen; Kriterien für ihre Relevanz anzugeben; ihre Konsistenz zu überprüfen. Zweitens ist der Unterrichtswissenschaftler bemüht, die Klärung der von ihm gestellten Fragen methodisch zu sichern — also Eigenart und Angemessenheit der Verfahren der Erkenntnisgewinnung kritisch zu rechtfertigen, zu überprüfen, zu revidieren.

6. Wie beschaffen ist der die Aufmerksamkeit, die Forscherneugier steuernde Filter, durch den die empirische Unterrichtswissenschaft (wie sie beispielsweise im übersetzten und bearbeiteten Handbuch von Gage [Ingenkamp 1970/1971] leicht zugänglich geworden ist) die Sache Unterricht wahrnimmt? Wie sieht, mit Habermas gefragt, das erkenntnisleitende Interesse der Erfahrungswissenschaft von Unterricht aus, welches Interesse ja ein Gegenstandsfeld nicht einfach vorfindet, sondern erst organisiert und konstituiert? Von der Qualität dieses Interesses hän-

gen mit den Forschungsfragen auch die Forschungsmethoden ab — und in einer Ära der Verwissenschaftlichung von Unterricht, Lehrerbildung, Curriculumentwicklung hängt davon auch ab, wie der reale Unterricht künftig aussehen wird. Was vom erkenntnisleitenden Interesse der Wissenschaft als relevant in den Blick genommen wird, wird überleben oder zum Zug kommen. Was die wissenschaftlich orientierte Optik als Störfaktor, als belanglose Begleiterscheinung, als nichtig entziffert oder was auf den Radarschirmen der Wissenschaft gar nicht registriert wird, weil kein Instrument darauf anspricht, dürfte aus dem Unterricht verschwinden.

Insofern ist die Diskussion des erkenntnisleitenden Interesses der Unterrichtswissenschaft und der aus ihm entspringenden Modellierung von Unterricht die Diskussion eines von Wissenschaft über verschiedene Kanäle bestimmten Unterrichts.

7. Habermas hat die These begründet, das erkenntnisleitende Interesse neuzeitlicher Erfahrungswissenschaft ziele auf die Aufdeckung gesetzmäßiger Zusammenhänge zwischen isolierbaren Größen der Erfahrungswelt — und zwar in der Absicht, die durch diese Zusammenhänge konstituierten Prozesse vorhersehbar, kontrollierbar, verfügbar, konstruierbar zu machen (Habermas 1968, S. 205 f./236). »Beide Momente zusammengenommen, der logische Aufbau der zulässigen Aussagensysteme und der Typus der Prüfungsbedingungen, legen die Deutung nahe: daß erfahrungswissenschaftliche Theorien die Wirklichkeit unter dem leitenden Interesse an der möglichen informativen Sicherung und Erweiterung erfolgskontrollierten Handelns erschließen. Dies ist das Erkenntnisinteresse an der technischen Verfügung über vergegenständlichte Prozesse« (Habermas 1969, S. 156 f.).

Die empirische Unterrichtsforschung läßt sich auf weite Strecken in ihren Fragestellungen und Ergebnissen als Demonstration dieser Bemerkung von Habermas lesen: es geht ihr um informative Sicherung erfolgskontrollierten unterrichtlichen Handelns. Dafür zwei ganz zufällig ausgewählte Beispiele, wie sie einem auf jeder Seite der einschlägigen Literatur begegnen:

Da wird berichtet von Fernsehlektionen über Wärmelehre und Chemie, die Gropper und Lumsdaine (Ingenkamp, Bd. II, 1970, Sp. 1564 f.) anhand von Schülerantworten nach Durchlaufen der ersten Fassung revidiert haben. Die Fehler, die die Adressaten der ersten Kursfassung machten, waren die Quellen zur Verbesserung einzelner Elemente – Ziel war, den Kurs so zu verändern, daß möglichst viele Teilnehmer möglichst hohe Punktwerte sowohl in der Dimension des Wissens von Fakten als auch des Verständnisses der Prinzipien aufwiesen. Wenn »Informationen effektiv übertragen« wurden, dann galt das Verständnis der Prinzipien als dokumentiert.
Oder: Rehage (Ingenkamp, Bd. II, 1970, Sp. 1281 f.) hat Begleiterscheinungen und Auswirkungen verschiedener Formen der Kursplanung untersucht – ein Sozialkundekurs, den der Lehrer allein plante, wurde mit einem entsprechenden Kurs unter entsprechenden Bedingungen verglichen, bei dem die Schüler an der Planung teilhatten. Ergebnis: Bei der Stoffbeherrschung waren keine Unterschiede festzustellen, im Fall der Schülerteilhabe zeichneten sich gewisse Tendenzen zu besseren Leistungen bei der Lösung von Problemen ab – indes wird von Expertenstreit über die Validität der Testitems berichtet.

8. Wie arbeitet eine solche zweckrationale und erfolgskontrollierte Unterrichtsforschung, wenn sie an die Überprüfung, Verbesserung, Neuentwicklung von Kursen geht? Vielleicht hilft ein Beispiel aus der frühen Curriculumwicklung, den Blick für die Eigenart dieses Unterrichtskonzepts und für seine Verwurzelung in bestimmten gesellschaftlichen Bereichen zu schärfen:

In dem wichtigen und für die Curriculumentwicklung folgenreichen Buch »Psychological Principles in System Development«, herausgegeben von Robert M. Gagné, beschreibt Meredith P. Crawford in dem Kapitel »Concepts of Training« an einem exemplarischen Beispiel die Entwicklungsarbeit an einem effizienten Trainingskurs – er wird »Curriculum« genannt – in den späten fünfziger Jahren (Gagné 1966, S. 321 ff.). Es ging um die Verbesserung der Ausbildung von Panzerbesatzungen – im besonderen für die Panzerführer, die Fahrer, die Schützen

(»gunner«) und die Lader (»loader«). Sorgfältige Befragungen und Beobachtungen agierender Panzerbesatzungen erlaubten die Auseinanderlegung der geforderten job-duties — für den commander gab es 8, für den gunner 4, den driver 9, den loader 5. Ein raffiniertes Trainingsprogramm wurde entwickelt, in dem auch die Freizeitumwelt während der sechs Trainingswochen ganz darauf hin stilisiert wurde, die präzis festgelegten Endverhaltensweisen zu begünstigen und zu befestigen — Endverhaltensweisen, die in operations, knowledges und responsibilities klassifiziert wurden. Verglichen mit einem achtwöchigen Trainingskurs produzierte das neue, erfahrungswissenschaftlich entwickelte Curriculum in sechs Wochen bei 11 von 21 relevanten Verhaltensbereichen höhere Testpunktwerte bei den Kursadressaten — d. h., das neue Trainingsinstrument produzierte schneller und besser: Crawford vergißt nicht anzumerken, daß 25 % Gewinn an Trainingszeit und an Kosten zu verzeichnen waren (Gagné 1966, S. 325 ff.) — es wurde also auch billiger produziert. Um das zu erreichen, wurden die Lernsituationen hinsichtlich etwa der Feuerziele, der Feuersequenzen, der Feuerpositionen für die gunner so verändert, daß sie die Schlachtsituation widerspiegelten.

Der Kommentar von Crawford ist von erfrischender Deutlichkeit: Die Ziele jedes Trainingsprogramms in einem Subsystem lagen in dem Kompetenzzuwachs seitens des Trainierten einerseits, in der Verminderung des Zeit- und Kostenaufwandes anderseits: wer etwas besser kann, braucht weniger Zeit und kostet infolgedessen weniger Geld: Er schreibt: »Weil die Zeit, die in einem Training-Subsystem verbraucht wird, wesentlich nicht produktiv hinsichtlich der Arbeit ist, die in dem arbeitenden Subsystem geleistet wird, ist es gewöhnlich wichtig, diese Trainingszeit zu verkürzen. In Industriebetrieben kann die Trainingszeit in Begriffen von Dollarkosten beurteilt werden. In militärischen Systemen ist Zeit eine wesentliche Größe während einer Periode nationaler Notlage, wenn jeder Tag zählt, an dem eine trainierte militärische Einheit für spezifische Einsätze früher zur Verfügung steht« (Gagné 1966, S. 311 f.).

Die schnelle Änderung, die wachsende Komplexität der Aufgaben im militärischen und wirtschaftlichen Bereich werden zuvor als Gründe für die notwendige Entwicklung kurzfristig und zielstrebig wirksamer Trainingsinstrumente — sprich Kurse — angeführt.

Was heißt es in diesem Zusammenhang, daß sich »erfahrungswissenschaftlich relevante Tatsachen als solche durch eine vorgängige Organisation unserer Erfahrung im Funktionskreis instrumentalen Handelns erst konstituieren« (Habermas 1969, S. 156)?

Erfolgskontrolliertes unterrichtliches Handeln wurde durch wissenschaftliche Forschung in zweierlei Hinsicht ermöglicht:

a) durch Entdeckung der Verfahren, mit denen bestimmte Kompetenzen effektiv und ökonomisch — d. h. einerseits möglichst nachhaltig, anderseits möglichst zeit- und kostensparend — gelehrt werden;

b) durch den zuvor erbrachten Nachweis, daß die auf diese Weise zu erzeugenden Kompetenzen tatsächlich im Berufsfeld, auf das hin geschult wird, angefordert werden und also instrumental zu rechtfertigen sind.

Erfolgloses unterrichtliches Handeln wäre dann also in Kursen dokumentiert, die entweder unzulängliche oder gar keine Kompetenzen erzeugen oder aber solche Kompetenzen lehren, für die im späteren Leben der Adressaten keine Verwendungsmöglichkeit besteht.

9. Der Interessenfilter, der für jemanden die Sache Unterricht konstituiert, wird auch greifbar in Metaphern. Mit welcher Größe seiner Erfahrungswelt jemand Unterricht vergleicht, dürfte Aufschluß über das geben, was ihm an Unterricht relevant ist und was nicht. Wer Unterricht als Hebammenkunst oder als Dialog auffaßt, setzt andere Prioritäten als jemand, der ihn als Instrument konzipiert. Es ist deutlich, daß die erfahrungswissenschaftlich gerichtete Aufmerksamkeit Unterricht als Instrument deutet: als etwas, mittels dessen Lernprozesse auslösbar, steuerbar, kontrollierbar zu machen sind. Unterricht in dieser Perspektive ist die Summe von gezielten Beeinflussungen, die einen Lernenden von Lernzustand A in den Lernzustand B

versetzen. Die den Lernenden beeinflussenden Zugriffe sind ihrerseits auf ihre Wirksamkeit so zu überprüfen, daß das Lernergebnis prognostizierbar, um nicht zu sagen garantierbar wird. Alles Interesse am Unterricht geht auf die effiziente und ökonomische Produktion des Lernzustandes B — ähnlich wie alles Interesse bei der Konstruktion einer neuen Flaschenabfüllmaschine darauf gerichtet ist, daß sie möglichst schnell, möglichst zuverlässig, möglichst ökonomisch arbeitet: nach diesen ihren Produktionsleistungen wird sie ausgesucht, beurteilt, verbessert oder aus dem Betrieb gezogen.
Hier ein Beispiel für die Auffassung von Lehrgängen als garantiert wirksamen Instrumenten zur Produktion bestimmter Fertigkeiten:

In einer empfehlenden Rezension eines programmierten Lehrganges über Lehrmaschinen und programmiertes Lernen von Silvern erwähnt Wolfram von Hanwehr (Hanwehr 1970) Silverns Erfahrungsbasis aus seiner Tätigkeit als Trainigsprojektingenieur und Fachmann für Lerntechnologie bei der amerikanischen Luftwaffe und Luftfahrtindustrie. Zwei charakteristische Stellen aus der Besprechung:
»Die Schaffung zweckentsprechender Trainingsmittel erfordert, die menschliche Leistungsqualität für eine bestimmte Aufgabe ingenieurmäßig nach einem Bauplan herauszubilden und auf wissenschaftlich fundierte Trainingsmethoden zu stellen, die nicht nur den gewünschten Erfolg zeitigen können, sondern diesen auch garantieren.«
»Es ist nämlich ein Kurs geschaffen und ein Trainingsprogramm vorgezeichnet worden, in dem der Trainingsingenieur die Effektivität des Trainingsinstrumentes vorausbestimmt hat und der Erfolg des Kurses vorliegt, bevor sich der Ausbildende dem Training selber unterzieht oder für die Teilnahme an einem Programm bestimmt wird.«

Die Endverhaltensweisen, die Trainingsschritte und der Enderfolg liegen fest, bevor die Individuen feststehen, die mit diesem Instrument garantiert erfolgreich bearbeitet werden. Wie ein Ingenieur eine Maschine, ein Haus plant und konstruiert, so konstruiert und plant der Leringenieur den Aufbau einer Leistungsqualität, ganz unabhän-

gig und abgelöst von den Subjekten, die diesen Ingenieur sowenig interessieren wie den Bauingenieur die Landschaft, aus der der von ihm zu verbauende Kies stammt.
Unterricht in dieser Weise produktorientiert als zweckrationales Gefüge von Mitteln zur Produktion eines bestimmten Endverhaltens aufzufassen, ist selbstverständlich eine mit guten Gründen vertretbare Konzeption — aber es ist *eine Konzeption*, die von einem bestimmten erkenntnisleitenden Interesse aus die Erfahrungswelt organisiert; es ist nicht eine unhinterfragbare Feststellung dessen, was Unterricht eigentlich und an sich ist oder eigentlich und an sich zu sein hat.
Täusche ich mich in dem Eindruck, daß derzeit nicht ganz selten der Begriff Wissenschaft gänzlich zweckentfremdet verwendet wird, um mittels seines Prestiges *diesem* Unterrichtskonzept eine jede Widerrede einschüchternde Unanstastbarkeit zu verleihen?[1]

10. Das zweckrationale Unterrichtskonzept muß die von ihm inspirierte Wissenschaft auf die Probleme der Präzisierung und Legitimierung von Lernzielen, d. h. Endverhaltensweisen von Kursadressaten, lenken. Auf Lernziele hin ist Unterricht zu konstruieren, am Grad und an der Art ihres Erreichtseins ist die Qualität des Unterrichtsinstruments zu überprüfen und zu verbessern.
Was manchen, der die Problemstellungen der erfahrungswissenschaftlich arbeitenden Curriculumforschung — gerade auch im deutschsprachigen Raum — erwägt, verwundern mag, ist die ungeheure Massierung der Forschungskapazität auf Fragen der Findung, Präzisierung, Klassifizierung, Legitimierung von Lernzielen, die vergleichsweise viel geringere Aufmerksamkeit für konkrete Unterrichtsabläufe und konkrete Lernsituationen[2]; beides wird auch aus dem zweckrationalen Unterrichtskonzept verständlich.
Zur Illustration der Dominanz dieses Konzepts in der aktuellen Curriculumdiskussion und -forschung einige kurze Zitate:

»Es (sc. das Kategorienschema von Lindvall und Cox) wurde von den Autoren vor allem im Hinblick auf die formative Evaluation der ›Individually prescribed Instruction‹ entwickelt, beansprucht aber zugleich allgemeine Verwendungsfähigkeit:
1. Welche Ziele sollte das Programm erreichen?
a) Sind die formulierten Ziele wirklich Lernziele?
b) Sind die formulierten Ziele die wirklichen Ziele des Programms?
2. Welches ist der Plan, diese Lernziele zu erreichen?
a) Verspricht der Plan, zur Erreichung der Lernziele beizutragen?
b) Ist der Plan genügend detailliert entwickelt?« (Wulf 1971, S. 183).

Die von Karl Frey vorgeschlagene und projektierte Handlungsstrategie zur Curriculumkonstruktion sieht vor, daß die ersten 13 Phasen der Arbeit die Auswahl, Begründung, Sequentierung, Präzisierung von Lernzielen leisten: »Die Phase 14 zentriert sich auf die Entwicklung von Hypothesen, indem mögliche Lernverfahren vorzuschlagen sind ... In die gleiche Phase gehört die Auswahl von strukturierten Lernobjekten oder Lerninstrumenten. Die Lernobjekte sind strukturiert, weil aufgrund der Lernzielanalyse mögliche logische, lernpsychologische oder andere Strukturen bekannt sein können« (Frey 1971, S. 23).

Achtenhagen und Menck stellen ihr curriculares Forschungsobjekt für den Englischunterricht vor und schreiben dabei: »Die Curriculumrevision für das Fach Englisch, die mit der Formulierung von präzisen und überprüfbaren Lernzielen zu einem vorläufigen Abschluß kommen soll, wird — gemäß dem vorgelegten Forschungsprojekt — in ihrer ersten Phase durch eine analytische Lehrplan- und Wissenschaftskritik repräsentiert. Anzuschließen haben sich eine konstruktive Lernplangestaltung unter Einbeziehung der Entwicklung von ›Musterlektionen‹ als Anwendungs- und Überprüfungsbeispiele sowie der Entwicklung von Aus- und Fortbildungsprogrammen für Englischlehrer« (Achtenhagen/Menck 1970, S. 417).

Erik de Corte schreibt in seiner »Analyse der Lernzielproblematik« über die Reihenfolge von Forschungsaktivitäten in curricularer Entwicklungsarbeit: »Die Zielspezifizierung ist nur eine Phase in der Entwicklung von Unterrichtsstrategien. Man geht aus von einer Anzahl allgemeiner Zielsetzungen, die schrittweise konkretisiert werden, die aber darüber hinaus zur Richtschnur für die Unterrichtspraxis werden können, wenn sie in weiteren Arbeitsgängen zu einem integrierten didaktischen Arbeitsplan weiterentwickelt werden« (de Corte 1971, S. 85).

Es ist absurd, einem Ingenieur den Auftrag zu geben, irgend etwas aus Stahl zu bauen — egal, ob es eine Brücke, eine Tribüne, eine Halle wird. Der Ingenieur kann nicht zu arbeiten beginnen, wenn er keinen präzisen Auftrag, keine Konstruktionsziele hat. Ähnlich grotesk muß dem zweckrationalen Unterrichtskonzept jede Unterrichtsplanung und -entwicklung erscheinen, die nicht von präzisen Lernzielen *ausgeht*.

11. Unterricht besteht nicht aus Lernzielen. Was geschieht, um in der Perspektive des zweckrationalen Konzepts zu verweilen, zwischen Lernzustand A und Lernzustand B? Die Frage zielt auf die Unterrichtsereignisse — die Auswahl, die Abfolge, den Zuschnitt, das Medium der Lerninhalte, Lernhilfen, sozialen Gruppierungen, Arbeitsformen.

Das zweckrationale Unterrichtskonzept kann nicht anders, als die Qualität aller am Unterricht beteiligten Faktoren von ihrem Beitrag zu dem präzis festgelegten Lernziel her beurteilen: auf diesen Beitrag hin sind sie auszuwählen, zuzuschneiden, zu revidieren — diesen Beitrag zu identifizieren und zu messen wird im »educational measurement« ein eminenter testtheoretischer und empirischer Aufwand mobilisiert.

Von diesem theoretischen Konzept aus läßt sich sagen, daß — wenn es die Herrschaft antritt — nicht zielführende Aktivitäten während des Kursverlaufs nicht legitimierbar sind. Sie mitsamt ihren Anlässen aufzuspüren und auszuräumen, ist konsequenterweise das Ziel der empirischen Kursüberprüfung, genauso wie die Tauglichkeit eines Apparates daran überprüft wird, ob er die gewünschten Produkte effizient produziert; niemand beispielsweise würde an einer Waschmaschine Teile belassen, deren Bewegung leerläuft und nichts beiträgt zum Produkt (bloß weil der Konstrukteur sie vielleicht hübsch findet). Die Normen der Effizienz und der Ökonomie, des Sparens bzw. des Gewinns von Zeit und Geld, sind hier spürbar am Werk, und mit ihnen der gesellschaftliche Kontext, in dem, für den Unterricht spielt.³ Zur Verdeutlichung dessen, wie die Unterrichtsereignisse in dieser Modellierung technologisch normiert und mediatisiert werden, eine theoretische und eine empirische Äußerung. An ihnen wird deutlich, in welcher Art das bei der derzeitigen lernzielfixierten Curriculumforschung noch ausgesparte Leerfeld strukturiert werden dürfte, wenn das zweckrationale Unterrichtskonzept allein federführend wird oder bleibt:

»To sum up, then, the behavioral technologist approaches a problem by going through the following basic steps:
1. He specifies the behavior which the student is to acquire. (Behavior may be considered as evidence of knowledge.)
2. He specifies the relevant characteristics of the student's present level of knowledge.
3. He performs a behavioral analysis of the material to be taught. This involves ›atomizing‹ the knowledge to be imparted according to learning theory principles. The knowledge is broken down into concepts, discriminations, and chains.
4. He constructs a teaching system or program by which the behavior may be built into the student's repertoire.
5. He tests the teaching system on sample students and revises it according to the results, until the desired result is obtained reliably in student after student« (Mechner, zitiert in Popham u. a. 1969, S. 8/9).

Der Verhaltenstechnologe überbrückt Lernzustand A und Lernzustand B dadurch, daß er Lernzustand B auf seine zusätzlichen Verhaltenselemente analysiert, daß er den Lerninhalt entsprechend diesen Verhaltenselementen atomisiert und dann Schritt für Schritt die Verhaltenspartikel an den solcherart atomisierten Inhaltspartikeln gemäß den Prinzipien der Lerntheorie aufbaut. Die bis in die Diktion spürbare Gewaltsamkeit des Auseinanderbrechens der inhaltlichen wie der verhaltensbezogenen Seite des Kurses in kleine Elemente steht im Dienst der Kontrollierbarkeit, der Effizienz, der Lerngarantie »reliably in student after student«.⁴
Wie sieht Forschung aus, die solche Verhaltenstechnologie ermöglicht?

Maccoby und Sheffield wollten die optimale Demonstrations- und Übungslänge beim Lernen von Aufgabenreihen ausfindig machen. Es ging um das Erlernen der Montage eines dreißigteiligen Zündverteilers — und dabei um die optimale Kombination von filmischer Darbietung und Übungsmöglichkeiten für die Kursteilnehmer. Sollte erst der Film mit der Darstellung der Prozedur in seiner Gänze vorgeführt werden, woran sich dann die Übungen schlossen — oder sollte je nach der Hälfte oder nach einem Viertel der Filmvorführung mit Übungen bezüglich des gerade Gesehenen begonnen werden? Das Problem wurde experimentell überprüft, die Ergebnisse wurden als Leistungsraten (= Zahl der richtigen Montagen pro Zeiteinheit) formuliert. Bei Tests schnitten diejenigen am schlechtesten ab, die erst nach Ansehen des ganzen Vorführfilms zum Üben kamen (Ingenkamp, Bd. II, 1970, Sp. 1644 f.).

»Optimal« ist der Lehrgang eingerichtet, nach dessen Durchlauf höhere Testpunktwerte bei den Adressaten erzielt werden. Das Kursziel — Montage des dreißigteiligen Zündverteilers, d. h. eine Reihe handgreiflicher Operationen — liegt selbstverständlich von vornherein fest; es normiert die Beschaffenheit des didaktischen Arrangements, es ermöglicht Erfolgskontrolle und Kursverbesserung. Was zu ihm nichts beiträgt, ist aus dem Kurs auszuscheiden.

12. Die den realen Unterricht konstituierenden Ereignisse zwischen Lernzustand A (Eingangsverhalten) und Lernzustand B (Endverhalten) werden also nach ihrem empirisch überprüfbaren Beitrag zur möglichst perfekten Beherrschung des angezielten Endverhaltens ausgewählt, verändert, geprüft. Der Unterricht wird zum zweckrational einzusetzenden Instrument der effizienten und ökonomischen Produktion eines präzis zu beschreibenden Endverhaltens.
Das ist eine äußerst weittragende Entscheidung zugunsten einer bestimmten möglichen Modellierung von Unterricht, keineswegs eine unhinterfragbare Selbstverständlichkeit, die sich etwa naturnotwendig aus dem »heutigen« Stand der verwissenschaftlichten Zivilisation ergäbe, wie zuweilen suggeriert wird. Keine Frage, daß dieses Unterrichts-

modell deshalb so plausibel wirkt, weil jeder Zeitgenosse von zweckrational konstruierten Größen umgeben ist, weil die Welt so zu sehen lebensnotwendig wurde. Aber damit ist die Frage nach der Legitimität der *Monopolstellung* dieses Konzepts nicht beantwortet, sondern gestellt.

Daß das zweckrationale Konzept eine bestimmte Modellierung mit bestimmten Wertsetzungen darstellt, soll im folgenden anhand von zwei leitenden Fragen bewußt gemacht werden:

a) Welche Ereignisse, Aktivitäten, inhaltlichen Qualitäten sind es im einzelnen, die in dieser Unterrichtsmodellierung prinzipiell als Störfaktoren oder als irrelevante Größen aufgefaßt werden müssen — ohne daß noch einzelne Entscheidungen darüber nötig sind?

b) Lassen sich anders akzentuierende Modellierungen von Unterricht denken und rechtfertigen, die die Forschungs- und Entwicklungsaktivitäten auch in anderer Weise steuerten?

13. Im zweckrationalen Unterrichtskonzept sind drei Gruppen von Schüleraktivitäten denkbar, die von den in diesem Konzept investierten Normen aus als Störfaktoren bei der unterrichtlichen Produktion des angezielten Lernzustands B aufgefaßt werden müssen:

a) Kursteilnehmer schlagen andere als die gewünschten, vorgesehenen, vorgezeichneten Richtungen ein — sie entdecken Probleme, sie suchen Methoden, sie mobilisieren Informationen, deren Aufarbeitung andere als die gewünschten Lernziele begünstigt. Kursteilnehmer verändern die Kursrichtung; weil sie etwas anderes als das Geforderte, Vorgezeichnete machen wollen oder machen, gefährden sie die Erreichung der Lernziele, bewältigen sie nicht die vorgezeichneten Lernschritte — sie zeigen Fehlverhalten: das normative Bezugssystem des zweckrationalen Unterrichtskonzepts gestattet eindeutige Urteile. Wer bei dem Kurs für »gunner«, »loader«, »driver«, von dem Crawford berichtet, in seiner Freizeit an ein Buch von Marcuse geriete und infolgedessen am zügigen Aufbau seines Verhaltensrepertoires durch gewisse Grundlagenzweifel behindert und blockiert würde, zeigte Fehlverhalten — Konsequenz für die Kursplanung kann nur sein, solch unzuträgliche Lektüre zu verhindern.

b) Kursteilnehmer verweigern den zügigen Kursdurchlauf. Sie kommen, aus welchen Gründen auch immer, nicht vom Fleck. Sie verharren bei einer Sache, einem Problem, einer Schwierigkeit, einer sie faszinierenden, schockierenden Einzelheit; sie verweigern die Erlernung und Benutzung der Instrumente und Operationen, die sie über diesen Punkt in Richtung des vom Kurs angestrebten Lernziels hinwegtrügen. Sokrates, der nach Platons Bericht zuweilen stundenlang auf der Straße stehenblieb, weil er von einem Problem nicht loskam, mag dieses Stocken symbolisch repräsentieren. Kursteilnehmer insistieren in der genannten Weise, wenn sie etwas »komisch«, »widersprüchlich«, »ungeklärt«, »unglaublich« finden und präsentierte Erklärungen als unzulänglich abweisen. (Warum war denn der Krieg XY nicht zu verhindern? Wie kam dieser Napoleon/dieser Hitler hoch? Warum schwimmen Eisenschiffe? Gab es wirklich Hexen? Warum ist die sogenannte moderne Kunst so unverständlich?) Solche und ähnliche undomestizierte Fragen können Symptom des den reibungslosen Kursablauf gefährdenden Steckenbleibens sein. Natürlich kann dieses Steckenbleiben viele Gründe haben — keineswegs nur solche, die, wie die genannten, ein beträchtliches Befaßtsein mit der Sache anzeigen. Das Verweigern des nächsten Schritts kann auch auf kognitive Inkompetenz zurückgehen oder auf die fehlende affektive Beziehung zu dem präsentierten Gegenstand.

c) Kursteilnehmer zweifeln Voraussetzungen an; sie gehen infolgedessen nicht, wie es der Kurs vorzeichnet, zügig voran, das Lernziel als motivierende Größe vor Augen — sondern sie fragen zurück: wie konnte man auf die Idee kommen (das Foucaultsche Pendel aufzustellen)? Wie verträgt sich aber das (daß die Erde sich drehen soll, daß viele Nazis »anständige Menschen« waren) mit früher Gelerntem, Erfahrenem, Gedachtem?

(A) Idealer Kursdurchlauf
Lernschritt 1 → Lernschritt 2 → Lernschritt 3 ... → Lernziel

(B) Gestörter Kursdurchlauf mit Störungsrichtungen:
Lernschritt 1 → Lernschritt 2 → ... Lernschritt 3 ... Lernziel

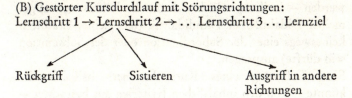

Rückgriff   Sistieren   Ausgriff in andere
                              Richtungen

(Die Pfeile signalisieren Aktivitätsrichtungen von Kursteilnehmern.)

Die genannten Gruppen von Aktivitäten müssen im Kontext des zweckrationalen Unterrichtskonzepts als Faktoren, die die Wirksamkeit des Lerninstruments stören, diagnostiziert und verurteilt werden; sie führen ab vom geradlinigen Weg zum Ziel, sie sind Fehlverhalten, weil sie die effiziente und ökonomische, d. h. aber reibungslose Produktion des Zielzustands B gefährden.

Es ist unabweisbare Forderung an die Kurskonstrukteure, die Herde solchen Fehlverhaltens, soweit sie in Beschaffenheiten der Lernsituationen liegen, aufzuspüren und auszuräumen. Die Kursteilnehmer dürfen eben auf keine anderen als die zielführenden Gedanken und Aktivitäten kommen.

Die Folgen dieser Verbesserungsstrategie etwa für den inhaltlichen Zuschnitt der präsentierten Materialien und Fragen dürften einschneidend sein: sie sind von auf Abwege führenden Ingredienzien zu reinigen. Was Zweifel weckt, was diskrepant und mehrdeutig ist, was schockiert, irritiert, fasziniert, zum Grübeln verleitet — alles das dürfte einen schweren Stand haben, weil es schwer unter Kontrolle zu haltendes Fehlverhalten stimulieren könnte. Die Mediatisierung der Lerninhalte durch die instrumentale Deutung von Unterricht wird hier greifbar und problematisch. Hier müßten fachdidaktische Überlegungen einsetzen: denn hier wird offensichtlich Zuschnitt und Dosierung von Lerninhalten von einer *inhaltsneutralen* Modellvorstellung des Unterrichts an sich ferngesteuert. Die

Konflikte, die aus den Einwänden von seiten der Vertreter der Inhalte resultieren dürften, müßten ausgetragen werden — in ihnen würde sich das Verhältnis von allgemeiner Didaktik zur Fachdidaktik (das meines Erachtens keineswegs eines der Subordination oder der Subsumtion sein dürfte) ausprägen.

Eine Äußerung eines Kursteilnehmers beispielsweise könnte — von den inhaltlichen Kriterien aus betrachtet — höchst relevante Aspekte der in Frage stehenden Sache ins Licht rücken; im zweckrationalen Konzept, das Aktivitäten nur nach ihrem Beitrag zum Lernziel beurteilen kann, müßten diese Aktivitäten als Fehlverhalten taxiert werden, sofern sie nicht zielführend sind. Man könnte sich jedenfalls normative Bezugssysteme für Unterricht vorstellen, in denen die Maßstäbe für als Fehler zu beurteilende Aktivitäten ganz anders geeicht wären.

Die als Störfaktoren aufscheinenden Aktivitäten von Kursteilnehmern rühren zum Teil jedenfalls aus dem Erfahrungspotential der individuellen Lern- und Lebensgeschichte der Kursteilnehmer; sie konfrontieren ihre Erfahrungs- und Erwartungsmuster mit den ihnen präsentierten Inhalten und Aufgaben, die dabei entstehenden Konflikte bedrohen den reibungslosen Kursdurchlauf. Die Entstehung solcher Konflikte zu verhindern, solche Konflikte, falls sie doch auftreten, zu liquidieren, scheint das erfahrungswissenschaftliche Instrumentarium aufgrund seiner mangelnden Affinität zu individuell Lebensgeschichtlichem besonders geeignet. Habermas schreibt: »Erfahrungswissenschaftliche Theorien enthalten Informationen über die Wirklichkeit unter dem Gesichtspunkt einer unter angebbaren Bedingungen jederzeit und überall möglichen technischen Verfügung. Ihr entspricht daher eine im Funktionskreis instrumentalen Handelns generalisierte Erfahrung, die von allen lebensgeschichtlichen Bezügen abstrahiert. An den experimentell erzeugten Erscheinungen sind alle Momente der Lebenserfahrung zugunsten eines allgemeinen, nämlich beliebig wiederholbaren Effektes unterdrückt. Diese bestimmte Objektivation der Wirklichkeit

dient dem Zurechtstutzen einer subjektiv geprägten konkreten Erfahrung, nämlich ihrer transzendental vorgängigen Anpassung an die universellen Ausdrücke einer Theoriesprache, in der Namen für Individuen nicht auftreten können« (Habermas 1968, S. 205).[5]
Wie ein Kurselement konkret aussieht, das nach den Normen des zweckrationalen Unterrichtskonzepts modelliert ist und das mit Hilfe erfahrungswissenschaftlich entwickelter und überprüfter Instrumente von Störungsquellen weitgehend gereinigt ist, mag das folgende Beispiel aus dem Umkreis des computergestützten Unterrichts zeigen — auch der Kommentar aus »Knaurs Buch vom neuen Lernen« verdeutlicht gerade in seiner popularisierenden Art recht plastisch die Eigenschaften der zweckrationalen Modellierung von Unterricht:

Ein etwa 12jähriger Lerner sitzt vor seinem computergesteuerten Lernapparat und liest, was ihm der Computer zunächst zuschreibt:
»Dies ist eine Lektion über Verhältnis und Prozent.
Ergänze jede Aufgabe wie angezeigt.
Das Verhältnis von 2 zu 5 ist $2/5$.
Das Verhältnis von 1 zu 3 ist $1/3$.
XXX   0   PPP
Das Verhältnis der Anzahl von 0-Zeichen zur Anzahl der X-Zeichen ist
—/—«
Es folgt die Beschreibung von Fuchs: »Tippt der Schüler als Meldung die *richtige* Antwort, so stellt ihm der Computer sofort die nächste Aufgabe. Wird dagegen eine *falsche* Antwort gegeben, meldet sich die Maschine per Fernschreiber mit dem Wort ›*Falsch*‹ (wrong) und wiederholt die gleiche Aufgabe. Bleibt die Schülerantwort nach weiteren 10 Sekunden aus, so druckt der Computer die Meldung ›*Die Zeit ist um*‹ (›*time is up*‹). Mit ›programmierter Engelsgeduld‹ legt der Automat die Aufgabe schließlich noch ein drittes Mal vor. Erst wenn die richtige Antwort nun vom Schüler immer noch nicht geliefert wird, gibt die Maschine ihre ›Bemühung‹ programmgemäß auf. Sie druckt: ›*Falsch. Die Antwort ist* $1/3$.‹ Als ›Dreingabe‹ steuert der Computer die Aufgabe ein letztes Mal bei und gibt so den Schülern die Möglichkeit, die richtige Antwort wenigstens selbst zu tippen. Unabhängig von dieser ›copierten‹ Schülermeldung rückt er aber dann zur nächsten Aufgabe vor. Der Schüler kann

an dieser Stelle also auch passen oder gar ›Buh‹, ›Doof‹ und ähnliche Äußerungen seines Unmuts in die Tastatur hämmern; den Automaten ›kümmert‹ das nicht. ›Böse sein‹ steht nicht auf seinem Programm... Am Ende eines jeden Drillprogramms wird nüchtern Bilanz gezogen. Es erscheinen die Prozentzahlen der richtigen Antworten und die Arbeitszeit des Schülers: ›*17 Aufgaben zu 88 % richtig in 183 Sekunden.*‹ Zuletzt verabschiedet sich der Automat in programmierter Heiterkeit: ›*Goodbye, Barbara, reiß bitte das Blatt an der punktierten Linie ab.*‹« (Fuchs 1969, S. 180 f.).

14. Welche andere als die hier skizzierte zweckrationale und zielinstrumentale Modellierung von Unterricht wäre denkbar?
Um in denselben Grundbegriffen zu bleiben: Statt die Lernsituationen, Lernepisoden von ihrem nachweislich effizienten Beitrag zur Erstellung eines Endverhaltens (= Lernziel) her zu legitimieren, könnte man auch umgekehrt vorgehen. Man könnte Endverhaltensweisen von Lernsituationen her legitimieren; sie würden nur akzeptiert, insofern der über sie Verfügende tatsächlich bestimmte Lernsituationen und -erfahrungen real durchgemacht hat. Raths (o. J.) hat meines Erachtens mit guten Gründen die These verfochten, man könne über Lernziele nicht entscheiden oder urteilen ohne die Kenntnis des Lernwegs, der zu ihnen führte.[6] Denn wenn zwei dasselbe können, können sie mitnichten immer und überall das gleiche, wie ein behavioristisch restringierter Blick annehmen mag. Schon wenn zwei dieselbe Regel mit der gleichen Testpunktzahl beherrschen, kann das ganz Verschiedenes besagen — je nachdem, ob auf dem Weg zu dieser Kompetenz beispielsweise zeitraubende Umwege, Einfälle, Zweifel toleriert wurden oder nicht. Es ist keineswegs ausgemacht, daß sich das in der Testpunktzahl niederschlägt; es ist ebensowenig ausgemacht, daß der Lernzustand in beiden Fällen identisch ist. Die im Kursablauf vielleicht unterdrückten, vielleicht mit viel Raffinement verhinderten Gegenfragen und Einwände müssen am Ende nicht zu Buch schlagen — ob solche Unterdrückungen aber deswegen

nicht virulent sind und bleiben, steht auf einem anderen Blatt, einem Blatt, das den Verhaltenstechnologen nicht zu interessieren scheint.

Wenn Zielzustände also — mindestens zuweilen — erst von dem her zureichend aufzufassen und zu analysieren sind, was auf dem Lernweg zu ihnen von seiten der am Kurs Beteiligten durchgemacht, erfahren, gelernt wurde, dann müßten sich die den Unterricht analysierenden und entwickelnden Forschungs- und Planungsaktivitäten viel nachhaltiger, als das im zweckrationalen Konzept nötig und möglich ist, auf *Lernsituationen* und *Lernepisoden* konzentrieren, die keineswegs durch minuziöse Lernzielbeschreibungen zulänglich zu kennzeichnen sind. Es ginge also um Analyse, Beschreibung, Entdeckung der Qualität, Komposition und Abfolge situationsbezogener lernrelevanter Faktoren wie der Lerninhalte, der Medien, der Lernhilfen, der Arbeitsformen, der sozialen Gruppierung — um das also, was hierzulande über der Lernzieldiskussion kaum ins Auge gefaßt wurde. Es ist wohl informativ, sich den Ursprung unterrichtswissenschaftlicher Aktivitäten in bestimmten gesellschaftlichen Erfahrungen einen Augenblick zu vergegenwärtigen. Die Defekte unseres Unterrichtswesens, die die zweckrationale Modellierung antreiben, dürften die Ergebnislosigkeit und Zusammenhanglosigkeit vielfältiger aufwendiger Unterrichtsbemühungen sein. (»Sie lernen nichts, sie können nach neun Jahren noch nicht anständig Englisch.«) Wer könnte dieser produktorientierten Kritik global widersprechen? Wer müßte dem Argument nicht starkes Gewicht zubilligen, die Qualität von Unterricht lasse sich auch und vorab danach bestimmen, was dabei an Kompetenzen für die Schüler herauskomme?

Raths argumentiert anders. Ohne die Berechtigung dieser Kritik rundweg zu bestreiten, registriert er doch als zentralen Schuldefekt den »lack of enthusiasm« in den »day to day activities«, die die Schüler absolvieren müssen. Die Verödung der Lernsituationen, das Fehlen faszinierender Erfahrungen, das Fehlen von Ernstfällen des Denkens, der

Auseinandersetzungen in der Schule, die Legitimation jedes Lernschritts aus seinem Beitrag für ein später zu erreichendes Ziel — diese Züge landläufigen Unterrichts scheinen die Rathssche Kritik am lernzielfixierten Unterrichtskonzept begünstigt zu haben. Ein so geschärfter Blick sucht nach Dimensionen und Kategorien zur Beschreibung und Entwicklung dessen, was Raths »worthwhile activities« nennt — sie sind nicht allein und nicht ausschließlich aus ihrem nachweisbaren Beitrag zu einem Endverhalten legitimiert.[7] Bezugssysteme, von denen aus solche Lernsituationen und die in ihnen zu provozierenden Aktivitäten zu entdecken, zu beurteilen, zu legitimieren wären, könnten in der Inhaltlichkeit, im Potential des Lernenden, in der gesellschaftlichen Relevanz liegen.[8]
Selbstverständlich wäre der Beitrag dieser Aktivitäten zu einer Endkompetenz, zu einem Lernziel ebenfalls ein für die Entdeckung wie für die Beurteilung bedeutsamer Gesichtspunkt — nur eben *ein* Gesichtspunkt neben anderen.

15. Nahe verwandt diesen Überlegungen ist der Vorschlag von Eisner, »expressive objectives« von »instructional objectives« zu unterscheiden und beiden Zieltypen ein anderes Modell unterrichtlicher Planung zugrunde zu legen (Eisner 1969, S. 1 ff.). Nach Eisner können für einen Typ von Unterricht ohne weiteres im vorhinein die Ziele in Endverhaltensweisen präzis festgelegt werden — so etwa Kompetenzen im Spracherwerb, in psychomotorischen Fähigkeiten, in anderen grundlegenden Fertigkeiten und Kenntnissen, über die souverän verfügen zu können in unserer Gesellschaft lebens- oder berufsnotwendig ist, ganz unabhängig von individuellen Lebenserfahrungen, vom biographischen Substrat, von der möglichen Spontaneität der Subjekte, die diese Kompetenzen lernen (müssen). »Expressive objectives« haben nach Eisner demgegenüber ihr Wesen darin, daß sie prinzipiell nicht vor Beginn des Kurses und unabhängig von den lernenden Subjekten festgelegt werden *können*, weil sich in diesen Zielaktivitäten eben das individuelle Substrat, die Produk-

tions- und Modifikationskraft der Subjekte, die am Kurs beteiligt sind, »ausdrücken« sollen und müssen.

Es gibt nach Eisner Lerninhalte, Lernprozesse, deren Spezifikum es ist, den Erfahrungshorizont der Subjekte zu mobilisieren, durch den gewissermaßen die Leerstellen in den Lernsituationen angereichert und bestimmt werden sollen.[9] Die Resultate solcher Kurse im voraus festlegen zu wollen und auf ihre Erzielung hin den Kurs zu planen, hieße die gemeinten Aktivitäten planmäßig verhindern und liquidieren. Wenn man sich von der Monopolstellung des zweckrationalen Unterrichtskonzepts befreit hat, wird unbefangen darüber nachzudenken sein, an welchen Lerninhalten, in welchen sozialen Kontexten solche offene und wahrscheinlich divergierende Aktivität, die nicht auf ein festes und präzise umschriebenes Endverhalten hin kanalisiert und dirigiert wird, möglich oder wünschenswert ist. Kliebard hat bestimmte Gefahren im Sinn, wenn er unter moralischem Gesichtspunkt die Problematik der im voraus festliegenden subjektneutralen Kompetenzen und Verhaltensweisen artikuliert.[10]

Daß ein Kurs bei den Teilnehmern garantiert effektiv das Autofahren, die Aussprache französischer Laute, die Fragestellungen im Englischen, die Montage eines dreißigteiligen Zündverteilers lehrt, ist unbedenklich. Ist es das auch bei der lernenden Konfrontation mit Freud, mit dem Faschismus, mit Henry Miller — ist es so sicher, daß beim Lernen von Physik nicht auch ein subjektiver Erfahrungshorizont mobilisiert werden könnte und müßte?

Man wäge unter diesem Gesichtspunkt und als Illustration sowohl der »worthwhile activities« als auch der von Eisner so genannten »expressive objectives« den folgenden Unterrichtsausschnitt, wenige Zeilen eines Protokolls mit einer Bubengruppe des 4. Schuljahrs:

Versuch:
Der Lehrer stellt zwei Glasbehälter verschieden hoch auf, füllt den oberen mit Wasser, nimmt ein gebogenes Glasrohr, hält ein Ende ins Wasser, saugt am anderen, bis die Röhre voll Wasser ist, hält dieses Ende kurz zu, öffnet es und das Wasser fließt

aus, bis das obere Gefäß leer ist. Der Lehrer nickt den Kindern auffordernd zu, sich zu äußern.
Klaus-Jochen: »Das hab ich schon einmal gesehen mit einem Gummischlauch. Da hat man aus einem Faß was rausgeholt, Most oder so, und da ist's auch immer geflossen.«
Der Lehrer wiederholt den Versuch.
Roland: »Niemand schuckt's, 's geht allei.«
Robby: »Da drückt's von unten rein, aber woher?«
Der Lehrer wiederholt den Versuch noch einmal. Pause (12 Sekunden). Einige Buben haben sich auf die Tische gesetzt, um besser sehen zu können; einer sitzt am Ende der Stunde noch oben.
Jörg II: »Am Schluß geht auch Luft mit, viele Lufttropfen.«
Nicolai II: »Eine tolle Pumpe!«
Werner: »Da sieht man richtig, wie die Luft da vordrückt, die Luft macht's, daß es läuft.«
Bernhard (leise): »Kannst's ja gar nicht sehen; 's geht doch ganz allein. Am Anfang, wo's angefangen hat, war doch auch keine Luft da.«
Wolfhardt: »Das läuft da ganz allein rauf und dann runter.«
(Thiel 1970, S. 3).

Der Vergleich mit dem Computer-Lehrdialog könnte deutlich machen, daß dieses Lerngeschehen offensichtlich noch von anderen Normen als denen der möglichst zügigen und umweglosen Zielerreichung in Gestalt abrufbarer und im voraus festgelegter Fertigkeiten und Kenntnisse reguliert wird: Die Primärsprache, die Primärerfahrung, das Grübelnde, die Sache hin und herwendende Auf-der-Stelle-Treten, das unkorrigiert geäußerte sachlich Falsche, undomestizierte Konflikte über die Ursachen, verwegene Vermutungen und Vorgriffe — den ausschließlich zielorientierten Unterrichtskonstrukteur muß dieses Geschehen als chaotische Zeitverschwendung anmuten, und zwar deshalb, weil sein normatives Bezugssystem vielerlei nur als falsch, überflüssig, abwegig einstufen kann, was von dem Inszenator dieser Lernepisode — von anderen Bezugssystemen aus — als richtig, wichtig, der Provokation würdig eingestuft wird.

16. Eisners in einem repräsentativen Forum amerikanischer Curriculumforscher vorgetragene Überlegungen

wurden von den Vertretern eines ausschließlich zweckrationalen Unterrichtskonzepts in charakteristischer Weise gedeutet und nicht verstanden. Pophams Einwände etwa konzentrierten sich auf die Fragen der Vorhersehbarkeit und der intersubjektiv zuverlässigen Beurteilbarkeit/Meßbarkeit des expressiven Zielverhaltens. Popham und andere führten Gründe für die Vorhersehbarkeit und Meßbarkeit dieses Verhaltens ins Feld, sie konzedierten, daß das Zielverhalten in den von Eisner genannten Bereichen schwerer festzulegen und *noch* nicht recht zuverlässig zu messen sei.[11]

Sie transformierten so Eisners Anfrage in ihr Bezugssystem, das Unterricht gar nicht anders denn als zweckrationales Instrument zur Erzeugung von Zielverhalten aufzufassen erlaubt, und damit entschärften sie Eisners prinzipiellen Vorschlag, zwei verschiedene Typen von Unterricht zu unterscheiden. Denn Eisner hatte ja nicht über die Schwierigkeit der Feststellung von Endkompetenzen gerechtet — er hatte bestritten, jeder Unterricht könne und müsse dem zweckrationalen Konzept subsumiert werden, Lehrer seien nur didaktisch-rational handlungsfähig, wenn sie die Lernziele präzis vor Augen hätten.

Wenn man die Eisnersche Unterscheidung akzeptiert, dürften die Planungs- und Entwicklungsaktivitäten für beide Arten von Unterricht verschieden aussehen: Bei Typ 1 ist das zweckrationale Konzept mit dem Ausgang von Lernzielen angemessen; bei Typ 2 richtet sich die Entwicklungsaktivität auf die Entdeckung und Erprobung dessen, was Eisner »fruitful encounters«[12] nennt, deren Fruchtbarkeit sich in realem Unterricht an dem erweist, was sie an Erfahrungen, Gedanken, Aktivitäten mobilisieren.

17. Die Funktion, die die in der zweckrationalen Unterrichtsforschung entwickelten theoretischen und methodischen Instrumente in dem hier unscharf angedeuteten anderen Typ von Unterricht gewinnen können, bedürfte weiterer Analyse und wäre zu erproben. Als Hilfen zur Entdeckung, zur Unterscheidung, zur Diagnostizierung, zur

Differenzierung relevanter Dimensionen und Kategorien in Lernsituationen sind sie unersetzliche Instrumente der Kursplanung und Kursüberprüfung. Heipcke und Messner (1971), die in hochschuldidaktischem Zusammenhang ein Unterrichtskonzept vorgelegt haben, das Kusteilnehmer nicht zu präexistenten Zielen hinführt, sondern zur Neuentdeckung relevanter Ziele während des Kursablaufs freigibt, nennen die Art, wie sie feststehende Lernziele verwenden, »heuristisch«.

Es ging in diesen Thesen nicht darum, dem zweckrationalen Unterrichtskonzept seine Wichtigkeit und seine Legitimität zu bestreiten — angesichts des Lernschlendrians in den Unterrichtsinstitutionen (für den weder Lehrer noch Schüler als Personen verantwortlich zu machen sind) und angesichts der Lernanforderungen der Gesellschaft sollte darüber nicht mehr gestritten werden.

Gerade die ungeheure Plausibilität und Wichtigkeit des zweckrationalen Unterrichtskonzepts, das uns aus so vielen akuten Schulnöten herauszuhelfen verspricht, könnten aber die mit Unterricht Befaßten blind für seine Grenzen machen. Hier sollten nur einige Gründe dafür angedeutet werden, daß diese Grenzen existieren. Wo und wie sie im einzelnen zu suchen und zu begründen sind, bedarf weiterer Klärung und Diskussion.[13]

III
DIVERGIERENDE UNTERRICHTSMUSTER IN DER CURRICULUMENTWICKLUNG

In der Organisation von Lernerfahrungen kommt Curriculumentwicklung ans Ziel; die Aktivitäten zur Ermittlung, Legitimierung, Koordinierung, Kodierung von Unterrichtszielen und -inhalten sind als Selbstzweck sinnlos; die didaktische Realisierung mit spezifischer Einflußnahme ist dasjenige, um dessentwillen der immense theoretische und empirische Aufwand in der Planungsphase der Ziel- und Inhaltsregion getrieben wird. Das heißt aber auch, daß es von der Organisation von Lernerfahrungen abhängt, ob die aufwendig ermittelten Inhalte didaktisch angemessen repräsentiert, realisiert werden oder ob sie nur verzerrt in Unterrichtsereignissen auftauchen. Was heißt didaktisch angemessene Repräsentation, was heißt Verzerrung inhaltlicher Intentionen durch unterrichtliche Realisierung?
Die Pfeile, die in landläufigen Abrissen der Curriculumentwicklung zwischen dem Kästchen »Ziele« und dem Kästchen »Lernerfahrungen« eingezeichnet sind, verhüllen das Problem; sie sind das graphische Pendant zu den proklamatorischen Forderungen, die »Lernerfahrungen« müßten den Zielen *entsprechen*, sie seien aus ihnen zu *entwickeln*, auf sie hin zu *orientieren* etc. Wer es einmal versucht hat, einem Lernziel (z. B. Einsicht in Gruppen-Mechanismen, die Außenseiter produzieren) Lernsituationen zuzuordnen, wer die Lähmungen und Hilflosigkeiten kennt, die bei der Konkretisierung von Lernsituationen in Arbeitsgruppen leicht um sich greifen, der muß sich fragen, warum die einschlägige Literatur bei diesem Schritt — von dessen Qualität das praktische Gelingen des ganzen curricularen Unterfangens abhängt — so einsilbig bleibt.

Die Feststellung von Implikationszusammenhang zwischen Intentionen und Lehrverfahren bleibt ebenso formal wie der Hinweis auf die Unmöglichkeit, aus Lernzielen Lernsituationen, Lernerfahrungen zu deduzieren.[1] Auch Taba betont nachhaltig, wie wichtig es sei, das Augenmerk auf die Kriterien zu richten, die außer den Zielen die spezifische Auswahl und die Organisation der Inhalte in den Lernerfahrungen steuert;[2] aber sie kommt nicht über die in der Curriculumliteratur leider übliche Formalität von Forderungen hinaus, wenn sie auch noch die Beziehungen zwischen diesen Kriterien offenzulegen vorschlägt. Auch ihre Feststellung, die Kriterien »efficiency« und »economy« seien bei didaktischen Innovationen nach Art des »team teaching« und des TV-gestützten Unterrichts zu stark zum Zug gekommen, auch ihr Plädoyer zugunsten von Kriterien wie Angepaßtheit an die Fähigkeiten der Lernenden, an die verschiedenen Schulbedingungen, an Lehrerressourcen und Schülerinteressen bleiben inhaltsleer,[3] wenn es darum geht, von Zielen zu konkreten Lernsituationen voranzuschreiten: man kann Schülerinteressen sehr verschieden ins Visier bekommen und einbeziehen; man kann der Lernkapazität sehr verschieden entsprechen. Diese abstrakte Forderung läßt den Entwickler mit leeren Händen zurück.

Wer Lernerfahrungen entwirft, erfindet ein komplexes Ereignisgefüge, das spezifisches Lernen anregen soll. Diese Erfindung entspringt nicht dem Nichts einer tabula rasa. Sie dürfte bei jedem Beteiligten auf ein Repertoire von Vorstellungen und Erwartungen darüber zurückgreifen, welche Merkmale Unterrichtsereignisse charakterisieren. Diese Erwartungen an Unterricht formieren ein sozial approbiertes »Unterrichtsbild«. Sein Einfluß auf die Produktion von Lernerfahrungen dürfte nachhaltig und selten bewußt sein; Wheelers Hinweis auf die fatale Zieleinengung durch die Fixierung auf lehrerzentrierte Lernsituationen zum Zweck der Wissenserzeugung (vgl. Anmerkung 2) trifft ein Symptom. Weder Entwickler noch Benützer von Curricula sind frei von den Sedimenten ihrer Sozialisation, die sie bestimmte Arten des sozialen Umgangs, der Zurichtung von Sachverhalten, der Abgrenzung gegen die soziale Umwelt als Unterricht bzw. Nicht-Unterricht wahrnehmen und billigen oder nicht billigen läßt. Solche Erfahrungsschemata mitsamt den ihnen zugrundeliegenden Relevanzstrukturen[4] entscheiden aber über den Zuschnitt von Lernerfahrungen, die in einer gesellschaftlich-geschichtlichen Situation Aussicht haben, als Unterricht entdeckt, akzeptiert und realisiert zu werden. Es scheint, daß sie in ihrer Bedeutung für die Curriculumentwicklung noch wenig beachtet wurden. In diese die Entwicklungsarbeit filternden und orientierenden Unterrichtsschemata dürften Elemente lebensgeschichtlicher Erfahrung und taktische Einschätzungen hinsichtlich der Realisierbarkeit ebenso eingehen wie wissenschaftstheoretische und normative Positionen: »Weltbilder« sind eingeschliffene Formen der Wahrnehmung, Zuordnung, Erklärung, Wertung, Akzentuierung sozialer oder natürlicher Gegebenheiten, sie legen den Erfahrungs- und Handlungsspielraum ihrer Inhaber weitgehend fest; dasselbe gilt für »Unterrichtsbilder«; wenn sie nicht mehr reflektiert werden und als solche, d. h. als spezifische von bestimmten Normen und Annahmen aus begründbare Zugriffe und Modellierungstypen, bewußt bleiben, dann droht Versteinerung und Dogmatisierung *eines* Bildes von Unterricht.

Wie kommt man an solche die Curriculumentwicklung beeinflussenden Auffassungsschemata in punkto Unterricht? Sie müssen sozusagen in Aktion zu beobachten sein bei der Entwicklungsarbeit (welche Muster von Lernsituationen fallen den Mitarbeitern ein, welche werden akzeptiert?); in Projektentwürfen und theoretischen Begründungen dürften sie eine Rolle spielen. Jedenfalls aber sollten sie auch in den Produkten von Curriculumentwicklung greifbar werden, sofern sie realen Unterricht vorstrukturieren. Die Leitvorstellung von Unterricht müßte im unterrichtlichen Detail wohl noch zuverlässiger aufzuspüren sein als in theoretischen Erwägungen eines Projekts. Hier soll versucht werden, einige solcher Details auf die Modellvorstellung von Unterricht hin zu entschlüsseln, die die Konstruktion, sei es reflektiert, sei es nicht reflektiert, mitbestimmt haben. Aufmerksamkeitsrichtungen, die die zunächst lockere Kommentierung und Analyse orientieren, beziehen sich vor allem auf die Präparierung der Lerninhalte und die in ihnen vorgezeichneten Aktivitäten seitens der am Unterricht beteiligten Personen. Als was kommen diese Subjekte ins Spiel? Welche Erfahrungspotentiale werden provoziert, welche werden abgeschnitten, welche sind von vornherein ausgeklammert? Und wie brechen sich in verschiedenen Unterrichtsmustern die basalen Grundforderungen, denen sich heute — in welchen Nuancierungen auch immer — jede Curriculumentwicklung verpflichtet sieht, den Forderungen nach Berücksichtigung von Wissenschaft bzw. Sachstruktur, von Interesse und Fähigkeiten der lernenden Subjekte, von Bedürfnissen der Lebenspraxis? Die Analyse geht von der Annahme aus, daß verschiedene Ansätze der Curriculumentwicklung in den zugeordneten Modellvorstellungen von Unterricht greifbar und diskutierbar werden.

Vier Curriculum-Ausschnitte als Beispiele

Beispiel A.
Das Moral Education Curriculum Project, das an der Universität Oxford betrieben wird, enthält einen Abschnitt »Proving the Rule« mit Materialien zum Thema »Rules and Individuals«. Wie sind die Lernerfahrungen vorstrukturiert und kommentiert (Schools Council Project 1972, McPhail 1972)? Eine kurze allgemeine Darstellung informiert über die inhaltliche Perspektive des Kurses: Es gibt verschiedenerlei Normen und Regeln in der Sozietät; es gibt Konflikte zwischen diesen Normen; es gibt auch Konflikte zwischen Neigungen, Bedürfnissen von Individuen und Normen; daraus entstehen Probleme und Entscheidungsnotwendigkeiten. Diese Grundperspektive wird für den Lehrer noch etwas weiter konkretisiert: er soll die Differenz von Rolle und Individuum im Sinn behalten, auch die Verschiedenartigkeit von Rollenvorschriften und von Normübertretungen, schließlich die soziokulturelle Relativität dieser Vorschriften.

Das Unterrichtsmaterial: Wenige Zeilen stellen Paul vor — 16 Jahre, eine Schwester, Kleinstadt, Familie mit Eigenheim, Mutter berufstätig, Vater etwas unberechenbar. Pauls Freizeitvorlieben: Kino, Club (zweimal wöchentlich abends), etwas riskante Fahrradkünste. Nach einem Abschnitt »Paul, seines Vaters Sohn« folgt »Paul, seiner Mutter Sohn«. In zwölf Zeilen wird über die Rolle der Mutter und ihre Beziehungen zu Paul informiert: die Mutter ist ganztägig berufstätig, sieht wenig von Paul, bemäkelt seine mangelnde Hilfe im Haushalt, seine Unordentlichkeit. Paul fühlt sich von ihr ungerecht beurteilt und unvernünftig drangsaliert — er hält ihre Reinlichkeitsliebe für ebenso unnötig wie ihre Arbeit außer Haus.

Es folgt ein Abschnitt mit drei Regeln, Normen, die Pauls Mutter festlegt: (1) Paul hat sein Frühstück künftig selbst zuzubereiten. (2) Er hat seine Schuhe beim Nachhausekommen vor der Tür zu wechseln; außerdem hat er seine Fußballausrüstung selbst zu säubern. (3) Er hat zunächst zu Hause zu bleiben, wenn er von der Schule heimkommt, und das Haus etwas aufzuräumen, bevor sie nach Hause kommt.

Daran schließen sich unter der Überschrift »Fragen« — ohne jeden näheren Kommentar — Anforderungen an wie: Hältst Du die Regeln für vernünftig? Wenn nicht, warum? Oder: Was dürfte Paul am Verhalten seiner Mutter ihm gegenüber aufbringen? Welche Regeln möchte er vermutlich für seine Mutter festlegen? Lassen sich andere Regeln als die von Pauls Mutter für einen solchen Sohn ausdenken? etc.

Dann folgt ein Abschnitt mit der Überschrift »Things to do«: Beschreibe eine Szene zwischen Paul und seiner Mutter, in der sie versucht, ihn dazu zu bringen, sich so zu verhalten, wie sie es verlangt — wenn er zustimmt, warum wohl? Wenn nicht, warum nicht? Dürften vorgegebene Gründe mit den realen übereinstimmen? Schreibe eine Kurzgeschichte oder eine Szene, in der Paul Regeln für seinen Vater festlegt; prognostiziere, wie der Vater reagiert.

Es folgen in diesen Materialien noch mehrere Abschnitte, die in gleicher Weise aufgebaut und kodifiziert sind — ein Informationstext, der gewöhnlich in eine bestimmte Entscheidung ausläuft; einige »Questions«, einige »Things to do«. (Paul, a Worker; a Driver; a Friend.)

Um sich dessen bewußt zu werden, daß curriculare Unterrichtsentwicklung von sehr divergenten Modellvorstellungen von Unterricht gesteuert sein kann, sei diesem englischen Beispiel ein Abschnitt aus dem von der Göttinger Arbeitsgruppe für Unterrichtsforschung für den deutschen

Sprachraum adaptierten US-Curriculum »Science — A Progress Approach« (Naturwissenschaft für die Grundschule) gegenübergestellt.

Beispiel B
Nach den ersten drei Unterrichtseinheiten (A: Wahrnehmen von Farben; B: Erkennen von zweidimensionalen Figuren; C: Beobachten von Farbe, Form, Größe und Oberflächenbeschaffenheit) folgt »Unterrichtseinheit D: Klassifizieren von Blättern« mit diesem Auftakt:
»Lernziel: Wenn dem Kind eine Sammlung bekannter Gegenstände vorgelegt wird, sollte es nach Abschluß dieser Unterrichtseinheit folgendes können: (1) Sortieren von Gegenständen aufgrund ihrer Verschiedenheit innerhalb einer Merkmaldimension, die ein anderer benannt hat. (2) Sortieren von Gegenständen aufgrund ihrer unterschiedlichen Merkmale in einer Merkmalsdimension, die das Kind selbst gewählt hat. (3) Identifizieren und Benennen der Merkmalsdimension bzw. der Merkmale, die das Kind selbst gewählt und der Klassifikation zugrundegelegt hat« (Arbeitsgruppe für Unterrichtsforschung 1971, S. 81).
Ein Abschnitt »Begründung« (etwa 30 Zeilen) rechtfertigt die angezielte Kompetenz als »grundlegende Fähigkeit« für »eine systematische Organisation aller Erfahrungen« innerhalb wie außerhalb des naturwissenschaftlichen Bereichs. Zudem wird die Auswahl des vorgeschlagenen Objekts (Blätter) begründet. Es folgt eine mit »Wortschatz« überschriebene Zeile (»Sortieren, aufteilen, sich unterscheiden, passen; Griff, Menge, Teilmenge«). Der Abschnitt »Lehr- und Lernmaterialien« informiert über die Materialausstattung (etwa 20 Sätze Knöpfe, 3 Papierquadrate — Seitenlänge 3,5 cm...; Satz von 7 Perlen) und über Zusatzmaterialien (Herbstlaub, Stecknadeln...).
— Unter der Überschrift »Unterrichtsverlauf« folgt die detaillierte Beschreibung vorgeschlagener Lernsituationen in bestimmter Sequenz. Das liest sich beispielsweise so:
»2. Lernphase: Sortieren von Blättern nach der Farbe: Lassen Sie Gruppen von etwa vier Kindern bilden und verteilen Sie an jede Gruppe ungefähr acht bis zehn Blätter. (a) Erinnern Sie die Kinder an die Klassifikation der Blätter nach der Form (Lernphase 1) und fordern Sie sie auf, andere Sortierungsmöglichkeiten zu nennen: Farbe, Griff u. a. Schlagen Sie vor, diesmal die Blätter nach der Farbe zu sortieren (rot, grün, gelb, braun). Geben Sie an der Stecktafel je ein farbeindeutiges Blatt vor und bitten Sie die Kinder, in jeder Gruppe ein Blatt auszuwählen und es dem entsprechenden Blatt an der Stecktafel zuzuordnen.

— Besprechen Sie Zuordnungsschwierigkeiten... (b) Bitten Sie die Kinder, in ihren Gruppen die Blätter ebenfalls nach der Farbe zu sortieren. Während der Durchführung dieser Aufgabe sollten Sie in den einzelnen Gruppen bei nicht eindeutigen Zuordnungen nochmals nach dem entscheidenden Merkmal fragen.«
Nach der Beschreibung von vier Lernphasen stehen Abschnitte mit dem Thema »Allgemeine Lernkontrolle« (Knöpfe nach selbstgewählten Merkmalen sortieren lassen) und der Überschrift »Individuelle Leistungsmessung (z. B. Aufgabe 1/Lernziel 1: Geben Sie dem Kind folgendes Material: 3 Quadrate, Seitenlänge 2,5 cm; 3 Quadrate, Seitenlänge 5 cm; 3 Quadrate, Seitenlänge 7,5 cm. Sagen Sie zu dem Kind: Sortiere diese Quadrate nach ihrer Größe! Machen Sie ein Kreuz in der betreffenden Spalte, falls das Kind nach der Größe klassifiziert und drei Mengen bildet.) Es folgen drei weitere Aufgaben, die auf die Lernziele hin spezifiziert sind.

Was zunächst bei der nur flüchtigen Gegenüberstellung in die Augen springt, ist der verschiedene Grad der Festgelegtheit der Lernsituationen durch die curriculare Unterrichtsplanung. Art, Grad und Herkunft dieser Verschiedenheit sind noch genauer zu analysieren.
Im Fall A (Oxford) gibt der Basistext nur eine problematische Situation wieder; es ist offen, wie der Lehrer diesen Problemkern in die didaktische Realität übersetzt, wie er ihn inszeniert. Er muß sich etwas einfallen lassen — und hat als Orientierungspunkte nichts als die allgemeinen Zielangaben des Kurses. Ob er die mütterlichen Forderungen in Form eines von Paul gefundenen Zettels, eines Briefs einführt; ob er die Vorschriften aus der Sicht einer dritten Person (Tante, Schwester, Freundin) darstellen läßt oder in Form eines Drohbriefes des durchgebrannten Paul, der seiner Mutter Vorhaltungen macht: wie also im einzelnen die hier präsentierte Kernmasse der Einheit ausgearbeitet wird, hängt von Individuen und Situationen ab — von Schüler, Lehrer, Eltern, sozialem Kontext, Schulnormen etc. Die Materialien sind offenbar mehr als eine beliebige Anregung, weniger als eine bindende Vorschrift.
Nun versteht sich auch der Abschnitt in B (Weg in die Naturwissenschaft) nicht als den Unterricht determinierende

Vorschrift; die Autoren wollen ihn als Hilfe für möglicherweise noch nicht recht auf dem neuen Gebiet versierte Lehrer verstanden wissen (Arbeitsgruppe 1971, S. 32). Aber abgesehen davon, daß nach dem betriebenen Entwicklungsaufwand und dem darin investierten Expertenwissen dieser von den Autoren zu Recht als »wichtigster Teil jeder Unterrichtseinheit« beschriebene Abschnitt bei dem Abnehmer hohe Verbindlichkeit gewinnen muß, ist die Lehrgangseinheit streng determiniert von den präzisen Lernzielen: *sie* müssen erreicht werden, auch der Lehrer, der es anders versuchen will (vielleicht nicht mit Blättern oder Knöpfen, sondern mit Hunden oder Autos; nicht mit Gruppenunterricht in Phase 2 und 3, sondern mit Einzelarbeit), steht unter der Vorschrift, das Lernziel »Klassifizieren« erreichen zu müssen. Die Art der Beschreibung dieses Lernziels bestimmt sein unterrichtliches Handeln anders und nachhaltiger, als die Art der Beschreibung des Lernziels in A den Lehrer festlegt; dort stand ja die vergleichbar große Einheit (2) »Paul, His Mother's Son« keineswegs unter der Vorschrift, präzis beschriebenes Endverhalten erzeugen zu müssen.

Die Grade und Arten der Strukturiertheit von Lernsituationen und -phasen implizieren verschiedene Anforderungen an den Lehrer. Die naheliegende Unterscheidung nach verschieden weiten Freiheitsspielräumen trifft ein Symptom, nicht mehr. Freiheit wozu? Festgelegtheit worin? Auch der Lehrer von Kurs A kann ja nicht tun, was ihm beliebt; die Beziehung zum Ziel durchzuhalten und in Unterrichtssituationen einzulösen, erscheint zunächst nur als eine komplexere Tätigkeit als im Fall B, in dem der direkte instrumentale Bezug des Mittels »Lernsituation« zum Lernziel evident ist; die Lernsituationen lassen sich da sogar ohne Mühe als in eine bestimmte Abfolge gebrachte und ein wenig angereicherte Lernziele entziffern. Im Fall A kann der Lehrer aber keineswegs als derjenige gelten, der die in den Lernzielen niedergelegten Aufgaben nur ein wenig attraktiv ausgestaltet und in eine bestimmte Reihenfolge bringt. Die Differenz der Lehrerfunktion dürfte zusammenhängen mit anderen Grundvorstellungen hinsichtlich des Verhältnisses von Zielen und Lernsituationen einerseits und hinsichtlich des von den am Unterricht Beteiligten zu mobilisierenden Denk- und Erfahrungspotentials anderseits. Es wäre eine hilfreiche Übung, die Einheit A umzumodellieren nach Unterricht vom Planungstyp B. Die Schwierigkeiten, in die man sich verwikkelt sähe, die Veränderungen, die in Kauf zu nehmen wären, die substantiellen Unterschiede der Endgebilde (bei gleichem »Thema«) würden wohl deutlich machen, daß die Kodifizierungsunterschiede keine Äußerlichkeiten sind, sondern auf tieferliegende Differenzen zurückgehen.

Um ihnen auf die Spur zu kommen, sollte man auch die Rolle des Lernenden, wie sie in diese Unterrichtsmaterialien hineinkomponiert ist, ins Auge fassen. Immerhin läßt sich deutlich machen, worauf es den Produzenten bei der Lernaktivität der Schüler ankam: Im Fall B ist jede Lernphase um die Bewältigung einer Aufgabe zentriert; die Aufgabe wird präzise beschrieben, und die Aufgabe wird den Schülern vorgegeben, die Initiativen sind klar verteilt; die Aktivität der Schüler hat exekutiven Charakter, sie führen die Vorschriften aus, die der Lehrer vorgibt; der Lehrer ist dabei auch nur exekutiv tätig, weil ihm vom Curriculum jedenfalls die präzisen Lernziele, aber auch – mit geringerem Verbindlichkeitsgrad – die darauf hin instrumental zugeordneten Lernsituationen vorgeschrieben sind; um auf diese anfangs genannten Lernziele hin wirksam zu lehren und zu lernen, sind die genannten Materialien mit den genannten Aufgaben vorzugeben und zu bewältigen: dies ist die die Lehrer- und Schülerrolle modellierende Vorschrift des Curriculums.

Gerade dieses Curriculum legt aber auch größten Wert darauf, daß die Schülerrolle nicht rein passiv bleibt; Schüler sollen mit Hilfe des Curriculums in den Prozeß des Entdeckens, des aktiven Praktizierens wissenschaftlicher oder wissenschaftsrelevanter Verfahrensweisen einbezogen werden, sie sollen diese Prozesse durchmachen (Arbeitsgruppe 1971, S. 17). Weder das Material noch die Problemstellung werden dabei entdeckt; die Lernaktivität, die Entdeckungsaktivität ist beschränkt auf die Ermittlung von Wegen zur Lösung einer gegebenen Aufgabe. Der Schüler weiß, was er tun soll; er bekommt die Hilfsmittel in die Hände, die er benötigt; er weiß, welche Fragen, Einfälle, Überlegungen, Äußerungen ihm anstehen (etwa: »Hier habe ich noch ein herzförmiges / gelbes Blatt gefunden«). Es ist lehrreich, sich zu fragen, welche Überlegungen, Zweifel, Ideen in diesem Kurs durchaus *nicht* zur Schülerrolle gehören: »Wozu ist das denn gut? Es ist ja recht langweilig, die Blätter nach ihrer Farbe zu ordnen. Ja, wenn ich wüßte, warum denn ein Baum überhaupt Blätter hat, warum die gelb und rot werden und wo die genau stecken, wenn sie noch in den Ästen drin sind...«. Oder: »Ich hab mal'n Baum gesehen, der stand zwischen anderen Bäumen und hatte als einziger gar keine Blätter, was war mit dem los?« Solche und ähnliche Aktivitäten, die die Inititaive der Problematisierung und der Problemartikulation auf die Seite der Lernenden verlagerte, gehören nicht zu der Schülerrolle in Kurselement B; in ihm ist der Schüler entdeckungsaktiv nur in der Ausführung.

Viel weniger scharf umrissen ist die Schülerrolle in Kurselement A. Weil offensichtlich die didaktische Realisierung viel weniger festgelegt ist, lassen sich auch sehr verschiedene Schüleraktivitäten ausdenken: von der blanken buchstabengetreuen Bewältigung der Fragen und Aufgaben bis zu einer aktiv problemdeckenden Initiative, die sich an der Kerninformation entzünden kann: »*Müssen* die nicht notwendig Krach bekommen — einfach, weil ihr Leben so verschieden ist?« — »Nein, das liegt nur am Charakter, oder vielleicht sind sie so nervös.« — »Es gibt doch genug Fälle, wo sowas ohne Krach abgeht.« Solche und ähnliche Einwürfe können durch das Ausgangsmaterial provoziert werden; sie zu fundieren, wären Erkundigungen aus der sozialen Realität einzuholen. Der Lehrer ist nur durch die Kernidee des Ziels gebunden: es geht um Sensitivierung für verschiedene Arten von Rollenvorschriften, Rollenkonflikten und Konfliktlösungsmöglichkeiten. Er kann in aller Vorsicht solche Materialien diskutieren lassen; die Begriffe Rolle und Norm treten dabei nur ganz allmählich schärfer hervor. Das Material ist keineswegs durch die hinzugesetzten Fragen erschöpft, es hat offenbar gerade in seiner fragmentarischen Offenheit, die nach Ergänzungen durch weitere Fragen, weitere Aufgaben ruft, eine stimulierende Qualität: man soll etwas damit anfangen. Aber was das inhaltlich nun genau ist, was man anfangen soll, was einer Lerngruppe dazu einfallen wird, wie sie modifizieren wird, wie sie leere Stellen ausfüllen wird: das ist nicht gesagt, es ist auch nicht angedeutet. Konnte man die Schülerrolle (wie übrigens auch die Lehrerrolle) in Beispiel B mit der Rolle dessen vergleichen, der die Bedienungsanleitung eines komplizierten technischen Geräts aktiv in die Tat umsetzt, so ähnelt sie hier der des Schauspielers (bzw. des Regisseurs), der probieren soll, was er mit einer Figur, einer Szene anfangen, was er aus ihr herausholen kann. Die Vorstellungen über das soziale Netz, das im Unterricht zu knüpfen ist, unterscheiden sich nachhaltig.

Daß Unterschiede im Lehrkonzept wie im Lernkonzept auch mit Unterschieden in der Einschätzung des Stellenwerts der Zielangabe zusammenhängen, wurde schon angedeutet. Diese Unterschiede manifestieren sich auch ganz deutlich im Zuschnitt der zum Lernen vorgestellten Inhaltlichkeiten: im Fall B ist durch die Materialauswahl und Aufgabenstellung der vorgegebene Stimulus so beschnitten, daß von ihm aus keine die erwünschte Lernaktivität ablenkenden Einflüsse zu befürchten, zu erwarten sind; Störeinflüsse würden sich etwa in den unreglementierten und vom Lernweg abführenden Fragen äußern, von denen oben einige improvisiert wurden. Der Stimulus ist nicht in vielfältige Primärerfahrungen der Schüler verwoben; infolgedessen kann er kalkulierbar zielführende Lernvorgänge auslösen.

Anders der Inhalt in Fall A: Hier bleiben offene Stellen, hier wird ein komplexes Gewebe von Zusammenhängen vorgestellt, die zu verschiedenen Deutungen, Erklärungen, Wertungen, Ergänzungen herausfordern. Wer hat recht?

Woran liegt es, daß es zu diesen Vorschriften der Mutter kam? Was sagt eigentlich der Vater dazu? Solche und ähnliche Äußerungen — die nicht vom Curriculum programmiert werden — sind durch die Beschaffenheit des Inhalts jedenfalls nicht verhindert. Keine Rede hier von Parzellierung des Inhalts und der Aufgaben; ein relativ komplexes Gebilde wird präsentiert, es weist über sich hinaus, enthält verschiedene innere Spannungen, die auszutragen wären — wenn all das in dem Material Angelegte nicht in der Realisierung erstickt wird; das geschähe, wenn dieses Material im Unterricht Schritt für Schritt präsentiert und mit vorgegebenen Fragen und Aufgaben versehen würde. Gedacht ist das Material im Fall A als komplexerer Anreger, nicht als Summe von nacheinander zu exekutierenden Partikeln, deren Bearbeitung eine Endkompetenz aufbaut.

Um neue Gesichtspunkte zu gewinnen, sollen hier am charakteristischen Detail des Endprodukts noch zwei Projekte herangezogen werden, deren Differenz ähnlich gelagert ist wie bei den beiden schon erörterten Fällen.

Beispiel C
Der Lehrer, der den Kurs »War and Society« des »Humanities Project« (The Humanities Project 1970 a) gegen Ende der Sekundarstufe I realisieren will, hat außer zwei kleinen Broschüren (60 und 100 Seiten) ein Paket in Händen mit 200 losen Blättern in verschiedenen Größen und Farben, zwei Bändern, einer Reihe von vorgedruckten Bestellzetteln für Filme, die schon an diverse Leihzentralen adressiert sind. Die Farbbedeutung der Blätter wird in einer Broschüre entschlüsselt: blau sind Blätter mit Autobiographie, Biographie, Fallstudien, Tagebüchern, Briefen, Reden; weiß: Journalismus; grün: Novellen, Kurzgeschichte etc.; gold: Poesie; gelb: nicht fiktionale Texte wie solche aus Historie, Philosophie, Psychologie, Soziologie etc.; schließlich Photographien, Faksimiles aller Art, Zeichnungen, Plakate, Briefe, Aktenstücke etc.

Angenommen, er hat die allgemeine Einführung studiert — wie wird er agieren, wenn er aus diesem riesigen Materialangebot Unterricht machen will? Er wird sich der die Materialien zusammenhaltenden Grundkonzepte vergewissern: Er findet da beispielsweise »Experience of Battles«, »Children in Wartime«, »Civilians' Experience of War«, »Conscience and War (Including Conscientious Objection)«; »Causes and Reasons for War«, »Religion and War«, »Strategy«, »Ideals and Beliefs in Wartime« und viele andere. Zu jedem Konzept ist eine Reihe von Nummern angeführt mit Angabe der Gattung (ob z. B. Poesie oder Journalismus etc.). Der Lehrer, der beispielsweise das Konzept »Combatants and the Enemy« auswählt, wird unter anderem verwiesen auf das Materialstück 523/524 (blau): »Fraternization at the Front«; es enthält zwei größere Abschnitte aus autobiographischen Werken: Im ersten erinnert sich Frank Richards, englischer Soldat im Ersten Weltkrieg, an »Christmas 1914«, als Engländer und Deutsche für einen Weihnachtstag zusammen feierten; im zweiten berichtet der deutsche Soldat Sven Hassel von ähnlich begrenzten Verbrüderungen zwischen deutschen und russischen Soldaten im Zweiten Weltkrieg (die Abschnitte sind kontinuierlich ohne Weglassungen abgedruckt, zwischen 75 und 100 Zeilen lang; sie stehen auf einem Doppelblatt).

Ich versuche mir zur Verdeutlichung der Intentionen des Projekts eine Diskussion auszudenken, wie sie in den Intentionen der Entwickler solchen Unterrichts liegt:

(L: Lehrer; S 1/2/3 usf.: Schüler)
S1: Ziemlich grausig ...
S2: Die Deutschen geben den Engländern Fässer voll Bier mit Gläsern, die Engländer den Deutschen Plumpudding.
L: Und am nächsten Tag, das wird verabredet, geht der Krieg wieder weiter.
S3: Die sich an Weihnachten die Hand schütteln und Freundlichkeiten sagen, die zwei vielleicht, knallen sich 24 Stunden später ab.
S4: Ich finde das komisch, daß die Offiziere das nicht verboten haben.
S1: Die wollten doch auch mal was Schönes erleben.
S5: Die haben doch auch die Nase voll gehabt – das war doch ganz klar, warum sollten sie nicht mal 'nen Tag Kriegsurlaub einlegen, ist doch nichts dabei.
L: Na ja, die Offiziere haben aber doch auf beiden Seiten die meisten Reserven und Hemmungen, sie wollen doch erst nicht recht.
S3: Klar, die haben Angst vor ihren Vorgesetzten; wenn das erst bekannt würde!
S6: Ich versteh das immer noch nicht recht: wenn ich und meine Freunde, wenn wir mit jemand anders, mit einer anderen Gruppe Krach haben, dann wollen wir nichts voneinander wissen, keine schönen Worte austauschen, nicht zu Weihnachten und nicht zu Ostern – überhaupt nicht.

L: Daß die sich nicht so hassen, daß sie blindlings übereinander herfallen, daß die das fertigbringen: das ist einigermaßen verrückt...

Der Lehrer im Humanities Project ist der Chairman, der unparteiische Gesprächsführer, der in erster Linie darauf zu sehen hat, daß Probleme, Diskrepanzen, Divergenzen ausgehalten und ausgearbeitet werden. Er muß darüber wachen, daß angesichts der Materialien keine schnelle Einigung und Erledigung zustandekommt; die Diskrepanzen sollen mobilisiert werden dadurch, daß die Materialien ganz verschiedene Deutungs- und Erklärungsschemata bei den Schülern provozieren. Oberste Leitidee des Projekts, die die Lehraktivitäten und die Materialienauswahl steuern soll: »Zu entwickeln ist ein Verständnis sozialer Situationen und menschlicher Handlungen mitsamt kontroversen Wertpositionen, die zugrundeliegen« (The Humanities Project 1970 b, S. 1). In der Folge des angedeuteten Unterrichtselements hätte der Lehrer die Aufgabe, offengebliebene und offengehaltene Kontroversen (etwa: »Die wissen gar nicht, was sie tun — der Krieg hat die vollends verrückt gemacht« gegen »Die tun den Krieg nur zwangsweise — in Wirklichkeit haben die gar nichts gegeneinander«) durch Hinzuziehung eines neuen Materialienstücks — hier etwa 524, blau, der Bericht von Weltkrieg 2 — weiter anzuregen, zu neuen Argumentationen zu verhelfen: 519 (weiß) kann dann ausgeteilt werden: Bericht eines englischen Soldaten, der 25 Jahre nach der Anzio-Landung in Italien das Schlachtfeld wieder betritt und Erinnerungen produziert, auch Erinnerungen an seine persönlichen Einstellungen zum Feind. Materialienstück 508 (gelb) ist eine Analyse der deutschen Kriegsbriefe gefallener Studenten, unter Verarbeitung von Jünger- und Nietzsche-Zitaten. Diese wenigen Hinweise können vielleicht die allgemeinen Prämissen des gesamten Projekts, wie sie auf Seite 1 der Einleitung zu finden sind, ein wenig konkretisieren helfen. Zu den Prämissen gehört: »Kontroverse Probleme sollten in der Schule mit Heranwachsenden verhandelt werden; die angemessene Art von Entdeckung bei kontroversen Sachgebieten sollte sich eher an der Diskussion als an der Instruktion orientieren; die Diskussion sollte Divergenz der Gesichtspunkte begünstigen — jedenfalls eher als Versuche zur Erreichung eines Konsensus; der Lehrer als Diskussionsleiter sollte verantwortlich sein für Qualität und Standards des Lernens« (The Humanities Project 1970 b).

Der Begleitband enthält Vorschläge zur Selbstkontrolle und Fremdkontrolle der Lehreraktivitäten (z. B.: 8: In welchem Ausmaß stellen Sie Fragen, deren Antwort Ihnen bekannt ist? Wie wirken solche Fragen auf die Gruppe? Wie wirken Fragen, deren Antwort Sie nicht kennen?, The Humanities Project 1970 b, S. 27) wie auch zur Beurteilung von Schüleraktivitäten wie z. B.: In welchem Ausmaß ist der Schüler fähig zur Einsicht in die Erfahrung anderer Leute? Diskussion: Schüler diskutieren, was es wahrscheinlich heißt, eine Frau zu sein, die eine Fehlgeburt betrachtet; ein Soldat, der den Feind sieht; ein Lehrer, der eine neue Klasse zum erstenmal sieht. Prüfung: Zu schreiben ist ein Brief aus der Zelle eines Verurteilten — oder ein Versuch, durch Niederschrift eine der oben angegebenen Situationen zu vergegenwärtigen (The Humanities Project 1970 b, S. 34 f.).

Auf die Angabe von Lernzielen in Verhaltensweisen wird mit einer Begründung verzichtet, die Licht wirft auf das theoretische Grundkonzept dieses Curriculum-Projekts: »Verstehen (im Sinne des Leitziels des Projekts) umfaßt die Fähigkeit, verschiedene Daten (sei es aus der Forschung, sei es aus der Einbildungskraft) zum Aufbau eines angemessenen und konsistenten Interpretationsschemas zu benutzen, eines Interpretationsschemas, das eine neue Erfahrung strukturiert und sie in Beziehung setzt zu des Individuums eigener Erfahrung und Situation. Es ist das also ein Prinzip der Nutzung, der Verarbeitung von Wissen. Wegen dieses relationalen und individuellen Charakters scheint es nicht möglich zu sein, dieses Verstehen ohne Verzerrung in Verhaltens-Lernziele zu übersetzen« (The Humanities Project 1970 b, S. 53).

Nun noch ein kurzer Blick auf ein anderes Curriculum zum naturwissenschaftlichen Unterricht in der Grundschule:

Beispiel D
Die Lektion A11 — A14 des Lehrgangs »Stoffe und ihre Eigenschaften« für die Grundschule (Spreckelsen 1971, S. 41—56) ist überschrieben »Flüssigkeiten und ihre Eigenschaften«. A 11 ist betitelt »Was man durch den Trinkhalm saugen kann«, A 12 »Wie wir die Flüssigkeiten unterscheiden können« (Geruch, Farbe, Viskosität von Flüssigkeiten). Zunächst werden in vier Abteilungen Grundinformationen für den Lehrer gegeben: (1) Lernziele (z. B.: feststellen, wie unterschiedlich schnell Wasser, Spiritus und Öl durch enge Röhren fließen); (2) Bedeutung der Lektion (dabei lernen die Schüler, mit verschiedenen Flüssigkeiten eigene zielgerichtete Beobachtungen im partnerschaftlichen Vorgehen anzustellen); (3) Wortschatz (z. B. Öl: riecht; klar; farblos; dickflüssig); (4) benötigte Lehr- und Lernmittel (vom Lehrer mitzubringen z. B. für je zwei Schüler zwei Plastikbecher). Es folgt ein Flußdiagramm der fünf Unterrichtsphasen — etwa II: Schüleraktivität: Schülerversuche mit drei Flüssigkeiten: Tafelöl, Wasser, Brennspiritus.
Dann schließt sich unter (6) ein Abschnitt an: Unterrichtsverlauf und methodische Hinweise. Z. B. liest sich das für die Stufe II unter anderem so: »... Der Lehrer gießt aus seiner Wasserflasche jedem Arbeitsteam (d. h. jeweils den nebeneinandersitzenden Schülern, die anfangs einen Trichter und zwei Plastikbecher bekommen haben) etwas Flüssigkeit in einen der beiden Plastikbecker (und) läßt die Flüssigkeit benennen. Die Schüler erhalten die Anweisung, die Flüssigkeit (hier Wasser) durch ihren Trichter in den zweiten Becher laufen zu lassen und dabei die Flüssigkeit genau zu beobachten und den Geruch zu prüfen. Den Versuch, die Flüssigkeit und ihre Beobachtungen sollen die Schüler beschreiben: Das Wasser ist klar, riecht nicht, fließt schnell durch den Trichter, ist dünnflüssig.« Es folgt dasselbe mit Spiritus und Öl. Stufe III: Tafelprotokoll, IV: Erörterung, V: Eintragung ins Arbeitsheft schließen sich an. Als Aufgabe zur Lernkontrolle sollen Schüler ankreuzen, ob eine Abbildung Wasser oder Öl beim Durchfluß durch einen Trichter zeigt; im einen Fall tropft die Flüssigkeit aus dem Trichter, im andern Fall fließt sie kontinuierlich. Der Lehrgang enthält schließlich noch als weitere Hilfe Hinweise für ein übersichtliches Tafelprotokoll und den Schülerarbeitsbogen.

*Drei Grundprobleme bei der Modellierung von
Lernerfahrungen*

Die eingangs gestellte Frage nach der Modellvorstellung von Unterricht, die die Aufmerksamkeit filtert und orientiert, wenn Personen sich Unterrichtsentwürfe ausdenken, diese Frage sollte die so unbefriedigend formal gebliebene Diskussion über »Kriterien von Lernerfahrungen« anregen. Sie ist jetzt nach der Musterung verschiedener Entwürfe an Details der Unterrichtsplanung festzumachen.
Jede Unterrichtsplanung geht von einer mehr oder minder bewußten Unterrichtstheorie aus, wie man den die Aufmerksamkeit des Produzenten ausrichtenden Filter schon nennen könnte. Diese Theorie enthält Vorentscheidungen zu allgemeinen Aufgaben, um deren Bearbeitung keine Unterrichtsplanung herumkommt. Drei dieser Grundprobleme sollen hier akzentuiert werden; wie sie in den Beispielen beantwortet sind, macht deren »Unterrichtsbild« plastisch.
Problem 1: Wie wird man der Schwierigkeit Herr, die darin liegt, daß Unterrichtsplanung im Kontext unserer Schultradition — und in ihr stehen die zitierten Projekte — Planung von Ereignissen meint, die das Lernen sehr verschiedener Subjekte in derselben sozialen Formation, in raumzeitlicher Konzentration anregen sollen? Denn es liegt auf der Hand, daß die Differenz der lernenden Individuen (Lebensgeschichte und soziale Herkunft mit Auswirkung auf Lernkapazität, Ansprechbarkeit und Erwartungshaltung) etwas ist, was die intendierte Lernanregung ständig gefährdet: Eine chaotische Divergenz von Interessen, Fähigkeiten und spezifischen Apathien auf seiten der Lernenden kann jedes Lehrgefüge zertrümmern; ihren Ausbruch zu verhindern, zu domestizieren, zu kultivieren, muß Unterrichtsplanung also Entscheidungen treffen. Welche Annahmen, Traditionen, Deutungschemata gehen in diese Entscheidungen ein?
Problem 2: Wie wird das Problem gelöst, daß im Unterricht ein unübersehbares Gefälle hinsichtlich der Macht

(zur Steuerung, zur Sanktionierung) und hinsichtlich der Verfügung über Informationen besteht? Denn dieses Gefälle ist auch immer eine Bedrohung von Lernprozessen: Anpassungs- und Unterwerfungsrituale auf seiten der unterlegen Lernenden, Durchsetzungs- und Disziplinierungsstrategien auf seiten der überlegen Lehrenden. Solche Mechanismen drohen bei ungleicher Machtverteilung von seiten der sozialen Organisation ins Spiel zu kommen; sie überlagern und korrumpieren leicht die intendierten Lernprozesse, um derentwillen diese soziale Organisation eingeführt wurde.[5]

Problem 3: Wie wird das Problem gelöst, daß die Sache, deren Präsenz Lernen provozieren soll, im Kontext des Unterrichts im Normalfall aus dem ernsthaften gesellschaftlichen Zusammenhang ihrer Entstehung und Verwendung herausgeschnitten werden muß und auf ein künstlich arrangiertes Lernen hin zu präparieren ist? Die Fiktivität und Präpariertheit der Lerngegenstände sind — wiewohl zur Förderung spezifischen Lernens erdacht — immer auch Faktoren, die das intendierte Lernen der Schüler lähmen und erstarren lassen können. Wie werden die vier ins Auge gefaßten Curricula mit diesen dem tradierten Unterrichtsmodell eingelagerten Bedrohungen der Lernintention fertig?

Problemkreis 1: Die Verarbeitung der Subjektdifferenz

Die Beispiele B und D[6] stimmen darin überein, daß sie die lebensgeschichtlichen Differenzen im Erfahrungshintergrund der Lernenden weitgehend ausblenden; damit ist die Gefahr chaotischen Divergierens gebannt. Denn den Kindern, denen aufgegeben wird, die Blätter nach Größe, Form, Farbe zu sortieren oder die unterschiedliche Fließgeschwindigkeit von Wasser und Öl zu beobachten und zu beschreiben, diese Kinder kommen gar nicht in die Lage, sich dadurch zu verwirren, daß sie subjektive Erfahrungshintergründe ins Spiel bringen, verbalisieren, zur Verhandlung stellen. Kein grübelnder Hinweis auf eine eigene

Beobachtung, kein Pochen auf Elternerklärungen, kein Verfechten einer privaten Theorie, kein eigener Einfall wird herausgelockt; es geht um die Anregung, den Aufbau von subjektneutralen Kompetenzen: die Fähigkeit, sinnlich beobachtbare Objekte aufgrund spezifischer Merkmale einander zuzuordnen, voneinander abzugrenzen. So sehr natürlich dabei Lebenserfahrung vorausgesetzt wird — der veranstaltete Lernprozeß hat es nicht spezifisch mit ihr zu tun. Die Lernenden kommen als Träger von Verhaltensweisen ins Spiel, diese Verhaltensweisen werden trainiert. Hier sind Kompetenzgrade beobachtbar, vergleichbar, meßbar, ohne daß die Besonderheit individueller Bedeutungsgebungen von seiten der Lebensgeschichte der Subjekte mitveranschlagt werden müßte. Isoliert sind die Verhaltensweisen gegen den affektiven, biographischen Hintergrund und den komplexen Erfahrungsumkreis der Subjekte, die diese Verhaltensweisen aufbauen, entwickeln sollen. Die didaktische Arbeit am Aufbau von Verhaltensweisen läßt sich am Beispiel der Fahrschule verdeutlichen: der Fahrlehrer dürfte von seiner Rolle und seinem Unterrichtskonzept nicht daran interessiert sein, ob der Fahrschüler beim Erlernen des Schaltens und Kuppelns vielfältige Erinnerungen und Assoziationen aus seiner Biographie und seiner Umwelt mobilisiert. Diese Erfahrungen und Überlegungen zu artikulieren und zu diskutieren dürfte bei einem Unterricht nichts einbringen, bei dem es um den Aufbau von Kompetenzen geht, die zusammen »Autofahren« ausmachen. Fahrlehrer wie Fahrschüler kommen als Verhaltensträger ins Spiel; die dieses Verhalten tragenden differenten Subjekte sind bei der partiellen Lern- und Lehranforderung uninteressant.

Die naheliegende Bemerkung, solche die lebensgeschichtliche Subjektivität der Lernenden ausklammernde Modellierung von Unterricht resultiere nur aus dem Unterrichtsgegenstand, den Naturwissenschaften, ist durch die Arbeiten von Martin Wagenschein wie auch durch Beispiele von J. S. Bruner leicht zu entkräften (Wagenschein u. a. 1973; Bruner 1971 und 1970).

Die Beispiele A und C hingegen kommen darin überein, daß sie divergierende Erfahrungshintergründe der beteiligten Subjekte geradezu provozieren.[7] Wenn die Schüler andere Regeln als die (in Beispiel A) Paul von seiner Mutter vorgeschriebenen erfinden sollen, wenn sie sich einen Vers auf das weihnachtliche Fraternisieren in Beispiel C machen sollen, dann müssen sie auf ihre Primärerfahrung, auf ihre lebensgeschichtlich bestimmten Erklärungs- und Wertungsneigungen zurückgreifen, um diese problematischen Leerstellen ausfüllen zu können. Der Gefahr chaotischer Divergenz, die in den Beispielen B und D durch Ausgrenzung von Subjektdifferenzen aus dem didaktischen Handlungsfeld gebannt wurde, soll in diesen Beispielen wohl durch den Zwang zur problemspezifischen Argumentation gewährt werden; die Annahme, Vielfalt von Gesichtspunkten und Interessen bringe nicht Erstickung, sondern Anregung von Lernprozessen mit sich, hat eine große reformpädagogische Tradition. Die Drift, wenn nicht ins Meinungschaos, so doch in divergierende Unverbindlichkeiten von »Stellungnahmen« abzugleiten, dürfte aber allem Reformpathos zum Trotz Unterrichtsentwürfen des genannten Typs innewohnen. Das Ins-Spiel-Bringen der Subjekte mit ihren grübelnden, vorgreifenden, privatistischen Einwürfen kostet seinen Preis.

Beide Beispiele scheinen die Gefahr zu unterschätzen, die einem sozial inszenierten Lernprozeß von seiten einer freigesetzten Subjektivität bei den Beteiligten droht — die Gefahr, daß nichts gelernt wird, daß also das Repertoire an Handlungs- und Erfahrungsfähigkeit nicht ausgeweitet und differenziert wird. Soll die Lähmung durch Divergenz verhindert werden, bedarf es der Gegensteuerung. Sie könnte beispielsweise in einem Katalog von Symptomen liegen, deren Eintreten im Unterricht das In-Gang-Kommen der intendierten Lernprozesse signalisiert. Die genannten Projekte scheinen hier ihrerseits gar zu formale und inhaltsunspezifische Kriterien anzulegen. Unter Verwendung von Kategorien aus Kohlbergs Theorie der Sozialisation im kognitiven Bereich wäre beispielsweise zu

fragen: Sind bestimmte Äußerungen, Meinungskonflikte[8] nun als Anzeichen dafür aufzufassen, daß Erklärungs- und Deutungsschemata der Lernenden fixiert werden, daß sie sich in Richtung auf größere Realitätsoffenheit differenzieren, oder daß sie defensiv auf primitive Formen regredieren (Kohlberg in Goslin 1969, S. 359 f.).
Wenn solche Symptomkataloge gänzlich fehlen, wenn also die Standards der Lernprozesse, die die Subjekte durchmachen sollen, nicht inhaltsbezogen greifbar werden, dann wird die subjektbezogene Reichhaltigkeit, die der Unterricht einschließt, möglicherweise teuer bezahlt. Hier liegt das große Problem offener Curricula. Sie kritisieren mit beachtlichen Gründen einen Unterricht, der Schülern zumutet, ihre subjektiven Erfahrungshorizonte stillzulegen und nur subjektneutrales Verhalten, leicht meßbar, leicht vergleichbar, zu dokumentieren. Curricula, die hingegen Subjekte in ihren individuellen Lebenssubstraten provozieren, müssen sich gegen chaotisches Auswuchern sichern: durch deutliche Symptomkataloge (z. B.: Welches vorgebrachte Deutungsschema ist zu provozieren, zu beeinflussen, zu relativieren? Welche Problematik muß ausgearbeitet, ausgehalten werden? Welcher Konflikt zwischen Positionen ist belanglos, welcher muß ausgeführt werden?), durch explizit gemachte Verlaufsprofile und Interaktionsformen, durch begründete Angabe nichtiger und abführender Aktivitäten: ein offenes Curriculum, wie es in den Beispielen A und C vorliegt, darf nicht für abstruse Beliebigkeiten seitens der es realisierenden Subjekte offen sein, soll Unterricht als soziale und zielgerichtete Veranstaltung nicht zusammenbrechen. Das prekäre Problem, divergente Subjekte in sozialen lernrelevanten Ereignissen zusammenzuhalten, wird also sehr verschieden gelöst.

Problemkreis 2:
Die Verarbeitung des Macht- und Informationsgefälles

Die Modellierung des Interaktionsfeldes »Unterricht«, wie sie in den Beispielen B und D greifbar wird, wehrt

Bedrohungen des Lernens, des Lernklimas aufgrund der Lehrer-Übermacht durch strikte Verhaltensfestlegung ab: die Überlegenheit des Lehrers ist auf den engen Bereich des Lerngegenstandes beschränkt, sie ist zudem durch die präzisen Angaben des Curriculums hinsichtlich der Ziele wie hinsichtlich der zielführenden Lehrmaßnahmen so eingegrenzt, daß sie kalkulierbar wird. Der Lehrer steht als Lernhelfer neben dem Schüler, dessen subjektneutrales Verhaltensrepertoire Schritt für Schritt auszubauen ist: Klassifizieren von Gegenständen nach Farbe, Form; Unterscheiden von Flüssigkeiten nach Viskosität, Geruch. Das Ziel liegt fest, die Hilfen zu diesem Ziel sind nicht der freien Erfindung überlassen, der Lehrer taxiert die Lernschwierigkeiten und -fortschritte durch Vergleich von Ist- und Sollzustand, ähnlich dem Leichtathletiktrainer, der den Leistungszuwachs mit Stoppuhr und Metermaß registriert, ohne daß da schwierige Interpretationen von subjektiven Erfahrungen, Meinungen, Konflikten zu vollbringen wären. Das Verhältnis des Überlegenen zu den Unterlegenen ist affektiv entlastet; weil Ziel und Weg festliegen, kann die Lehrerüberlegenheit sich nicht in Willkür oder unkalkulierbaren Einfällen und Vorschriften entladen. Der Lehrerrolle steht es an, lernförderliche Verhaltensschemata einzusetzen, die frei sind von subjektiven Einschlägen; solches würde vom definiten Lernweg abführen, es würde dem Zwang der Sache ausweichen, die als Lernsequenz im Curriculum niedergelegt ist.

Das Verhältnis des Überlegenen zum Unterlegenen in diesem Unterrichtsbild ähnelt dem Verhältnis Zahnarzt—Patient: der Zahnarzt, mit Sachgesetzen und Verfahrensweisen vertraut, behandelt Defekte, führt Änderungen herbei — welche Behandlung nicht als Unterdrückung erfahren wird, weil sie kompetent an durchsichtigen Zielen orientiert ist und in einem Bereich stattfindet, der das Ichzentrum des Subjekts mitsamt seinen biographischen Wurzeln nicht tangiert. Durch die analoge Stilisierung der Lehrerrolle werden Lehrpersonen (wie auch Lernpersonen) leicht austauschbar; Lehrverhalten wird in großem Ausmaß isolierbar, kontrollierbar, lernbar: Wenn zwei dasselbe als Lehrer (wie auch als Schüler) tun, etwa im Lehrgang B, ist es wirklich das gleiche. Die Aktionen sind nicht auf Absichten, Hintergründe, Kontexte, Vorgeschichten hin zu interpretieren (die Aktion des Lehrers, der ein rotes Blatt an die Stecktafel steckt und die Kinder auffordert, die roten Blätter zusammenzulegen; die Aktion der Kinder, die roten Blätter zusammenzusuchen), sie sind als Verhaltenspartikel von verschiedenen unabhängigen Beobachtern definiten Kategorien zuzuschlagen und interpretationsfrei zu subsumieren: die Aktion findet statt / findet nicht statt; die Zuordnung ist korrekt / ist nicht korrekt. Die Art von Unterrichtsforschung und Unterrichtsbeobachtung wie auch die auf sie aufbauenden Technologien des Lehrverhaltens, des Lehrverfahrens, deren Erhebungsinstrumente auf Kontextfaktoren, auf inhaltliche Verwobenheiten, auf subjektive und lebensgeschichtliche Bedeutungsdifferenzen von Lernsituationen nicht ansprechen, passen zu diesem Bild vom Unterricht (vgl. Rumpf 1971, S. 238 ff., 276 ff.).

Daß diese Lösung und dieses Unterrichtskonzept ein Monopol auf Wissenschaftlichkeit zu beanspruchen begann, daß entsprechende Großcurricula (als »teacher-proof« apostrophiert[9]) stillschweigend die wissenschaftliche Macht im Schulunterricht übernehmen wollten, das steht auf einem anderen Blatt. Denn dieser Anspruch wird allein schon durch die Existenz offener Curricula vom Typ der Beispiele A und C[10] bestritten. Hier wird die Lehrerüberlegenheit nicht durch detaillierte Festlegungen und durch Fixierung auf subjektneutrales Verhalten im Zaum gehalten.

Die Beispiele demonstrieren, daß der Unterricht auf nicht programmierbare Einfälle und Entscheidungen angewiesen ist, bei denen die Lehrerüberlegenheit irgendwie zum Zug kommen muß. Wie lange wird über Pauls fiktives Reglement für die Mutter gestritten? Welche Theorie zur Erklärung der Fraternisierung an der Fornt wird bearbeitet, welche wird gar nicht ernst genommen? Wann wird ein neues Materialienstück zum Thema »Der Soldat und sein

Gegner an der Front« präsentiert? Die soziale Realität solchen Unterrichts ist aufgrund ihrer (gewollten) Komplexität und Unabsehbarkeit auf Lehrereingriffe angewiesen, die sich qualitativ von den Lernhilfen der Beispiele B und D unterscheiden; er muß Schüleraktivitäten interpretieren. Die Äußerung: »Ich verstehe das immer noch nicht recht« in dem oben fingierten Kriegsdialog *kann* Symptom eines ansetzenden Lernprozesses sein, sie kann auch Gleichgültigkeit und endgültige Abwendung von der Materie signalisieren. Um das zu entscheiden, sind die Sätze im Zusammenhang mit dem Tonfall, der Gestik, früheren Äußerungen desselben Schülers, der Reaktion von Mitschülern zu betrachten: *was* in ihnen wichtig, was peripher ist, welche Intention sich in ihnen niederschlägt, das erschließt sich nicht der distanzierten Beobachtung, die Verhaltenspartikel unter fixe Kategorien subsumiert.[11] Der Lehrer kann nicht distanziert beobachten, messen, Verhalten unter Kategorien subsumieren, um danach aus dem vorgesehenen Repertoire die angemessenen Lernhilfen hervorzuholen; er muß sich interpretierend in einen argumentativen Prozeß einlassen, mit allen Gefahren der Fehleinschätzung, des Durchbrechens privater Vorlieben und Blickverengungen, des Auftauchens unguter Spielarten einer willkürlichen oder stereotypen Reglementierung des Ablaufs.

Die herangezogenen Curricula suchen dieser Gefahr durch divergente Materialien, durch vorstrukturierte Problemfelder zu wehren; die elegante technologische Neutralisierung des Gefälles ist hier nicht möglich. Kein Wunder, daß das Problem der Lehreraus- und -fortbildung bei den »Offenen Curricula« konstitutiver Bestandteil der Curriculumentwicklung wird (vgl. Gerbaulet u. a. 1972). Jedenfalls wird der Lehrer in nicht exakt planbare argumentative Prozesse einbezogen; das kann seine institutionell gesicherte Überlegenheit zu einer heiklen Bedrohung für die intendierten Lernprozesse werden lassen. Unterrichtsentwürfe, die für Subjekte und ihre Interessen, Erfahrungshintergründe, Lebensgeschichte offen sind, sind auch anfällig für sie. Mit den anfallenden Problemen methodischer und theoretischer Art werden sich Produzenten und Realisierer offener Curricula noch abgeben müssen.[12]

Problemkreis 3:
Fiktivität der präparierten Lerngegenstände

Lernen im Kontext geplanter Curricula unterscheidet sich durchweg vom Lernen im Kontext des Ernstfalls gesellschaftlicher Lebenspraxis: die Stimuli sind präpariert, und zwar auf Lernbarkeit und Lernerfolg hin. Das darin enthaltene Dilemma — was zum Zweck der Lernermöglichung unternommen wurde, droht wegen seiner Fiktivität Lernen zu verhindern — wurde oft verhandelt. Wie wird die Landschaft der Lerninhalte in alternativen Curriculum-Konzepten stilisiert?
Die geschlossenen Curricula (Beispiel B und D) präparieren die Stimuli konsequent daraufhin, daß sie isolierte Verhaltensweisen auslösen, unterstützen, üben helfen. Den Lern- und Lehraktivitäten sind solche inhaltlichen Einzelelemente (acht bis zehn Blätter und die Frage: »Welche gehören zusammen?«) zugeordnet.
Das Prinzip der Stilisierung ist dasjenige konsequenter Aufspaltung komplexer Situationen in isolierbare Teilbereiche. Die daraus resultierende Künstlichkeit und Praxisfremde des Stimulus wird nicht retuschiert; wann wird für ein Kind in einer Lebenssituation die Aufgabe dringlich, nach Klassifikationsprinzipien für Blätter, Knöpfe oder Hunde zu fahnden? Im Lehrgang zu lernen ist, das wird allen Beteiligten schnell deutlich, etwas anderes, als im Leben zu lernen: der Lehrgang bietet Situationen, die dosierte und parzellierte Aufgaben stellen. Das Lernterrain ähnelt einer Reihe von Turngeräten, die auf die Schulung weniger Fähigkeiten hin konstruiert sind — im Unterschied etwa zu einer Bergwand, deren Bewältigung sehr komplexe Leistungen auf einmal fordert; die Lerninhalte in den Beispielen B und D sind gereinigt von Komplexitäten, die vielerlei auf einmal verlangen; solche Komplexi-

täten könnten dadurch Verwirrung stiften, daß sie bei verschiedenen Kursteilnehmern ganz verschiedene Verhaltensgruppen mobilisierten, je nach deren subjektiven Interessen, Stimmungen, Deutungsschemata. Das »Bild von Unterricht«, das bei diesem Konzept die Feder führt, wehrt solches als nicht tolerabel ab. Die Lernlandschaft besteht aus randscharf isolierten Einzelaufgaben; das prekäre Verhältnis Lebensrealität/Lerninhalte wird durch konsequente Verkünstlichung qua Parzellierung und Entflechtung der Lerninhalte zu bereinigen und klarzustellen versucht.

Solche Stilisierungen der Stimulusdimension gehen zurück auf eine bestimmte Theorie darüber, wie komplexe Operationen auf seiten der Lernenden optimal aufzubauen sind: Die Stimuli werden daraufhin präpariert, daß sie das angezielte Verhalten und kein anderes auslösen helfen; das Verhalten wird nicht nur isoliert von Einschlägen des Subjekts und seines komplexen Erfahrungshintergrunds, es wird auch isoliert von anderen Verhaltensweisen. Klassifizieren ist nicht Abstrahieren, es ist getrennt (danach, davor — je nachdem) aufzubauen. Das Knäuel ineinander verwobener kognitiver und affektiver Aktivitäten, die ein komplexes Problem (warum stürzen die Leute auf der anderen Seite der Erdkugel nicht ab?) hervorruft, kann da nicht entstehen, wo die Stimuli ihrerseits aus komplexen Lebens- und Problemzusammenhängen herausgeschnitten sind. Das Projekt »Science — A Process Approach« geht von der Annahme aus, daß die komplexen Handlungsbereitschaften eines Wissenschaftlers nicht etwa dadurch didaktisch begünstigt werden können, daß Schüler sich mit komplexen Problemen abgeben, die Wissenschaft in Gang gebracht oder vorangetrieben haben; die komplexen Wissenschaftleraktivitäten werden vielmehr analysiert, in ihre Verhaltensbestandteile zerlegt[13] und sollen dann in durchdachter Konstruktionsfolge nacheinander, aufeinander aufgebaut werden; so wird »Klassifizieren« als Kompetenzbaustein zu dem komplexen Gebäude »wissenschaftliches Verhalten« produziert. »Offene

Curricula« haben es offensichtlich auch in diesem Feld schwerer, sich deutlich zu erklären. Denn ihre stimulierenden Inhalte sollen komplexe Problemsituationen der Lebenspraxis abbilden und geraten in die Schwebe des gespielten Ernstes, der fiktiven Realität; die divergenten Kriegstexte simulieren die Ernstsituation des Zeitgenossen, der von verschiedenartigen Nachrichten und Medien beeinflußt wird und dem niemand hilft, sich durchzufinden; er muß sich aber doch auf so viel Disparates einen Vers zu machen versuchen.

Die Schwierigkeiten in den sozialen Beziehungen zwischen Paul und seiner Mutter in Beispiel A haben einerseits Präparatcharakter — sie sind ein Kapitel der abschnittweise aufgereihten Rollenbeziehungen —, andrerseits sind sie so voll Spannungen, daß sie ganz verschiedene Deutungen und Wertungen provozieren müssen; Dissonanzen, Fragmentarisches, Mehrdeutiges: solche Merkmale dürften die Inhalte in Unterrichtsentwürfen zeichnen, die die Komplexität von Ernstsituationen in Lernsituationen erhalten und vielleicht im Interesse der didaktischen Provokationskraft besonders markant herausarbeiten und stilisieren wollen.[14]

Definitionsdivergenzen und ihre Verarbeitung

Die hier zunächst additiv nebeneinander gerückten Probleme der Unterrichtsplanung und -durchführung lassen sich in einem interaktionstheoretischen Kontext bündiger erörtern.[15] Ausgegangen wird dabei von der vielfach bestätigten Annahme, daß Interaktionspartner in einer Kommunikationssituation ihre Beziehung wie auch die ihrer Beziehung zugrundeliegende Inhaltlichkeit unterschiedlich definieren, d. h. akzentuieren, erklären, werten.

Die genannten drei Probleme von Unterrichtsplanung sind auf *eine* Frage zurückzuführen: wie ist zu erreichen, daß die unterschiedlichen Definitionspotentiale der am Unterricht Beteiligten zur Anregung und nicht zur Verhinderung von gezielten Lernprozessen führen? Totales Divergieren und totales Konfligieren von Situationsdefinitionen würde den Lernprozeß gleichermaßen zum Erliegen bringen bzw. verhindern; Beispiele und Indikatoren für beides liegen nahe: Das »über die Köpfe reden«, das »Aneinander vorbeireden«; das Verstummen, die »Störung« des Unterrichts, die moralische Exkommunikation von Interaktionspartnern und Interaktionsinhalten als »dumm«, »senil«, »autoritär«, »unreif«, »unwissenschaftlich«, »flach« etc. signalisieren das Gemeinte.

Das herkömmliche Schulwesen setzt verschiedene Mittel ein, um dem unterschiedlichen bzw. gegensätzlichen Definitionspotential seine Sprengkraft zu nehmen: rigide Rollenvorschriften für Schüler und Lehrer, konformitätsorientierte Schulnormen, Zwangshomogenisierungen durch das räumliche und soziale Arrangement sowie durch formalisierte Maßstäbe der Beurteilung, hierarchisches Autoritätsgefüge innerhalb der Lern- und Verwaltungsorganisation. Wo solche Gefüge mitsamt dem ihnen entsprechenden Lehrerverhalten obsolet werden, dort bezeichnen Forderungen nach Selbsttätigkeit, Arbeitsunterricht, Entdeckungslernen eine wachsende Aufmerksamkeit für das Definitionspotential, das die Beteiligten in die Lernsituationen mitbringen. Curriculumentwicklung, die entdeckungsorientierte Verfahren favorisiert, muß der damit entstehenden Bedrohung des organisierten Lernprozesses zu steuern suchen. Curricula vom geschlossenen Typ (B und D) erreichen dieses Ziel mittels der Stilisierung der Inhalte.

Wenn die Inhalte in Lernsituationen scharf gegen andere (zuvor, danach, daneben zu lernende) Inhalte und gegen Unbekanntes, Problematisches abgegrenzt sind, wenn also — um Bernsteins Vorschläge aufzugreifen[16] — der Vermittlungsrahmen der Lerninhalte durch eine hohe Grenzstärke zu charakterisieren ist, dann sind weder autoritäre Lehrerverhaltensweisen noch ins Auge fallende Disziplinierungstechniken erforderlich, um eine zielorientierte Homogenisierung der ins Spiel des Unterrichts kommenden Deutungsschemata und Definitionstendenzen zu bewerkstelligen. Schülerentdeckungen und Lehrergebaren sind durch die definite Inhaltlichkeit der Situation festgelegt; sie können infolgedessen keine dem geradlinigen Lernfortschritt gefährlichen Definitionskonflikte provozieren. Unterricht als technisch-zweckrationales Arrangement innerhalb festliegender Demarkationslinien des Inhalts wie des Verhaltens bezahlt den Gewinn an scheinbar repressionsfreier Homogenisierung der Beteiligten mit der Liquidation, oder doch jedenfalls der Stillegung lebensgeschichtlich und situativ bedingter Sinnsysteme und Definitionsmuster. Unterricht wird zur monologisch-instrumentalen Handlung der Konstrukteure und Exekutoren des Curriculums.

Curricula, deren Unterrichtsinhalte hingegen lebensgeschichtlich bedingte Definitionsdivergenzen begünstigen, sind dadurch vom Kollaps bedroht. Die diskrepanten Situationsdefinitionen kommunikativ zu bearbeiten, dürfte nur gelingen, wenn die Aktivitäten der Beteiligten nicht blanko auf das Konto einer unanalysierten Spontaneität und Selbsttätigkeit verbucht werden. Hier müssen zur Entwicklung, zur Realisierung, zur Evaluation des Unterrichts relevante Theorien herangezogen werden, mit deren Hilfe zielbedeutsame Aktions- und Interaktionsfiguren von anderen unterschieden werden können. Denn nicht alle in eine offene Situation eingebrachten Definitionen und Definitionsdivergenzen können in einem Curriculum gleich bedeutsam sein.[17]

Der von Psychoanalyse und kritischer Theorie herkommende Ansatz von Klaus Horn würde vermutlich erlauben, bestimmte symbolische Interaktionsäußerungen daraufhin zu diagnostizieren, ob und wie das Ich Anforderungen der ersten Natur mit Anforderungen (Traditionen, Zwängen) der zweiten (gesellschaftlichen) Natur zu vermitteln, symbolisch zu bearbeiten und zur kommunikativen Verhandlung zu stellen gelernt hat. Die Ausarbeitung dieser Theorie auf Interaktionshandeln hin ermöglichte es wohl, von der Verherrlichung einer diffusen Spontaneität — die offene Curricula immer bedroht — abzukommen,

ohne die verhaltenstechnologische Reduktion der Subjekte in Kauf nehmen zu müssen.[18]
Ähnliches gilt von erziehungsrelevanten Ausarbeitungen des symbolischen Interaktionismus, wie sie etwa von Mollenhauer (1972, S. 106 f.) und Krappmann (1971 sowie b:e-Redaktion 1971, S. 161 ff.) vorgelegt wurden. Ohne solche Theorien dürften keine Standards für Lern- und Interaktionsprozesse in offenen Curricula zu gewinnen sein; das Auswuchern chaotischer Spontaneität, das Zurückschneiden dieser Spontaneität nach Maßgabe des pädagogischen Hausvorstandes oder nach Maßgabe der in den Lerninstitutionen spielenden Konformierungs- und Disziplinierungsmechanismen bedroht sonst Curricula mit offenem Unterricht nachhaltig (Mollenhauer 1971, S. 123 f., 119 ff.). Die theoretische und empirische Arbeit, Interaktionen im offenen Unterricht auf in ihnen zum Zug kommende inhaltsspezifische Definitionen und Definitionskonflikte hin zu beobachten, zu beschreiben, zu analysieren, zu erklären, dürfte deshalb eine vordringliche Aufgabe der Entwicklungsarbeit an offenen Curricula sein. Es wären Instrumentarien zu entwickeln, mit deren Hilfe kontext-, inhalts-, subjektsensible Arbeit an Analyse und Entwicklung von Unterricht möglich würde.[19]
Die hier skizzierten Differenzen hinsichtlich der Lösung zentraler Unterrichtsprobleme — Subjektdifferenz, Macht- und Kompetenzgefälle, Präpariertheit der Sache — in verschiedenen Ideen von Unterricht erlauben, die inhaltliche Füllung zentraler Kategorien für den Ablauf des Unterrichts, für das Lehrverfahren zu verdeutlichen und zu unterscheiden. »Entdecken« seitens der Schüler wird in beiderlei Schnittmustern von Unterricht angestrebt — die Einleitung des Lehrgangs »Weg in die Naturwissenschaft« knüpft dafür ausdrücklich Beziehungen zu den Arbeiten Wagenscheins[20]; auch McClure in seinem Überblick über die Curriculumentwicklung der letzten Jahre subsumiert sehr verschiedenartige Produkte unter den Begriff »discovery learning«.[21]
Die Fragen, die jetzt an didaktisch anzuregende Entdek-

kungsprozesse zu stellen sind, lassen sich — als Ergebnis der seitherigen Analyse — folgendermaßen präzisieren:
(a) *Wer entdeckt?* Subjekte mit komplexeren Erfahrungshintergründen und lebensgeschichtlichen Sedimenten oder Verhaltensträger, die auf solche Reservoirs nicht zurückgreifen können, brauchen und dürfen? Kommen im Entdeckungsprozeß umgangssprachlich artikulierte und biographisch gebrochene Annäherungsversuche mit vielfach tastendem Probehandeln zum Zug — oder mobilisiert der Entdecker nur sachlogisch geforderte Operationen?
(b) *Wer oder was provoziert auf der Objektseite die Entdeckung:* ein von Komplexität und Mehrdeutigkeit gereinigter Stimulus, in dem vorgezeichnete Entdeckungswege niedergelegt sind, die von Lehrern namhaft gemacht werden, oder eine komplexe, viele Resonanzen weckende Vorgabe, in der sowohl Probleme (Unstimmigkeiten) wie Lösungsrichtungen und Verfahren zu entdecken sind, und zwar durch Mobilisierung von Deutungsschemata, die Diskrepanzen und Lücken als solche aufdecken?
Der Unterschied im Begriff der didaktisch zu provozierenden Entdeckung wird greifbar bei der Lösung didaktischer Initiativprobleme. Lernen durch entdeckende Eigenaktivität, durch handgreifliches oder symbolisches Tun, Ablehnung rezeptiver Lernformen gehören zu den Grundforderungen vieler Curriculumprojekte — auch der hier präsentierten. Die geschlossenen Unterrichtsformen präsentieren dazu eine detailliert ausgearbeitete Entdeckungsaufgabe: »Welche Blätter gehören zu dem gelben Blatt, das schon an der Tafel festgesteckt ist?« Diese Festlegung der Aufgabe läßt es nicht zu, daß die Schüler selbst Unstimmiges, Erstaunliches, Undurchsichtiges an komplexen Phänomenen aufspüren. Dieses Aufspüren und das dann in Gang kommende Probieren von Klärungswegen würde — die Darstellungen und Protokolle von Wagenschein, Thiel, Wittenberg (1963) belegen das gerade auch für den naturwissenschaftlich-mathematischen Unterricht — vielfältige Einfälle der Schüler im Unterricht diskursiv und kommunikativ zur Verhandlung bringen. Die individuell-biographi-

schen Kontexte, die Verbindung der Klärungs- und Problematisierungsideen zum affektiven und biographischen Grund der Subjekte werden beim Entdeckungsprozeß, wie ihn Unterricht des geschlossenen Typs vorsieht, nicht ins Spiel gebracht; es geht nicht um sie, sondern um den Aufbau subjektneutraler Kompetenzen wie Klassifizieren oder Unterscheiden von Stoffen, Gegenständen. Wenn das gewissermaßen der psychische Stoff ist, aus dem Unterricht entsteht, dann hat die Frage, wie die zu erzeugenden Verhaltensweisen zu den individuell-biographischen Erfahrungshorizonten stehen und wie beide etwa in einem Problemfindungsprozeß zu vermitteln wären, kein Gewicht.
Der Unterschied von »Entdeckung« in beiden Modellierungen von Lernsituationen wird auch greifbar an den Wertsystemen, die die Beurteilung von Lernaktivitäten regulieren. Im Unterrichtstyp der Beispiele B und D stehen eindeutige, auch von außenstehenden Beobachtern zu handhabende Kriterien zur Verfügung, mit deren Hilfe etwas als richtig oder falsch einzustufen ist: ein Kind, das ein rotes Blatt zu dem Haufen gelber Blätter legt, war zwar entdeckerisch tätig, aber eindeutig in falscher Richtung; es muß die Aufgabe neu erklärt bekommen und noch einmal ansetzen, bis es das Richtige entdeckt, wenn es nicht eine Hilfsaufgabe braucht. Der Unterricht, diese Norm liegt zugrunde, ist um so besser verlaufen, je mehr Richtiges entdeckt wurde; es gibt Richtiges und Falsches, und das ist zu entscheiden durch Vergleich des festliegenden Zielverhaltens mit dem tatsächlichen Verhalten; unabhängige Beobachter können das Maß des Abstands von gezeigtem Verhalten zum Zielverhalten mit hoher Übereinstimmung registrieren. Unterricht des anderen Typs ist von einem anderen Wertsystem reguliert: Entdeckungen (von Problemen, von Alternativen, von Zusammenhängen) sind da keineswegs nur nach ihrem Beitrag zur feststehenden Endkompetenz einzuschätzen und zu messen, sie sind auch hinsichtlich ihrer Beziehung zu den Erfahrungshintergründen von Individuen, zum Sprachpotential, zum kommunikativen Kontext der Situation aufzuschlüs-

seln; und da kann manches, was sowohl von der Sachlogik, von den Endresultaten der Wissenschaft, von einer definiten Zielkompetenz aus als irrig einzustufen ist, legitim, vernünftig, »richtig« sein. Nur erschließt sich diese Triftigkeit nicht dem distanziert-subsumierenden und an fixen Zielgrößen messenden Beobachterblick, sie bedarf des interpretativen Auffassens komplexer Situationen, in denen individuelle Sinnsysteme zu arbeiten beginnen.[22]

Erfahrungstypen, Erkenntnismethoden, Planungskonzepte

Die Welt der sozialen Ereignisse, die Lernen anregen sollen, formiert sich — diese These war anhand weniger Beispiele zu verdeutlichen — sehr verschieden, je nachdem welches Unterrichtsbild die Realisierung, die Überprüfung bei den Produzenten steuert.
Es gibt keine Handhabe, losgelöst von spezifischen curricularen Inhalten und Zielen, dem einen oder anderen Unterrichtskonzept den Vorzug zu geben. Andererseits sind die Schnittmuster, nach denen Lernsituationen modelliert und Curricula konkretisiert werden, keine wertneutralen Futterale, in die ganz beliebige Inhalte einzufüllen sind. Der Zusammenhang des zweckrational geschlossenen Unterrichtsmodells mit dem Erkenntnisinteresse empirisch-analytischer Sozialwissenschaft ist deutlich. Das Interesse der Erkenntnis wie der Produktion sozialer Realität geht da auf instrumentell zu handhabende Erkenntnisse über gesetzmäßige Zusammenhänge in Erscheinungen der sozialen Realität; es geht auf die Ermittlung und instrumentelle Handhabung von Gleichförmigkeiten im Verhaltensbereich. Um zu solchen generellen Aufschlüssen zu kommen, bedarf es einerseits einer distanzierten Position auf seiten dessen, der Informationen zu gewinnen sucht; es bedarf weiter einiger Erhebungsinstrumente, die Daten zur Überprüfung zunächst nur vermuteter allgemeiner Zusammenhänge zu beschaffen wie zu konstituieren geeignet sind. Distanzierte Beobachtung von Lernfortschritten

durch messende Zuordnung subjektneutraler Verhaltensweisen zu fixen Verhaltenskategorien: solche Art der Erkenntnisgewinnung kommt in dem geschlossenen Unterrichtskomzept der Beispiele B und D zum Zug.[23] Dieser Unterricht ist so modelliert, daß keine Situationen entstehen, die nur durch interpretative Verarbeitung von Schüler(oder Lehrer-)aktionen zu klären oder voranzubringen sind. Die didaktische Welt ist so beschaffen, daß es keiner Arten der Erkenntnisgewinnung bedarf, bei der Intentionen von Subjekten unter Einbezug ihrer Lebensgeschichte, der Situationen, spezifischer inhaltlicher Verwicklungen erschlossen und verarbeitet werden müssen.
Lehrgänge vom Typ der Beispiele A und C bedürfen der Erkenntnis- und Erfahrungsarten, die auf Individuelles und Subjekthaftes ansprechen, die also immer auch den Erfahrungshintergrund dessen mobilisieren, der diesen (und keinen anderen) Satz mit dieser (und keiner anderen) Geste und diesem Tonfall als Schlüssel zum Verständnis einer Äußerung auffaßt, d. h. »deutet« (vgl. Habermas 1971, S. 267 ff.). Vom inhaltlichen Ziel eines Curriculumprojektes muß es abhängen, welche Musterung des Unterrichts entweder im Gesamtprojekt oder in bestimmten Phasen gewählt wird. Ein Kurs, der Bauprinzipien und Montage eines technischen Geräts lehren will, dürfte mit Fug ein anderes Konzept wählen als ein Kurs, der Schüler lehren will, klischeehafte und tradierte Formen ihrer Sozialerfahrung gewissermaßen am eigenen Leib wahrzunehmen, zu relativieren und sprachlich zu bearbeiten. Im letzteren Fall ist von den intendierten Lernprozessen her wohl zu fordern, daß die Konflikte und Erfahrungsstrukturen sehr verschiedener Individuen herauskommen; wenn zwei dasselbe sagen, wenn sie dasselbe sinnlich beobachtbare Verhalten zeigen, ist es in diesen Zusammenhängen nicht das gleiche. Subjektneutrale und inhaltsneutrale Beobachtung von Verhaltenspartikeln, Fixierung von für alle Subjekte verbindlichen Endverhaltensweisen, Beurteilung der Lernqualität nach dem Maß, in dem diese Endverhaltensweisen interpretationsfrei registriert werden: solches Vorge-

hen würde die Intentionen eines solchen Projekts namens eines unreflektierten Wissenschaftsbegriffs zerstören.

Das Verhältnis zwischen Plan und Realisierung, zwischen den Planenden und den Realisierenden ist in beiden Typen verschieden. Im Fall der Beispiele B und D legt der Plan eine zielorientierte Verhaltenssequenz fest; situative und subjektive Faktoren sind bloß das Material, in dem sich das geplante Lerninstrument durchzusetzen hat; ähnlich wie bei Forschungsdesigns empirisch-analytischer Provenienz die Fragestellungen wie die Instrumente festliegen, bevor sie mit der sozialen Realität zum Zweck der Datenerhebung und Hypothesenprüfung konfrontiert werden, so realisiert der Unterricht einen Plan, der die Lernenden wie die Lehrenden zu Objekten der präzis beschriebenen Verhaltensbeeinflussung und deren Messung macht. Einsprüche und daraus resultierende Änderungen des Unterrichtsablaufs, der Zielsequenzen sind so wenig vorgesehen und tolerabel wie Änderungen von Fragebogen oder Versuchsanordnungen im Verlauf einer empirischen Erhebung, etwa weil die Adressaten Einspruch erheben und Änderungen durchsetzen.

Die Lehrer und Schüler in den Beispielen B und D sind als Exekutoren zugleich auch Objekte eines Plans — beide stehen in einer ähnlichen Distanz zum Kurs wie die Personen, die ein technisches Gebrauchsinstrument korrekt, den Bedienungsanleitungen gemäß, zu bedienen haben. Plan und Verwirklichung, theoretische Vorstrukturierung und Einbringen von Daten sind klar voneinander abgehoben und in eine lineare Sequenz gebracht. Nur so sind vergleichbare Ergebnisse zu gewinnen. Beispiele A und C konzipieren die planende Vorstrukturierung anders: ihre vielen Leerstellen, Brüche, Diskrepanzen sollen handelnde Subjekte dazu provozieren, ihr Lebenssubstrat, ihre situativen Kontexte, spezifischen Konflikte, Apathien, Interessen ins Spiel zu bringen. Sie sollen den Plan verändern, differenzieren: die theoretische Vorplanung ist kein fixsternartiges, nur mehr zu exekutierendes Design — sie ist eine Arbeits- und Entdeckungshilfe für engagierte Sub-

jekte, deren Hauptinteresse nicht die Ausführung von präfabrizierten Lernentwürfen, sondern die Realisierung eigener Lernmöglichkeiten ist.
Die distanziert-neutrale Einstellung ist dann nicht mehr angemessen. Der verändernde Eingriff in den Plan, die interpretative Verarbeitung situativer und subjektiver Kontexte der Lernsituation, die argumentativen Prozesse zwischen den am Lehrgang beteiligten Subjekten — solches macht die Vergleichbarkeit der Lernergebnisse, die situationsübergreifende Überprüfung der Lernwirksamkeit des Lehrinstruments schwierig. Der Verlust an überprüfbarer und situationsenthobener Generalisierbarkeit wird offensichtlich aufgrund eines anderen Bildes von Unterricht in Kauf genommen; er wird wohl auch bewußt beabsichtigt. Für die jeweils gewählten Kriterien, nach denen die Lernerfahrungen modelliert werden, für die dabei vorausgesetzten Ideen von Unterricht und für den daraus resultierenden methodischen Zugriff, müssen Gründe vorgebracht werden, die unter erziehungsphilosophischen, gesellschaftspolitischen und lerninhaltsspezifischen Gesichtspunkten zu diskutieren sind. Daß es nur *ein* wissenschaftlich approbiertes Modell von Unterricht — das zweckrationale Produzieren von fixen und subjektneutralen Endverhaltensweisen — geben dürfte, ist nicht nur aufgrund der Tatsache offener Curriculumentwicklung zu bestreiten.

IV
IDENTITÄTSORIENTIERUNG IM UNTERRICHTSALLTAG
MATERIALIEN ZU ANALYSE UND BEURTEILUNG

Der Schulalltag ist spröde, kompliziert; die zwischenmenschlichen Beziehungen und Handlungen sind durch vielerlei Faktoren vom steten Zusammenbruch bedroht. Es ist verständlich, daß Lehrer wie Schüler unter diesen Umständen darauf sinnen, Erschütterungen ihres Selbstgefühls abzufangen und Strategien des Durchkommens, des Überlebens zu entwickeln – und es ist leicht errungener Triumph der Schreibenden und Redenden, solche Überlebensstrategien an den Pranger repressiver Rückschrittlichkeit zu stellen. Man mag ja wohl der Meinung sein, Schulunterricht sollte mehr als bisher beispielsweise die Schüler zu Selbsttätigkeit anregen oder auch dazu, daß Erfahrungsprobleme, Handlungsprobleme unserer Welt im Unterricht auf angemessene Weise ernst genommen und durchgearbeitet werden. Aber wie? Der nüchterne Praktiker mißtraut zu Recht abstrakten Empfehlungen solch wohltönender Art, wenn sie ihm von den Kommandoständen wissenschaftlicher oder bildungspolitischer oder administrativer Stäbe heruntergereicht werden in seine Drecklinie. Angenommen, er zieht sich nicht sofort in die bescheidwisserische Defensive dessen zurück, der beteuert, er mache all das schon immer im Rahmen des Schulmöglichen. Er wird, umbrandet von oft absurden Realitäten, fragen, wie man denn Selbsttätigkeit von Schülern erwarten dürfe, die gar nichts selbst tun könnten und wollten; woran man denn Durcharbeitung sozialer Erfahrungen, redliches Anknüpfen an reale gesellschaftliche Probleme, wirkliches Eingehen auf Interessen und Bedürfnisse von

Heranwachsenden unterscheiden könne von beliebigem Geschwätz, von der Flucht vor der Entäußerung in der Konfrontation mit einer Lernschwierigkeit. Und er wird nach Kategorien zur Analyse und zur Beurteilung fragen — Erscheinungen aufschließenden Kategorien, mit deren Hilfe etwas auszumachen ist über die Qualität, die Anregungskraft von Unterrichtsmaterialien, von realen Unterrichtsabläufen, von Leistungen der Schüler wie der Lehrer.

Was sich theoretisch recht reibungslos fordern und allgemein umschreiben läßt — ein Unterricht, der das Lebens-Ich des Schülers vom Lerner-Ich nicht total abspaltet und dadurch der Unterwerfung unter undurchsichtige Lernzwänge Vorschub leistet —, ist im Unterrichtsalltag unter einem verwirrenden Knäuel sich überlagernder Ereignisse verborgen und oft genug durch progressive Fassaden gänzlich verdrängt oder unkenntlich.

Hier folgen zwei Versuche, Aufmerksamkeitsrichtungen praktikabel zu beschreiben und ansatzweise zu begründen. Beide Versuche stammen ursprünglich aus dem Kontext der Arbeit an einem konkreten Curriculum-Projekt mit dem Ziel der Entwicklung von Materialien für den Sprachunterricht der Sekundarstufe I. Der erste Abschnitt steht — über seine pragmatischen Absichten hinaus — in der Diskussion, wie eine für zwischenmenschliche Bedeutungen sensible Unterrichtsforschung aussehen könnte, die also auf curriculare Zielsetzungen und Interessen ansprächt und nicht bloß bedeutungsneutrale Lehrer- und Schülerverhaltensweisen registrierte, verrechnete und erklärte. Der zweite Abschnitt bringt Vorschläge zur Frage des Feststellens und Einschätzens von Leistungen in einem Unterricht, der nicht mehr nur auf fixe und von komplexen Lebenszusammenhängen gereinigte Endkompetenzen — sie sind ja relativ leicht beurteilbar — hin orientiert ist. Die Vorschläge peilen ausdrücklich nur den Deutschunterricht an — die Beziehungen zu ähnlichen Beurteilungsproblemen im Sachkundeunterricht, im politischen Unterricht, im Mathematik- und Kunstunterricht liegen nahe.

Erstens: ein Unterrichtsgespräch und seine Analyse —
Methodenprobleme

Daß man bei der Curriculumentwicklung von Zielen zu Lernsituationen und -sequenzen zu kommen und diese Konkretisierungen zu erproben und die Ergebnisse dieser Erprobung in eine Überarbeitung einzubringen habe, fließt Curriculum-Autoren sehr leicht aus der Feder. Was genau getan wird, wenn solche Erprobungen stattfinden und analysiert werden und wenn Analyseergebnisse dann wieder in Curriculumentwürfe eingebracht werden, davon hört und liest man sehr selten Konkretes.
Hier wird in einer ungeschützten kasuistischen Beschreibung versucht, die Prozesse der Entwicklung, des Probierens und der Analyse sowie die Konsequenzen am Detail eines kleinen Projektabschnitts offenzulegen. Wer solches niederschreibt, weiß, wieviel Unzulängliches, Unreflektiertes, Anfechtbares, mit wissenschaftlichen Kriterien nur schwer Vereinbares er damit der Kritik preisgibt. Er hofft, daß andere Triftigeres zu dokumentieren wissen und nicht länger bei Programm-Präliminarien stehenbleiben.
Allgemeines *Projektziel* des Projekts »Sprache als soziales Handeln«: Ein ›sozialamputierter Sprachunterricht‹ »entwöhnt die Heranwachsenden systematisch, mit Hilfe der Sprache ihre konfliktreiche, diffuse, empfindlich-veränderliche Position auseinanderzulegen, zu bearbeiten, in ihren Bedingungen und Folgen klarer zu sehen, in einen kommunizierbaren Zusammenhang zu bringen: er entwöhnt sie, solidarisches Handeln vorzubereiten« (Rumpf/Larcher/Rathmayr 1973, S. 452). Im *Kontrast* sind somit die Projektziele angedeutet.
Aus den »*Verdeutlichungen für verschiedene Zielbereiche*«, für die Unterrichtsmaterialien und -entwürfe entwickelt werden sollen: »Ohnmacht und Ordnung — Reglements und Initiativen. Die Erfahrung der Ohnmacht in einer ebenso unübersichtlichen wie durch Reglements zugestellten und verregelten Welt dürfte ein Charakteristikum der Welt- und Selbsterfahrung des Menschen in unse-

rer gesellschaftlichen Situation sein. Erscheinungsformen von Ohnmachtserfahrungen, von Initiativen, von Handlungsmöglichkeiten zu bearbeiten, dürfte in der Zielspur der Grundintentionen liegen« (Rumpf 1976).
Auszüge aus einem *didaktischen Handlungsentwurf*, der als Vorgabe zu diesem Zielbereich probiert werden sollte (zusammenfassende Wiedergabe):

»Im Hof des Wohnblocks Schneeburggasse 31 c spielen vierzehnjährige Kinder Handball. Sie denken nicht daran, daß es den Punkt 17 der Hausordnung gibt, der das Ballspielen im Hof verbietet. Eben kommt Herr Müller durch den Hof. Was er zu den Kindern sagen wird? Hans Müller, 38, Vorarbeiter in einer Teigwarenfabrik, verheiratet, vier Kinder. (Folgt eine Biographie in 60 Zeilen: Herkunft aus kinderreicher Bauernfamilie, mit 14 Jahren in die Stadt, technische Lehranstalt, nach 18 Monaten abgebrochene Ausbildung, Gelegenheitsarbeiter, Zusatzkurs ermöglicht ›Vorarbeiter‹, bescheidene Dreizimmerwohnung.) ... Als er die Vierzehnjährigen im Hof beim Ballspielen sieht, *da denkt er: da weiß er nicht: daß er das auch denkt:* (Folgt ein grübelnder Kopf mit je drei leeren ›Blasen‹ — für die Gedanken und für die nicht recht bewußt werdenden Hintergedanken.)
Was sagt er schließlich zu den Kindern? (Folgt ein seitlich gezeichneter Kopf, mit offenem Mund, mit leerer ›Sprechblase‹).«

Protokolle aus einer 20köpfigen Klasse dreizehn- und vierzehnjähriger Buben und Mädchen in der Schule von Kastelruth (Südtirol):

(a) Mehrere Gruppen haben sich auf das *Ausfüllen der Sprech- und Denkblasen* konzentriert. Hier einige Eintragungen (Wortlaut der eingeschriebenen Texte):
Da denkt er: »Kindisches Getue heutzutage.« / »Mit dem Alter hatten wir schon längst eine Stellung zum Arbeiten, und die ...?« / »Dieses Geschrei.«
Da weiß er nicht, daß er das auch denkt: »Denen müßte man einen Spielplatz bauen.« / »Nirgends haben sie einen Platz zum Spielen, überall werden sie weggeschickt.« / »Wenn meine Kinder so wären, würde ich sie verprügeln.«
Was sagt er schließlich zu den Kindern? »Von mir aus gesehen, sollte Kindermachen verboten sein. Oder es sollten genügend Spielplätze gebaut werden.«
(b) *Ausschnitte aus der mit Video aufgezeichneten Plenardebatte*[1]; alle Schülerinnen und Schüler sitzen hufeisenförmig um

die Tafel, an der Tafel steht der Gruppensprecher *der* Gruppe, die (a) niederschrieb. Als Chairman fungiert, vorn an der Seite des Hufeisens, ein Mitglied des Entwicklungsteams (Christine Spiess). (Die Protokollnachschrift übersetzt die stark von Dialektelementen durchsetzte Sprache ins Hochdeutsche, sie glättet auch eine Reihe von Überlappungen und Diffusitäten, die die Diskussion, wie sie auf Videoband zu sehen ist, chaotischer oder — wenn man will — lebendiger erscheinen ließ als das hier Wiedergegebene.)

(1) Helga: Warum ist denn das kindliches Getue? Die haben ja Handball gespielt. Das ist doch nicht kindisch.

(2) Inge: Das ist ja ein Gegensatz: ›kindisches Getue‹ einerseits und ›denen müßte man einen Spielplatz verschaffen‹.

(3) Renate: Der denkt das, ohne daß er es weiß.

(4) Mehrere reden durcheinander.

(5) Ingrid: Er denkt es, ohne daß er es weiß, auf der anderen Seite ... auf der einen Seite sagt er, daß es kindisch ist, aber auf der anderen Seite denkt er etwas Positives ...

(6) Helga: Ich finde das nicht richtig: ›Wenn meine Kinder so wären, die würde ich verprügeln.‹

(7) Mehrere: Wieso?

(8) Chairman: Erklär du ihnen, wieso du es nicht für richtig findest.

(9) Helga: Ja, man kann ihnen schon sagen, sie sollen nicht spielen, aber nicht gleich verprügeln.

(10) Gerhard (bezugnehmend auf Hans Müllers Lebensgeschichte): Früher ist alles anders gewesen.

(11) Evi: Da sind schon mehrere Sachen, nicht nur negativ, der denkt auch positiv.

(12) Chairman: Aber vielleicht erklärt ihr, warum ihr das hingeschrieben habt.

(13) Bärbel: Ja, früher hat er es auch streng gehabt daheim und dann will er mit seinen Kindern auch so tun.

(14) Anni: Das von der Spielplatzaktion und dem Verprügeln, das würde ich nicht schreiben, weil, daß er soviel Kontraste hat, das glaube ich nicht. Zuerst schreibt er (= Christian als Gruppensprecher an der Tafel) wegen dem Spielplatz: ›Jeder schickt sie weg!‹ und dann, daß er sie verprügeln will.

(15) Inge: Aber das merkt er ja gar nicht, daß er das denkt, weil das ist ja in der anderen Schlinge da.

(16) Anni: Aber das schaut aus, wie wenn das zwei andere Menschen denken täten: Das paßt nicht zu ihm.

(17) Inge: Aber aus dieser Geschichte heraus bemerkt man, daß er eher etwas Negatives denkt als etwas Positives —, aus seinem Lebenslauf oder was das ist (blättert in der Vorlage).

(18) Chairman: Habt ihr das alle herausgelesen aus der Geschichte?
(19) Mehrere: Ja.
(20) Inge: Ja, weil er hat öfter die Stellung gewechselt und kommt selten zu seinen Eltern und redet selten mit seinen Kindern und seiner Frau ...
(21) Chairman: Kennt ihr jemanden, der so ähnlich ist wie dieser Hausmeister? Vielmehr dieser Hans Müller? (Zu Christian, der die Hand hebt): Erzähl ein bißchen.
(22) Christian: Ja der ist ..., arbeiten mag er gar nicht. Er ist noch jung, 24, 25 Jahre wird er sein. Und die Frau, die hat ein Geschäft, einen Friseursalon. Und er geht auffi (in den Friseursalon) und schaut ein bißchen, was sie macht, dann hin zur Kassa — 10 000 Lire — und weg ist er. Dann nach einer halben Stunde kommt er wieder. Und dann, wenn sie einmal, weiß ich, einmal ein Momenterl ins Geschäft geht, etwas zu kaufen, dann: ›Oha, kaufst schon wieder ein?!‹ Er ist ein Krautwelscher (Ladiner). Jetzt jedes Jahr ein anderes Auto, kein Auto länger als ein Jahr.
(23) Hat er Kinder?
(24) Christian: Nein.
(25) Bärbel: Da in dem Stück (deutet auf die Vorlage), da steht's nicht so. Da steht, daß er arbeitet.
(26) Chairman: Also stimmt das nicht, was der Christian gesagt hat ...
(27) Mehrere reden durcheinander, unverständlich.
(28) Inge: Der ist bestimmt auch dagegen, daß die Kinder im Hof spielen und so ...
(29) Christian: Die Frau möchte schon lang Kinder, die sind ja schon vier Jahre verheiratet. Aber er ... (schüttelt den Kopf) sagt immer, das mag er nicht, das Geschrei um ihn herum.
(30) Inge: Da kann man sich schon vorstellen, daß keine Kinder im Hof spielen dürfen ...
(31) Helga (bezieht sich wieder auf die Vorlage): Mir kommt vor, das stimmt nicht, daß der nicht fleißig ist, weil ... vielleicht ist er hinausgeworfen worden, weil er etwas kritisiert hat, was er nicht gern tut, oder er ist selber gegangen, weil ihm das — die Arbeit — nicht gepaßt hat.
(32) Christian (redet von seinem Beispiel): Der ist sehr egoistisch, will alles für sich, will überall der Capo sein und kann nichts leiden ... und wie der mit Tieren umgeht, das ist etwas Närrisches. Der hat einen Hund, wenn der nicht pariert aufs Wort, wie er es sagt, dann drischt er auf das Köterlein drein, als wie wenn das ein Gummihund wäre (lacht!).
(33) Inge: Ja, aber das schaut aus, wie wenn er es nur denken

würde, weil zu den Kindern sagt er das nicht (= Kindermachen sollte verboten sein).
(34) Mehrere reden durcheinander.
(35) Chairman (zu Evi): Sag es lauter!
(36) Evi: Ja, das kann man schon zu den Kindern sagen (leise).
(37) Chairman: Du, begründe du ein bißchen, warum du meinst, daß er das zu den Kindern nicht sagt. Das heißt, es waren mehrere, die das meinen.
(38) Stefan: Ja, weil's die Kinder nicht verstehen ...
(39) Mehrere durcheinander.
(40) Helga: Die Kinder könnten das falsch verstehen und meinen, daß sie nur im Weg wären.
(41) Bärbel: Aber er hat ja selber Kinder. Das kann er nicht sagen, daß das Kindermachen verboten werden soll.
(42) Evi: Er hat sie nicht besonders gern, seine Kinder, er spricht ja selten mit ihnen.
(43) Pause: Kinder überlegen miteinander ...
Neue Gruppensprecherin füllt die Denkblasen an der Tafel neu aus — mit den Vorschlägen einer anderen Gruppe.
(44) Chairman: Habt ihr das selber schon erlebt, daß euch Erwachsene gesagt haben, ihr sollt arbeiten und nicht spielen? Kennt ihr das aus eigener Erfahrung?
(45) Mehrere: Ja ... Nein ...
(46) Inge: Das sagen ja die Erwachsenen.
(47) Christian: Die sagen immer: Ihr habt Zeiten, wir haben arbeiten müssen, nicht so umeinandersitzen wie ihr jetzt. Wir haben am Abend ins Bett gehen müssen.
(48) Peter: ›Früher ist alles anders gewesen‹, sagen sie immer, ›nicht so wie heute. Heute können sie alles tun.‹
(49) Stefan: Da können wir ja auch nicht dafür, wenn es heute so ist.
(50) Evi: Zum Beispiel oft sagt ein Erwachsener: Wir haben auch nicht spielen dürfen. Ihr sollt nur auch arbeiten. Warum sollt ihr es so gut haben, wenn wir es auch nicht gehabt haben?
(51) Christian: Mein Vater hat mir oft erzählt, was sie immer angestellt haben. Früher haben sie immer gesagt, wenn wir etwas angestellt haben, ›das haben wir nie tun dürfen‹, und oft erzählt er, wie sie Scheiben eingeschlagen haben oder sonst Leute gefoppt haben und mit den Gewehren herumgeschossen haben. Bei uns ... (unverständlich) da ist mir einmal ein Schuß ausgekommen und dann hat er mir eine Ohrfeige gegeben und dann geteufelt (= geschimpft) und : Seid ihr solche Lauser: Könnt ihr nicht das Zeug in Ruhe lassen! Und sein Bruder ist Wilderer gewesen, der auch zwei Gewehre gehabt. Einmal wäre es bald um ein Haar gegangen. Da hat er fast einen angeschossen.

(52) Evi: Ja, sie haben auch immer so getan ... (unverständlich). Mein Vater hat mir einmal erzählt, sie haben früher auf der Alm, da sind sie von Hütte zu Hütte gegangen und haben sie gemolken.

Drei Aufmerksamkeitsrichtungen sollen skizziert werden, mit deren Hilfe die aufgezeichneten Ausschnitte daraufhin betrachtet werden können, ob etwas von den in der Zielbeschreibung des Projekts angestrebten Prozessen in Gang gekommen ist.

Kategorie 1:
»Differenzierendes Einbringen von Erfahrung«

Ein Ausschnitt individueller Lebenserfahrung wird eingebracht, um die Arbeit an der Deutung, der Erklärung, der Bewertung bestimmter Geschehnisse, Erwartungen, Thesen voranzutreiben. Solche Ausschnitte können mit der vorwiegenden Absicht des Bezweifelns, des Verdeutlichens, des Eröffnens neuer Perspektiven oder aber des konventionell-beliebigen und unverbindlichen Meinungsaustauschs eingebracht werden. Äußerungen des letztgenannten Typs fallen nicht in das Projektinteresse, wohl aber solche mit problematisierender, differenzierender Absicht und Funktion. Ob durch die eigene spezifische Erinnerung oder Erfahrung eine zuvor recht unangefochtene und unproblematisch gebliebene Auslegung angetastet wird, dürfte über die Zuordnung entscheiden. Werden Fremderwartungen an das Ich bewußt und diskutierbar oder bleiben sie in ihren Diskrepanzen starr und unvermittelt?

Beobachtungen und Interpretationen zu Kategorie 1:

Die oben referierten disparaten Niederschriften der Schüler in den Sprechblasen mitsamt der überraschend unkonventionellen direkten Rede (»Kindermachen sollte verboten werden oder ...«) scheinen — aus der Diskussionspartie von Position (22) und (32) des Protokolls ist das zu schließen — auf die konkrete und vehement diskutierte

Erfahrung Christians mitzurückzugehen. Die Partie (22) bis (32) zeigt, wie die durch die Vorgabe insinuierte Beschäftigung mit einem konkreten Lebenslauf bei einem Jungen sehr spezifische Alltagserfahrungen geweckt und provoziert hat; er bedient sich seiner Lebenswelt, um sich die Offenheit der Vorgabe erklärlich zu machen, und verwickelt dabei andere in Auseinandersetzungen [vgl.] im Protokoll (25) bis (27)] über die Tragfähigkeit seiner Deutungen und Konsequenzen. — Die Äußerung (36) geht entschieden dem zuvor veröffentlichten Argument des gesunden Menschenverstandes (»Das muß ein Irrtum sein, sowas kann man Kindern nicht sagen, das kann er allenfalls denken«) zuleibe; und in dieser Entschiedenheit, so jedenfalls wäre interpretierend zu erschließen, dürfte sich eigene Erfahrung — nicht logisches Kalkül — niederschlagen, auch wenn Evi nicht explizit sagt: »so was Ähnliches habe ich schon zu hören bekommen«. — Die Äußerung (49) setzt Erfahrungswiderstand gegen den Vorwurfscharakter einer scheinbar unantastbaren Feststellung von der Zeit- und Jugenddifferenz. Die Äußerungen (51) und (52) bringen eigene Erinnerungen an Elternäußerungen zur Sprache, und zwar nicht um der bloßen, situationsneutralen Pikanterie willen, sondern deutlich im Zug der Konfrontation mit den von (44) bis (50) wiedergegebenen klischierten Fremdbildern der »Jugend von heute«. Der Versuch, der eigenen Identität etwas von ihrer Stereotypie zu nehmen, sie bzw. ihre Träger in einen verständlichen Lebenszusammenhang einzubringen, ist in dem Austausch dieser Erinnerungen deutlich, die eine in der Aufzeichnung leicht zu registrierende, gegenüber z. B. der Partie (44) bis (50) stark gesteigerte Aufmerksamkeit und Präsenz aller Teilnehmer und Teilnehmerinnen provozieren. — Daß die *inhaltliche* Pointe der Vorgabe — das mögliche Ballspielverbot — nirgends ernsthaft zur Sprache kam, liegt am Erfahrungsumkreis gerade dieser Schüler. Gerade *das* haben sie noch nicht erlebt.

Kategorie 2: »Zusammenhänge«

Zu fragen wäre: Bilden sich im Verlauf der Arbeit Handlungszusammenhänge heraus, die verschiedene Aktionen und Interaktionen orientieren und binden, ohne daß sie vom Lehrer/Leiter durch informierende, kontrollierende Handlungstypen und Ritualisierungen (nach Art der Lehrerfrage) suggestiv erzeugt und erzwungen werden? Wird zurückgegriffen auf früher Gesagtes — führt dieser Rückgriff weiter? Oder werden diskontinuierlich neue Ideen, Meinungen, Äußerungen produziert, die jedoch nicht weitergeführt werden, weil sie von anderen überlagert werden? Wird ein Zusammenhang gesucht und aufgebaut — oder divergieren verschiedene Initiativen in beliebige Richtungen? Kommt die Arbeit auch in einer bestimmten Richtung voran?

Beobachtungen und Interpretationen zu Kategorie 2:

Der Zusammenhang der einzelnen Phasen ist nicht durch Rückgriffe, Querverweise, Weiterführungen und Differenzierungen von zuvor Angedeutetem hergestellt. Er resultiert aus einer Sequenz, die durch die Vorgabe und durch Steuerungsaktivitäten des Chairman vorgezeichnet werden: Diskussion einzelner Inhalte der ausgefüllten Blasen auf ihre Plausibilität hin (1), Diskussion der Beziehungen der einzelnen Inhalte unter dem Gesichtspunkt der Stimmigkeit und der Plausibilität [(2) bis (9)], Diskussion dieser Stimmigkeit unter expliziter Zuziehung der vorgegebenen Lebensgeschichte [(13) bis (20)], Diskussion dieses Zusammenhangs unter Rückgriff auf eigene ähnliche Bekanntschaften [(21) bis (32)]. Rückgriffe, jedenfalls keine ausdrücklichen, auf offen Gebliebenes sind in den hier vorgelegten Ausschnitten nicht zu finden. Daß die Auseinandersetzung um die Plausibilität der Äußerung bezüglich des »Verbots des Kindermachens« auch gespeist wird von der vorherigen Debatte über die Biographie des Ladiners [(22), (32), (29), (30)], liegt nahe, besonders wenn man die Äußerung (42) erwägt. — Eine gewisse Beliebigkeit einerseits, etwas mühsames Vorankommen anderseits ist in bestimmten Passagen des Gesprächs unverkennbar. In alltäglichen Situationen würde man solche Gesprächsteile vermutlich als etwas angestrengte Konversation einstufen, und zwar aufgrund der im Bild noch deutlicher als im Text zu entziffernden Signale schulmäßiger und »entsinnlichter« Teilnahme (gesten- und expressionslose Aktivität, Allgemeinheit der Hintergrundtheorien, »die Erwachsenen«, keine Profilierung eines mehr Teilnahme weckenden Zusammenhangs). Verglichen mit anderen Projektaufzeichnungen jedoch sind streckenweise deutlich zentrierte Interaktionszusammenhänge zu registrieren, die nicht vom Chairman suggestiv erzwungen wurden und die Schüler dazu bringen, sich aneinander zu wenden und etwas voranzutreiben [(6) bis (7), (44) bis (52)].

Kategorie 3: »Affekte und persönliche Identität«

Zu fragen wäre: Bleiben Affekte, Vorlieben, Ängste, Gleichgültigkeit, Angesprochensein amorph unter Ritualisierungen verdeckt oder kommen sie in Äußerungen, Ideen, Initiativen zum Ausdruck und können sie für den Gesprächsverlauf wichtig werden? Gibt es Anzeichen dafür, daß der Druck der Regeln des Unterrichts dasjenige, was die Schüler eigentlich meinen und empfinden, nur zensiert und entstellt zum Vorschein kommen läßt? Gibt es Äußerungen, in denen Affekte sich ungeschützt und unverängstigt artikulieren? Gibt es Anzeichen dafür, daß Schüler — und Lehrer — etwas Unfertiges, Vorläufiges äußern, tastend improvisieren, weil ihnen daran liegt, ohne daß sie sich schon rational schlüssig und verbal perfekt verständlich machen können? Überspringen sie da einmal logisch notwendige Stufen? Riskieren sie einen Bruch von Konventionen der Glätte, der Korrektheit, der Konsistenz, der Souveränität? Wagen sie etwas zu denken, zu äußern, von dem sie vielleicht gar nicht wußten, *daß* sie es denken? Oder sind Langeweile oder Interesse so unter Zensur, so von obwaltenden Standards und Interaktionsregeln der Lehrprozedur eingeschüchtert, daß sie sich (in den von Heinze-Prause/Heinze 1974, S. 246 ff., beschriebenen und analysierten) Formen des Rückzugs (Apathie mitsamt ihren schulspezifischen Erscheinungsformen), des Angriffs (Störung), der totalen Identifikation mit den Anforderungen (der überangepaßte Musterschüler) äußern?

Beobachtungen und Interpretationen zu Kategorie 3:

Die drei Stellen, an denen das Protokoll »durcheinanderreden« [(4), (34), (39)] vermerkt, sind sicher diejenigen, an denen durch eine frühere Äußerung Affekte gelöst werden. Inhaltlich scheinen Tabuisierungen und Wortverbote nicht übermächtig zu sein, die Diskussion um das »Verbot des Kindermachens« [(33) bis (47)] legt diese Vermutung nahe. Die Auseinandersetzung mit der Normwelt, die die Erwachsenengeneration an die Kinder heranträgt, bleibt — bei der affektiven Brisanz der Materie — sehr abgeblendet; es bleibt zunächst bei allgemeinen und stereotypen Gegenklagen [(46) bis (50)], die affektive Veränderung der Atmosphäre bei (51) und (52) ist unverkennbar — es wird von konkreten Menschen, konkreten Ereignissen gesprochen. Die durchweg sehr formal korrekten Äußerungen, die bis auf wenige Ausnahmen (Köterlein, Gummihund) jedes semantische oder grammatische Risiko (z. B. Wagnis eines komplexeren Satzes, der nicht zu Ende geführt wird) scheuen, zeigen Merkmale, die sich auf den ersten Blick als stark ritualisiertes, affektundurchlässiges Sprach- und Sozialverhalten darstellen; hier wären freilich Erkundungen über den Kontext, Schulgewohnheiten usw. einzuziehen.

Konsequenzen für die Überarbeitung der Vorgabe und für die Zielpräzisierung

Mindestens zwei voneinander abzuhebende Einflußquellen sind außer dem vorgegebenen Handlungsentwurf, den

Unterrichtsmaterialien, zu veranschlagen: das Verhalten des Chairman, der die Lehrerrolle innehatte, sowie die äußeren Schulumstände in ihrer Spezifität und in dem durch die Videoaufnahme geschaffenen Ausnahmecharakter.
Die vorsichtige Zurückhaltung des Chairman, der eine Mitte zwischen Strukturierung und Freigabe sucht und der das die Schülerwelt antizipierende und terminierende Frage-Antwort-Ritual vermeidet, hat die in dem Unterrichtsentwurf steckende Anregungskraft nicht unterdrückt, sondern nach Kräften begünstigt. Seine Aktionsmuster wären noch deutlicher zu analysieren, um für die Endfassung von Materialien Regiehinweise zu gewinnen.

Nach dieser einen Erprobung lassen sich für eine Überarbeitung der Materialien Anregungen formulieren, die hier in die Form von Fragen gebracht sind:
(a) Lassen sich die drei »Geschichten« [(22) bis (29), (32), (51), (52)] nicht teilweise wörtlich, zum Teil als Dialogausschnitt, in eine neue Fassung der Einheit einbringen? Die beträchtliche und mühsame Anlaufzeit wäre so vielleicht zu vermindern, das unmittelbare Versetztwerden in einen tatsächlichen Dialog könnte mehr erreichen als die notgedrungen fiktive und doch etwas stereotype Formulierung des Lebenslaufs von Hans Müller.
(b) Wie ist mit den gequält-mühsamen Passagen, mit ihrer Beliebigkeit der Meinungsäußerungen eine realistische Vorgabe zu vermitteln, die es nicht beim Austausch von Unverbindlichkeiten bleiben läßt? Eine sozialwissenschaftliche Information über Zusammenhänge, die zu bestimmter Meinungsstarrheit führen? Alternativ vorgegebene Lösungsversuche? Informationen für die rechtliche Seite: Welchen Kinderlärm müssen die Erwachsenen ertragen, welchen nicht —, gibt es Prozesse? Was sagt die Polizei, wenn sie wegen Kinderlärmbeschwerden bemüht wird?
(c) Kann man etwas tun, um die Persönlichkeitstheorien der Schüler — einer kann so Unvereinbares sagen und denken, er kann es nicht [(14) bis (17)] — bewußt zu machen und an Alltagsbeispielen sich abarbeiten zu lassen?

(d) Kann man ein originelles Produkt des Konflikts erfinden lassen — vielleicht ein Schild mit einer Aufschrift?
(e) Kann man eine Alternativsituation finden für Kinder, die dieses Problem in ihrem Alltagskontext noch nie erfahren haben und auf die infolgedessen der Text leicht wie ein ferner Lesebuchtext wirkt?

Die Analyse eines solchen Probierens von Materialien hilft, die Projektziele schärfer zu sehen; sie macht Lernprozesse deutlich, die ohne solches Probieren kaum zu ermitteln gewesen wären. Als einen Beleg dafür ein Zitat aus einem projektinternen Papier nach dem Durcharbeiten dieser und anderer Probierdurchläufe: »Die Bedrohung der Identität durch soziale Normierungen soll bearbeitet werden — wenn Identitätsanteile sozial nicht akzeptiert sind und Kritik und Verbote auf sich ziehen. Es gibt reduzierte Alltagsformen, mit dieser Bedrohung fertig zu werden: Apathie, Moralisierung (wir sind halt so, und das ist bedauerlich), Klischierung (Lebensweisheiten, Sprichwörter), Ausweichen in nichtöffentliche Kanäle.«
Zielregionen des Projekts lassen sich jetzt so fassen: Aufmerksamwerden auf die tatsächliche Identitätsbedrohung durch Fremderwartungen [(6), (9), (14), (49)]; Durcharbeitung von Hintergründen solcher Fremderwartungen [(51), (52), (22), (32)]. Man kann Bedrohungen der Identität durch einem widerfahrende soziale Normierungen dadurch zu bearbeiten und sich ihrer Brutalität, d. h. Stummheit, zu entledigen versuchen, daß man Motive und Geschichten derer zu ergründen sucht, denen an der Durchsetzung solcher Normen zu liegen scheint. Man kann die Lage von erwachsenen Vertretern von Normen wahrnehmen lernen, die Heranwachsenden das ansinnen, was sie selbst auch nicht realisierten. Das muß nicht zu Zynismus oder Entrüstung führen. Man kann auf Widersprüchlichkeiten in Motiven aufmerksam werden und darüber die rationalistischen Persönlichkeitstheorien verlernen, Handlungen stammten aus bewußten und jederzeit vorzeigbaren Motiven.

Methodologische Anmerkungen zu interpretativer Unterrichtsanalyse

Wenn mit Hilfe der Aufmerksamkeitsrichtungen die verbal wiedergegebenen Geschehnisse interpretiert werden und dies zu den anschließend formulierten tentativen Erkenntnissen führt, dann ist das dabei angewandte Verfahren nicht prinzipiell verschieden von dem in der Alltagspraxis verwendeten kommunikativen Verstehen dessen, was den anderen bewegt, wenn er mit uns spricht. Wir tasten seine Handlungen, seine verbalen Äußerungen, seine expressiven Kundgaben (Mimik, Bewegung, Stimmklang, Gestik usw.) auf das hin ab, was sich darin äußert und worauf wir reagieren. Diese hermeneutische Entschlüsselung kombiniert auch auseinanderliegende Äußerungen; sie versucht, sowohl das individuell Ausgedrückte als auch den Niederschlag gesellschaftlicher Druckfaktoren in den Signalen aufzuspüren und bringt bei dieser Kombination und den aus ihr abgeleiteten Schlüssen — typisch etwa die oben gegebene Deutung der Äußerung (36) — eigene Lebenserfahrung, eigene vielfach soziokulturell vermittelte Entschlüsselungsgewohnheiten ebenso ins Spiel wie theoretische Einsichten in Zusammenhänge, die sich nicht dem Oberflächenblick erschließen. Der Verstehende muß »wie immer kontrollierbare Teile seiner Subjektivität einbringen« (Habermas 1971, S. 18), wenn er den Standpunkt dessen verläßt, der Verhaltenspartikel von Menschen unter Beobachtungskategorien subsumiert, ohne den *Sinn* und die Bedeutung, die das Verhalten für den Beobachteten hat, mitzuveranschlagen.

Um diese Art von Unterrichtsanalyse voranzubringen, bedarf es einer Vertrautheit mit dem Repertoire an Handlungs- und Interpretationsgewohnheiten in dem Lebensraum, der zu analysieren ist. Es war im Projektteam beispielsweise durchaus strittig, ob die Unbefangenheit, mit der die Schüler — auch in einem dokumentierten Gespräch mit dem Direktor der Südtiroler Schule — das mögliche »Verbot des Kindermachens« diskutierten, als Signal dafür zu deuten sei, daß sie eine Schranke einer gewissen Scheu überwunden hätten. Wie die bei der Videoaufzeichnung mir auffallende Monotonität in der Stimmführung etwa bei den Passagen (22) und (32) zu deuten wäre — ob sie Unterwerfung unter Schulrituale oder aber übliche Form öffentlicher Rede ist —, das wage ich ohne genauere Vertrautheit mit der Umwelt, in der dieser Unterricht sich tatsächlich abgespielt hat, nicht zu entscheiden[2].

Das hier Gefragte, Gesuchte liegt nicht so offen zutage wie beispielsweise die Zahl der Lehrerfragen, der Blickkontakte, der Testpunkte nach Durchlaufen eines Kurses. Ist es deshalb beliebig, belanglos, unzugänglich? Rosenshine (1973, S. 202 ff.) schlägt vor, Zugriffe zur Erfassung von Unterricht danach zu unterscheiden, in welchem Maß sie »inferent«, d. h. »etwas hineintragend« (vom Analytiker) sind; dabei hebt er Beobachtungskategorien (wenig inferent) von Beurteilungskategorien (hoch inferent, z. B. »Klarheit der Darstellung«) ab. Es ist bemerkenswert, daß Rosenshine die hochinferenten Beurteilungszugriffe trotz ihrer Schwächen bezüglich Objektivität bzw. Beurteilerübereinstimmung als bedeutsame Hilfen für die Curriculumentwicklung einstuft. Er kritisiert die mangelnde Aufmerksamkeit der Unterrichtsforschung in dieser Richtung (1973, S. 208). Damit wird ein Grundmißtrauen empirisch-analytischer Unterrichtsforschung gegenüber interpretativen Zugriffen auf Unterrichtsgeschehnisse relativiert. Dieses Mißtrauen ging und geht ja in der Tat von der fragwürdigen Annahme aus, sinnhaftes symbolisch vermitteltes Interagieren von Menschen sei dann am angemessensten, objektgemäßesten zu erfassen, wenn möglichst wenig von seiten des die Sache Ausforschenden hinzugetan, »hineingetragen« werden müsse. Konsequent werden ja dann die Gegenstände in der möglichst »inferenzfreien« Unterrichtsforschung so parzelliert und von Bedeutungszusammenhängen gereinigt, daß nichts mehr hineinzutragen, daß nur noch etwas den fixen Kategorien zuzuordnen ist. Der Sinn- und Machtzusammenhang, der sich auch im kleinsten Unterrichtsdetail niederschlägt und der es konstituiert, ist nicht dadurch aus der Welt zu schaffen, daß sich die Aufmerksamkeit des Beobachters auf das sinnlich greifbare Detail reduziert und methodisch angestrengt Bedeutungszusammenhänge ausblendet (Deutscher Bildungsrat 1974, S. 34). Inferenz muß nicht Beeinträchtigung, sie kann bei bestimmtem Interesse Voraussetzung der Erkenntnis von sozialem Handeln sein[3], zumal wenn es um die Anregung spezifisch inhaltlich-intentionaler Aktivitäten geht wie in der Curriculumentwicklung. Probleme des Positivismusstreits werden hier konkret.

Die oben umschriebenen drei Aufmerksamkeitsrichtungen sind ohne Frage hoch »inferent« im Sinn von Rosenshine. Der Analytiker muß von seinem Vorwissen um die Ziele des Projekts, von seinen Vorerfahrungen Erhebliches in die Konfrontation von Ereignis und Kategorie *hineintragen*, um *herauszubekommen*, ob ein Handlungskomplex als etwas zu identifizieren ist, was in bestimmtem Ausmaß einer Kategorie zuzuordnen ist oder nicht. Solche Inferenz ist gewiß einerseits von Willkür und Beliebigkeit bedroht; andererseits ist sie die Voraussetzung, daß die Dimension der Geschehnisse überhaupt zum Vorschein kommt, um deren Anregung es gerade diesem spezifischen Projekt geht. Argumentative Verhandlungen zwischen verschiedenen Beteiligten über ihre Diagnose bestimmter Abschnitte — nicht eine abstrakt messende und entqualifizierende Beobachterübereinstimmung — etwa anhand von Videoaufzeichnungen, Tonbandprotokollen, Gedächtnisprotokollen sind angemessene Formen, dem Durchschlagen beliebiger und privater ›Alltagstheorien‹ bei der Anwendung der Kategorien zu wehren (Deutscher Bildungsrat 1974, S. 42—48).

Bellack und Mitarbeiter registrieren in ihren Untersuchungen der Spielregeln des Sprachspiels »Unterricht« folgendes: »Die Schüler müssen sich dessen bewußt sein, daß von ihnen die Teilnahme am Unterrichtsgespräch erwartet wird, und zwar am häufigsten dann, wenn sie durch eine Aufforderung des Lehrers zu einer Reaktion angeregt werden. Üblicherweise erwartet man nicht von ihnen, daß sie erneut in die Diskussion einsteigen, bevor der Lehrer die Reaktion fortgeführt hat ... Der Schüler führt doppelt so oft Spielzüge des Lehrers fort wie solche von Mitschülern ... unternimmt der Schüler nur selten eine Fortführung, in der er die Spielzüge anderer Teilnehmer beurteilt« (Bellack 1974, S. 263). Diese Kategorien, nicht subsumtiv, sondern lebensweltorientiert und interpretativ auf bestimmte Situationskomplexe hin verwendet, können durchaus helfen, die von der oben genannten Kategorie »Zusammenhänge« zu erfassenden Geschehnisse zu greifen. Führen Schüler Initiativen und Reaktionen anderer Schüler fort — ohne Intervention des Lehrers? Warum führen sie sie fort? Welche Bedeutungen, Affekte scheinen sie anzutreiben? Was geben diese Auskünfte her über die Anregungskraft und Intentionsmäßigkeit der Unterrichtsentwürfe? An welchen Stellen bricht das von Bellack und Mitarbeitern offengelegte Sprachspiel des normalen Unterrichts so durch, daß damit die Intentionen des jeweiligen Projekts, der Unterrichtsmaterialien gefährdet scheinen und warum? In dieser Weise etwa können die Kategorien wichtiger Arbeiten der Unterrichtsforschung heuristisch und interpretativ verwendet werden bei Curriculumentwicklung, nur muß man sich über ihren anderen Stellenwert klar sein.

Zweitens: ein Vorschlag zur Beurteilung von Leistungen im Deutschunterricht der Sekundarstufe

Sprache teilt Bedeutungen mit. Wer Sprache lernt, lernt solche Mitteilungen auszugeben — dem entspricht im Schulunterricht Schreiben und Sprechen — oder aufzunehmen — dem gilt der Unterricht im Lesen und Hören und dem beidem zugrundeliegenden Verstehen.

Zielbereich 1: Normorientierte Sprachfähigkeiten

Der Deutschunterricht schult und beurteilt herkömmlicherweise die Fähigkeit, Sprache klar, anschaulich, regelkorrekt, sachgemäß zu gebrauchen und Sprachliches sinngemäß aufzufassen und wiederzugeben. Demgemäß werden Leistungen im Deutschunterricht normalerweise unter folgenden Gesichtspunkten ins Visier genommen und eingeschätzt:

Orientierungsfragen zur Findung und Beurteilung von Sprachfähigkeiten aus Zielbereich 1
Beim Sprechen und Schreiben:
— Stimmt die verwendete Sprache mit der gemeinten Sache überein (Anschaulichkeit, treffender Ausdruck; keine Mißverständnisse und Vieldeutigkeiten; logisch-sachgemäßer Aufbau)?
— Stimmt die verwendete Sprache mit den gültigen Sprachregeln sowie den Regeln für eine bestimmte Gattung von Sprachäußerungen (Aufsatz, Referat, Mitteilung, Entschuldigung, Gebrauchsanweisung usw.) überein (Rechtschreibung, Satzkonstruktionsregeln, Hochsprache, Wortbeugung, Schriftbild, Glätte und Abwechslungsreichtum des Stils)?
Beim aufnehmenden Sprachgebrauch (Hören, Lesen):
— Erfaßt die aufnehmende Tätigkeit das Gemeinte angemessen (Zuhören können; Verständnis des Wesentlichen; Fähigkeit, etwas Aufgenommenes mit eigenen Worten wiederzugeben; Fähigkeit, Verständnisfragen zu stellen, das eigene Vorverständnis auf seine Triftigkeit hin überprüfen zu können)?

Zielbereich 2:
Situations- und erfahrungsorientierte Sprachfähigkeit

Zahlreiche neue Curriculummaterialien (z. B. Sprach- und Lesebücher) zielen über das Vermögen zu regeltreuem und verständlich-klarem Sprachgebrauch hinaus die ausdrückliche Begünstigung und Schulung von Sprachfähigkeiten an, die herkömmlicherweise von der Schule weniger ernst genommen werden. Von diesen Zielen her erklärt sich auch, daß solche Materialien weder um bestimmte feststehende Formen schriftlicher Darlegung (Besinnungsaufsatz, Schilderung, Inhaltsangabe), um bestimmte Regeln oder Grammatik-Bestandteile noch um Literatur- bzw. Textgattungen (Erzählungen, Novelle, Gedicht, Anekdote, Kurzgeschichte) geordnet sind. Erfahrungen, Aufgaben, Chancen, Widrigkeiten des wirklichen sozialen Lebens werden dann Orientierungspunkte von Unterrichtsmaterialien. Vielleicht vermindert sich dabei der Abstand zwischen dem Schuldeutsch und dem, was Heranwachsende sonst umtreibt, was ihnen wirklich zu denken gibt, wofür ihnen Sprache hilfreich und nützlich sein kann.

Erfahrungen mit einem Zwiespalt, einer Widrigkeit, einer Freude, einer Hoffnung kann man wohl nur machen, wenn man seinen eigenen Gefühlen, Ideen, Erinnerungen nicht ein für allemal fixe Bedeutungen zuordnet. Erfahrungen kann man wohl nur machen, wenn man lernt, mit einer Sache, einem Menschen, einer Lebensperspektive *nicht* ein für allemal fertig zu sein, *nicht* damit fertig zu werden — das Fertigsein ist ohne Frage eine Gefahr jeder Schulweisheit. Lernen, Erfahrungen zu machen — eine Sache von verschiedenen Seiten wahrzunehmen, abzutasten —, das ist geknüpft an das Medium der Sprache. Wer Sprache nur als starr Endgültiges kennenlernt, verlernt es, Erfahrungen mit Neuem, Überraschendem, Ungeklärtem zu machen und sich darin mit andern zu finden, zurechtzufinden. Solches Sprache-Lernen ist durch vielerlei Einwirkungen gefährdet; die Schule kann das nicht gleichgültig lassen.

Wie können sprachliche Leistungen aussehen, die dem Anspruch des Zielbereichs 2 in etwa genügen?

Orientierungsfragen zur Findung und Beurteilung von Sprachfähigkeit aus Zielbereich 2
— Finden Schüler *in der Auseinandersetzung mit einer Vorgabe* (einem Text, einer Aufgabe) einen neuen Gesichtspunkt, eine neue Aufmerksamkeitsrichtung (einen Zusammenhang z. B.), eine neue Handlungsmöglichkeit (was man gemeinsam tun könnte, um klarer zu sehen —

z. B. hinsichtlich der Erfahrungen von Gastarbeitern, mit Gastarbeitern)? Finden sie diesen neuen Gesichtspunkt unter ausgesprochenem oder unausgesprochenem Rückgriff auf eine besondere eigene Erfahrung, eine Erinnerung, eine Empfindung (so daß das Lerner-Ich mit dem Lebens-Ich in Verbindung kommt)?
— Lösen sich Schüler dann und wann von der buchstabengetreuen Verhaftung an die gerade behandelte Vorgabe (an die bloße Textauslegung, an die bloße Ausführung vorgeschlagener Aufgaben) und versuchen, diese Vorgabe, diese Aufgabe in Beziehung zu bringen mit der Umwelt, in der ihr Leben spielt — um so einer scheinbar selbstverständlichen Bedeutung diese Selbstverständlichkeit zu nehmen (Einleitungsbemerkungen wären etwa: »Das gibt es doch gar nicht.« / »Der täuscht sich aber über seine Beweggründe.« / »Da hab ich mal ähnliches/was anderes erlebt.« / »Ich hab mal was gehört, was irgendwie dazu gehört — oder?« / »Kann ich mir gar nichts drunter vorstellen...«)?
— Fangen Schüler an, verschiedenartige Texte zueinander in Beziehung zu setzen, um sich ein eigenes Urteil bilden zu lernen (das paßt nicht zu dem / wozu soll diese Forderung gut sein, wenn doch... / »die Franzosen«, »die Deutschen«: wer ist das?)?
— Finden Schüler den Mut, sich selbst zu korrigieren; mit einer Äußerung, einem Gespräch anzufangen, auch wenn sie selbst noch nicht genau wissen, worauf ihr werdender Gedanke hinausläuft? Finden sie allein oder miteinander den Mut, sich an eine Sache, ein Gefühl heranzutasten und nicht gleich nach fixfertigen und approbierten Bedeutungszulegungen zu greifen, mit denen man das Angepeilte, das Beunruhigende einordnen könnte (Stammeln, einen Satzbrocken zu riskieren, etwas ins unreine reden oder auch schreiben können; sagen können, was einem unklar ist, worunter man sich nichts vorstellen kann, auch wenn alle anderen sich den Anschein vollkommener Souveränität geben; eine sogenannte dumme Frage stellen können und wollen; sagen können, daß einem etwas fas-

zinierend/widerlich/gleichgültig vorkommt; einen Zweifel, eine Mehrdeutigkeit, einen Streit aushalten und durchstehen können — ohne Verstummen, ohne Entrüstung)?

Es ist deutlich, daß die Ziele dieses zweiten Bereichs — die Verwendung von Sprache, um Beziehungen zur eigenen Lebenswirklichkeit erfahrbar und durchsichtig zu machen, ohne beliebigem Geschwätz zu verfallen — über manche Normen herkömmlichen Unterrichts hinausgehen (die Vorschriften »Im Satz sprechen«; »immer genau wissen, was man sagen will, ehe man beginnt«; die Vorliebe für formale Richtigkeit ohne Rücksicht darauf, ob das Gesagte/Geschriebene nur auf dem Weg bloßer Anpassung übernommen und nachgeredet oder aber durch eigene Erfahrung gedeckt ist).
Solche Sprachlernprozesse glaubt die Schule bislang weithin sich selbst, d. h. dem sogenannten Leben überlassen zu können.
Es versteht sich, daß die Feststellung und (notenmäßige) Beurteilung *solcher* Leistungen schwererfällt als die Einschätzung von Sprachfähigkeiten des zuerst skizzierten Umkreises, weil dort feste und von persönlicher Deutung freiere Normen der Richtigkeit, der Sachgemäßheit, der Verständlichkeit anzulegen sind.
In die Beurteilung von Schülerleistungen gemäß Zielbereich 2 gehen erheblich mehr durch die Situation und die Lehrerpersönlichkeit bedingte Deutungen ein: ob eine Äußerung wirklich in *Auseinandersetzung* mit einer Vorgabe (s. o.) geschieht (oder vor dem Anspruch der Vorgabe flüchtet); ob sie einen *neuen* Gesichtspunkt ins Spiel bringt (und nicht nur banale Allerweltsweisheiten aufwärmt); ob das kritisch gemeinte Vergleichen von Äußerungen und Erfahrungen Gerede ist oder ob es »trifft«; ob Annäherungsversuche nur Ausdruck von mangelnder Konzentration sind oder aber höchst konzentrierte Äußerungen ernster Gedanken darstellen — solches geht auf Deutungen zurück, die im Schulalltag niemand dem Lehrer abnehmen kann und will. Er sollte sich dabei, gerade auf dem neuen

und ungewohnten Terrain nicht überlasten — d. h., er sollte sich bewußt bleiben, wie schwierig hier Qualitätsentscheidungen und -einstufungen *der Sache nach* (und nicht wegen technisch unentwickelter Meßinstrumente) sind; er sollte seine Eindrücke und Meinungen nicht überschätzen; er kann — und das läge im Sinn des Zielbereichs 2 — auch seine Einschätzungen (War das jetzt nicht eine interessant-weiterführende / eine bloß geschwätzige Äußerung?) mit Schülern offen diskutieren. Ob ein Beitrag wirklich vorangebracht hat, ob er eine »gute Leistung« im Sinn des Zielbereichs 2 war, das wird man oft genug erst zum Ende der Stunde oder zu Beginn der folgenden Stunde mit hinlänglicher Fundierung in Erfahrung abschätzen und vielleicht auch diskutieren können.

Noten dürften — aller Voraussicht nach — auch weiterhin mehr an Sprachleistungen aus dem ersten Zielbereich festgemacht werden. Erfahrungen in der Beschreibung, der Analyse, der Auswertung von Sprachleistungen in den lebensweltoffenen Sprachfähigkeiten stehen erst in den Anfängen — auch wissenschaftlicher Erforschung.

Aber die schwierige und ungewohnte Benotbarkeit kann kein vernünftiger Grund sein, solche Lernprozesse geringzuschätzen oder aus der Schule auszuschließen. Deshalb abschließend noch einige Vorschläge, wie sie bis zu einem gewissen Grad greifbar und beurteilbar gemacht werden könnten.

Mögliche Dokumentationsformen von Leistungen aus dem Zielbereich 2:
Schriftliche Formen für die Dokumentation von Leistungen könnten beispielsweise sein:
— *die Selbstrezension* (die Selbstbeurteilung und Überarbeitung einer ersten Niederschrift zu einem Thema nach vielfältiger Lektüre und Diskussion; vgl. K. Wünsche: Die Wirklichkeit des Hauptschülers, Köln 1972, S. 37 ff.);
— *das Thesenpapier* (z. B. fünf knapp formulierte Gründe für/gegen eine extreme Position wie z. B. »Gastarbeiter haben in einem besseren Café nichts verloren«);

— *das Konzept* (Stichworte für die Begründung einer Position in einer Diskussion — z. B. für die Ansicht »Das ist zu umständlich, lieber eine gesunde Diktatur« anläßlich eines Summerhill-Textes über Schülermitbestimmung);
— *der Plan* (für ein Interview mit einem Cafébesitzer, einem Busfahrer zu einem interessierenden und engagiert erforschten Detail);
— *die Kritik* (eines Zeitungsberichts, mehrerer Zeitungsberichte im Vergleich; einer Sendung über Jugendprobleme, eines Jugendzentrums, eines Plakats, eines Buchs, einer Wahlwerbung).
Mündliche Formen für die Dokumentation von Leistungen aus dem Zielbereich 2 können möglicherweise sein:
— Interviewfragen, Interviewäußerungen und -reaktionen, die auf einem Tonband festgehalten oder von einem Mitschüler mitprotokolliert sind;
— Übungen im Bestreiten/im Verteidigen einer Behauptung;
— Übung, eine scheinbar unantastbare Lebensregel, Redewendung auf »hohle Stellen« abzuklopfen und ihr die einschüchternde Selbstverständlichkeit zu nehmen (»Aller Anfang ist schwer«, »Ehrlich währt am längsten«, »Befehl ist Befehl«);
— Übung im Langsamreagieren (Formulieren von Eindrücken und Meinungen zu einer Vorgabe, einer Frage nach zwangsweisem fünfminütigem Schweigen);
— Übung, die eigenen spontan geäußerten Eindrücke (aufgrund des Tonbands, einer Protokollmitschrift) zu ordnen und kritisch daraufhin zu mustern, was Wichtigtuerei, was Gerede, was mehr war.

V
RITUALE DER ANGSTABWEHR
ÜBER LEHRGEWOHNHEITEN DER
HOCHSCHULE UND IHRE ENTSTEHUNGS-
BEDINGUNGEN AUF SEITEN DES
SUBJEKTIVEN FAKTORS

In der folgenden Skizze geht es darum, drei Thesen zu illustrieren und zu erläutern — mit dem Ziel, die Aufmerksamkeit für bestimmte Szenen und mit ihnen zusammenhängende Affekte im Alltag der Hochschule als Lehrinstitution zu wecken und zu schärfen.
These 1: Der didaktische Alltag der Hochschule (wie auch der Schule) enthält beachtenswerte Rituale. Als Rituale anzusprechen sind Handlungs- und Interaktionsgewohnheiten, die von spontan erfahrbaren Ideen und Bedürfnissen abgelöst sind; die ihre Rechtfertigung bei rationaler Überprüfung nicht (mehr) aus der instrumentellen Erreichung eines bestimmten Zieles haben; die — auch aufgrund der Ablösung von außerhalb ihrer liegenden Entstehungs- und Verwendungszusammenhängen — einen hohen Grad von Formalisierung und Resistenz gegen Veränderung wie Bewußtwerdung entwickeln.
These 2: Der didaktische Alltag der Hochschule erhält und erzeugt beachtenswerte Bedürfnisses nach solchen Ritualen: die unübersehbar komplexe und von eingeweihten Spezialisten verwaltete und dosiert nach unten gereichte Wissenschaft; die oft labyrinthisch anmutende Lernorganisation mit ihren Stufen, Verzweigungen, Überschneidungen; die der Hochschule anhaftende Funktion, auf dem Weg von wie immer gestreckten oder punktuellen Prüfungen über die soziale Ortung und die Berufsmöglichkeiten mitzuentscheiden. Diese Züge wecken in den beteiligten Subjekten Gefühle der Bedrohung und der eigenen Nichtigkeit. Diese Gefühle lassen nach Ritualen greifen — sich

ihnen anvertrauen heißt, die Angst lindern, man könne in seiner mitgebrachten Identität zu nichts werden.

These 3: Weil Rituale im Hochschulalltag zur Hintanhaltung von Gefühlen der Identitätsbedrohung verwendet werden, sind sie nicht als abstruse Schnörkel einer versunkenen Zeit oder als technische Notwendigkeiten zu verharmlosen. Im sozialen Kontext von Ritualen studierte Wissenschaft dürfte einen klischierten, d. h. subjekt-, situations-, gesellschaftsneutralen Gebrauch bei ihren Adepten begünstigen.

Konkret: Lehrer und Ärzte würden, wenn diese Vermutung stimmt, auf dem Weg ritueller Identifikation zumindest teilweise erworbene Kenntnisse und Fertigkeiten dazu verwenden, ihre Unsicherheiten in neuen und für ihre Kompetenz bedrohlichen Berufssituationen zu kaschieren, statt sie zu bearbeiten. »Die individuelle und die berufstypische ›Erziehung‹, die der Arzt erfährt, macht ihn sicher. Sicherheit, Ruhe sind Persönlichkeitsmerkmale, die vom Patienten beim Arzt gesucht werden. Der Arzt versucht, diese Rolle zu erfüllen. In Wirklichkeit scheint er aber diese Charakteristika nur um den Preis erheblicher Angstverleugnung erwerben zu können. In der Tat, die Quote neurotischer Persönlichkeiten unter Ärzten ist keineswegs geringer zu veranschlagen als in anderen verantwortungsbelasteten Berufen. Aber auch diese Einsicht gelingt nur wenigen Ärzten. Obwohl es doch einleuchtend ist, daß ohne zureichendes Selbstverständnis kaum hilfreiches Verständnis des Patienten gelingen kann« (Mitscherlich 1975, S. 209 f.).

Der allwissende Lehrer, der forciert souveräne und aufmunternde Arzt — beide glauben es sich schuldig sein zu müssen, vor Klienten nie auch nur nachdenklich, geschweige denn irritiert sein zu dürfen; solche Entfremdung von den Realitäten, solche Entmündigung könnte mit der Art zusammenhängen, wie Wissenschaft einmal auf sie, in sie eingedrungen ist. Damit ist eine These vorgebracht, die die Sozialisation in Wissenschaft nicht unter dem Gesichtspunkt der inhaltlichen Struktur eines studierten Faches, sondern unter dem Gesichtspunkt alltäglich verwendeter Interaktionsgebräuche mit ihren scheinbaren Selbstverständlichkeiten anvisiert. Was heute über die Sozialisationswirkungen von Inhaltsstrukturen gesagt werden kann, hat Ludwig Huber (1975, besonders S. 76 ff.) aufschlußreich analysiert.

Die Wissenschaft und ihre Hochschul-Insignien

Es könnte nicht nur an mangelnden Geldmitteln, an mangelnden Innovationsspielräumen, an mangelnder Phantasie, an der Übermacht juridisch-administrativer Denkformen und Sanktionen liegen, daß die Leitideen hochschuldidaktischer Innovation wie »forschendes Lehren«, »Beteiligung der Betroffenen«, »Kommunikation statt Indoktrination«, »gesellschaftsbezogene Zielreflexion« oft nur äußerlich adaptiert werden und zur Drapierung eines herkömmlichen und dazu noch engmaschig gemachten Studien- und Prüfungsbetriebes gebraucht werden. Es könnte auch daran liegen, daß *alle* Beteiligten — Hochschullehrer, Studenten, Administration — deshalb nicht von überlieferten Formen der Lehre, der Prüfung, der Machtverteilung, der Entscheidungsfindung in den Hochschulen loskommen, weil diese Formen einem tiefen affektiven Bedürfnis entgegenkommen: sie könnten dazu dienen, die Angst vor einer unübersichtlichen, sich ständig ändernden Realität abzuwehren, der gegenüber man sich schwach, inkompetent, unzugehörig erfährt und von der man sich doch total abhängig weiß, weil man auf sie angewiesen ist zur Reproduktion seines Lebens: die Angst, durch die Maschen der unübersichtlichen und bedrohlichen Realität Wissenschaft zu fallen, die Angst, gewogen und für zu leicht befunden zu werden, die Angst, seine Karriere — sei es als Student, sei es als Assistent, sei es als Professor — zu verderben, diese Ängste haben ihren Grund in der manchmal eingestandenen, manchmal nur diffus gespürten Gewißheit, daß man »vor dem Anspruch der Wissenschaft« versagt, daß man schier unendlich viele »schwache

Stellen« aufzuweisen hat, daß man viele Bücher, viele Entwicklungen nicht verarbeitet hat und so fort. Die reißende Entwicklung der Wissenschaften setzt bei ihren Adepten potentiell jedenfalls Angst frei — und diese Angst, die mit Kompetenzzweifeln, mit dem Ausfall von Sinnerfahrungen, mit Unsicherheiten hinsichtlich der inneruniversitären und der außeruniversitären Karriere wie mit der Erfahrung der totalen Abhängigkeit vom Urteilsspruch der das wissenschaftliche Gütesiegel erteilenden Institution zusammen auftritt, diese Angst sucht nach Mitteln ihrer Linderung, ihrer Abwehr. Sie sucht nach festen Punkten, nach Bastionen, von denen aus die Bedrohung durch die Unübersehbarkeit wissenschaftlicher Fragestellungen, Methoden und Erkenntnisse vermindert wird; sie sucht nach Erfahrungen, die die Identität innerhalb eines von endlosen Problematisierungen und Zweifeln bedrohten sozialen Terrains stabilisieren hilft. Und dieser Suche bieten sich überkommene Strukturen der Wissenschaftsdidaktik und der Wissenschaftsbeherrschung als Rettungsanker an: es gibt eine Position, die die Richtung festlegt, die die Wissenschaft an diesem Institut definiert, die das wissenschaftlich Wahre repräsentiert; es gibt eine Position, deren Inhaber lange Jahre die Wissenschaft betrieben, vielerlei publiziert und geforscht haben. An sie muß man sich halten können, auf sie muß Verlaß sein, wenn man eine Wissenschaft studiert. Wer — wenn nicht sie — soll die sicheren Wege bahnen und vorzeichnen können, auf die man insgeheim hofft, um die Panik vor dem unübersehbaren Meer der Probleme und der gar nicht in Verbindung damit zu bringenden Selbsterfahrung eigener abgründiger Inkompetenz hintanzuhalten? Verschiedene Details alltäglicher Erfahrungen an Hochschulen — die Liturgie der Großvorlesung; die Stufenleiter der Seminare mit den jeweils eingebauten Qualifikationshürden; das Pochen auf eine Zahl von Wochenstunden, bei denen in Lehrveranstaltungen körperlich präsent zu sein jedermann die juristisch verbürgte, im Studienbuch verbriefte Gewißheit gibt, im Studium voranzukommen; die in Studienordnungen geradezu liebevoll ausgemalten Prüfungsprozeduren und -voraussetzungen — könnten sich kaum letzterdings so unangefochten halten, wenn sie nicht starken affektiven Bedürfnissen aller Beteiligter entgegenkämen.

Die Erklärungen, die das nur sehr mühsame Vorankommen hochschuldidaktischer Innovationen allein oder vorwiegend auf »die Trägheit etablierter Institutionen«, die mangelnde Sachkenntnis und den antididaktischen Affekt von Wissenschaftlern zurückführten, diese Erklärungen unterschätzen vermutlich die affektive Tiefendimension jeder Einrichtung, in der Lehr- und Lernprozesse institutionalisiert sind: auch Professoren, auch die Inhaber also der die Wissenschaft in der Universität herkömmlicherweise definierenden Position müssen angesichts vehementer Entwicklungen ihrer Disziplinen Angst abwehren, auch wenn ihnen diese Angst und die Form ihrer Abwehr gar nicht bewußt werden. Die Abwehr solcher Kompetenzbedrohungen geschieht bzw. geschah in vielen Formen, im Bestehen auf strikten Fächergrenzen, in Schulbildungen, in narzißtischen Beteuerungen der Wichtigkeit der eigenen Fächer, im Prüfungsgebaren, in der Ausbildung esoterischer Privatsprachen, die sich als Fachsprachen unantastbar machen, aber auch in monarchischen Strukturierungen von Lehrveranstaltungen, von Projekten, von Instituten.

Studierende müssen eine starke Bereitschaft haben, auf dieses Angebot kollektiver bzw. kooperativer Angstabwehr anzusprechen — denn die Einrichtung, die die Angst abwehrt, trägt ja auch viele Züge, die Angst immer wieder erzeugen. Die Bücherwände in den Instituten und Seminaren, die großen Literaturlisten in den Lehrveranstaltungen, die jedes anfängliche schüchterne Fragen und Denken verstummenmachende Zahl von Teilnehmern in Groß-Seminaren, in denen nur die wenigen und brillanten Fortgeschrittenen ihre fortgeschrittenen Probleme äußern dürfen — alles das erzeugt die Angst und das Inkompetenzgefühl, das durch monarchische Definitionen von Wissenschaft und Wissenschaftsdidaktik immerhin reduziert wird.

Wer Angst hat, will nicht reflektieren, problematisieren, Neues finden und etwas wagen — er will Sicherheit, er will das Stabile, Zuverlässige lernen und lehren, er will darin nicht gestört werden, auf Störungen reagiert er aggressiv. Es liegt auf der Hand, daß dieser Mechanismus dem, was man emphatisch den Geist und die Triebkraft jeder wissenschaftlichen Tätigkeit nennen könnte, in die Quere kommt. Darin sind sich sonst sehr kontroverse wissenschaftstheoretische Positionen wie die von Popper (1957, S. 179 ff.) und Adorno (1971, S. 29 ff.) einig, daß wissenschaftliche Aktivitäten da beginnen, wo die Rituale des Bescheidwissens und des Einweisens in vorgeblich unproblematische Wissensgebiete ihre Kraft, ihre Glaubwürdigkeit, ihre Attraktivität verlieren.

Orientierungsängste

Man kann dann leicht beobachten, welche Ängste herkömmliche hochschuldidaktische Gewohnheiten hintanhalten, wenn diese Gewohnheiten angetastet werden. Dafür ein unscheinbares Alltagsbeispiel, das sogenannte Seminarreferat: In einer bestimmten Seminarveranstaltung dekretiert der Leiter zu Semesterbeginn, Studenten, die sich in einen Themenbereich vertiefen wollten, sollten bestimmte Texte studieren und überdenken — aber nicht, um danach gerundete Überblicksdarstellungen zu referieren; sie sollten vielmehr bereit sein, an *einem* Beispiel (einem Problem, einer Aufmerksamkeitsrichtung, einer Idee, einer Kritik) darzustellen, was für den genannten Text *eine* wesentliche Antriebskraft war. Andere, nicht speziell vorbereitete Seminarteilnehmer sollten einen solchen Punkt so fassen, daß sie sich in Form eines Gesprächs mit anderen — und nicht in der Form des Zuhörens eines in sich geschlossenen Vortrages — in die Materie einarbeiten.

Gesprächsausschnitt nach einer Sitzung:
Leiter: »Ich fand das prima, Frau NN., wie Sie das Beispiel von Holt da in das Gespräch reingebracht haben — ohne Vorspann, ohne Literaturverweise: man sah an dem Beispiel (Holt

ließ Kinder, die offenbar glaubten, der Abstand zwischen den Hunderten würde immer kleiner, auf Papierbändern die Probe aufs Exempel machen), was er meint — und man konnte unmittelbar diskutieren (ob das nicht eine stumpfsinnige Tätigkeit sei, zu der er da die Kinder verurteile).«
Die Teilnehmerin: »Sie glauben gar nicht, welche furchtbare Angst ich vor der Stunde hatte, vor der Stunde wäre ich am liebsten zu Ihnen gegangen, um mitzuteilen, daß ich überhaupt nichts sagen kann. Man hat solche Angst, etwas Halbes, Improvisiertes, nicht recht im voraus Geplantes von sich zu geben — und dann zu warten, etwas in Gang kommen zu lassen, etwas passieren zu lassen.«

Immer wieder gab es ähnliche Studentenäußerungen: Entweder eine Zeit von 30 Minuten zum Vortrag eines Zusammenhangs oder aber nichts. Das vom Seminarleiter Vorgeschlagene weckte Unsicherheit: Wird man es »richtig« machen? Wird man nicht für dumm gehalten — noch gar von demjenigen, der möglicherweise bald Prüfer ist? Wie soll man *ein* Problem herausgreifen, ohne Grundlagen, Voraussetzungen — obwohl doch alles mit allem zusammenhängt, und etwas Isoliertes weckt doch Mißverständnisse?
Hinter solchen verständlichen und keinesfalls pharisäisch zu verurteilenden Äußerungen stecken Sicherheits- und Stabilitätsbedürfnisse: eine Lehrveranstaltung in der Universität absolvieren und sich auf eine offene Situation einlassen — das ist für viele Universitätsbeteiligte offenbar so sehr zweierlei, daß sie zurückscheuen — und zwar aus Angst, für inkompetent, für fehl am Platz, für untauglich gehalten zu werden. Und diese Angst resultiert auch aus der sozialen Funktion des Wissenschaft-Studiums, dessen Prüfungsende über den sozialen Status, die Lebenschance mitentscheidet.
Die für die soziale Zukunft folgenreiche Prüfungsvollmacht einer Lehrinstitution begünstigt jene didaktischen Handlungsfiguren in ihr, die rituell — d. h. losgelöst von subjektiv und situativ entstehenden Intentionen und Antrieben — zu handhaben sind. Hinter der Angst vor der unübersehbaren Größe Wissenschaft steht also im Hoch-

schulbereich auch die Angst vor der Prüfungsmacht und -entscheidung ihrer Vertreter: je unsicherer die Berufs- und Arbeitschancen sind, je mehr von dieser Prüfungsinstanz und ihrem Urteil für die vermeintliche und wirkliche Zukunft abhängt, um so größer dürfte mit der Angst das Driften zu rituell handhabbaren didaktischen Figuren werden. Man kann, im Blick auf Hochschule heute, noch eine nähere Quelle von Angst unterscheiden, die Studenten unter Druck setzt und die sich mit den allgemeinen Prüfungsängsten und Inkompetenzgefühlen vor der Tabu-Größe Wissenschaft verbindet.

Ich schildere, nach Eindrücken aus Beratungsgesprächen an einem Tag, die Universitätserfahrung aus der Innensicht eines Studienanfängers; ich wähle dabei die fiktive Ich-Form und bin mir bewußt, daß bestimmte Interpretationen in die Darstellung eingehen:

Ich studiere in den Anschlägen des Uni-Hochhauses und finde vielerlei — logisch verständlich, aber in seiner Handlungsbedeutung für mich oft dunkel und vieldeutig: Praktikumslisten und -termine (was, genau, ist ein Praktikum?); Sprechstundentermine (Welche Voraussetzungen muß man erfüllen, um dahin zu gehen? Beim Zahnarzt ist es klar — aber beim Hochschullehrer?); Mitteilung, daß ein Hochschullehrer wegen totaler Überfüllung die nächsten 20 Monate keine Prüfungskandidaten mehr annehmen kann (was bedeutet das konkret für mich?); Terminanschläge für Anfängerstudienberatung, Anschläge auch, wo es für wieviel Geld »Studienberater-Broschüren« und »kommentierte Vorlesungsverzeichnisse« gibt; Sonderanschläge über einzelne Lehrveranstaltungen (Zeit, Teilnehmerzahl, Anmeldesystem), über »Tutorien«. Bin ich damit auch gemeint, ist das für mich wichtig?

Ich habe eine Fachdidaktik, eine Fachwissenschaft und vier Grundwissenschaften (Soziologie, Politik, Pädagogik, Pädagogische Psychologie) irgendwie zu studieren. Dieselben Erfahrungen, leicht modifiziert, wiederholen sich sechs Mal — denn die sechs Stockwerke des Hochhauses, in denen die zuständigen Institute sitzen, haben nichts miteinander zu tun. Immer wieder Studieren von Anschlagbrettern, Öffnungszeiten (von Bibliotheken, Sekretariaten), von Sonderanschlägen mit Hinweisen auf Streichungen und Änderungen. Unsicherheit, ob ich gemeint bin, ob das etwas bedeutet — wenn z. B. da steht, in dieser oder jener Veranstaltung könne (k)ein Schein gemacht werden. Versäume ich etwas, wenn ich auf bestimmte Hinweise nicht reagiere (Vorbesprechung zum Tutorium XY am ..., später keine Aufnahme mehr möglich)?

Ich gehe in eine Studienberatungsstunde eines Professors. Was soll ich belegen, was soll ich studieren? Was muß ich? Reihenfolge? Dringlichkeit? »Das kommt drauf an«, höre ich. »Ob Sie in der Grundwissenschaft Pädagogik oder Pädagogische Psychologie Examen machen wollen oder nicht – eins von beiden Fächern müssen oder können Sie ja vorzeitig abwählen; dann kriegen Sie den sogenannten Abwahl-Schein, nach einer bestimmten Leistung, versteht sich.« Aber wie soll ich denn wissen, jetzt im ersten Semester, was ich da wählen soll, habe ja keine Grundlagen für solche Entscheidungen – Wahl zwischen zwei Unbekannten, ein Griff in die Fächerlotterie? »Ja«, meint der Professor, »das ist in der Tat schwierig. Vielleicht gehn Sie mal in eine Einführungsvorlesung Pädagogik oder Pädagogische Psychologie – da hören Sie sich das mal an, dann sehen Sie vielleicht klarer, hoffentlich. Möglicherweise können Sie auch Abwahlscheine später umschreiben lassen, in richtige Seminarscheine, wenn Sie das Prüfungsfach wechseln wollen.« Und welche Veranstaltungen, welche Inhalte soll ich wählen? »Da gibt es in der Uni keine zwingenden Vorschriften – SIE müssen Ihre Interessen haben, herausfinden und danach wählen.« Habe ich Interessen? *Wie* soll ich sie herausfinden? Ich soll in sechs Bereichen Interessen rausfinden – Bereichen, die mir neu und fremd sind und die sich mir mit imposanten Sprachschönheiten garniert darstellen – »Aggressionstheorien«, »Didaktogramme«; und immer wird mindestens auf fünf Bücher hingewiesen. Und immer wieder höre und lese ich, ich sei ganz frei, dürfe und solle nach meinen Neigungen wählen. In Wirklichkeit bin ich irritiert, verwirrt – nichtig gemacht: ich höre, daß ich zwölf Stunden Lehrveranstaltung in dieser Grundwissenschaft zu belegen habe, daß ich aber nur einen sogenannten »qualifizierten Schein« (mit größerer Arbeit) zu »machen« habe. Meine Gegenfrage, ich wage sie kaum zu stellen: Wozu denn belegen, wenn ich ohnehin nur einen Schein brauche? Wie wird denn das kontrolliert mit den zwölf Stunden, irgendwie muß es doch? Oder? Antwort des Professors: »Sie können und sollen zu vernünftigem Studieren nicht gezwungen werden. Sehen Sie, was Sie interessiert. Wählen Sie aus. Die *eine* qualifizierte Teilnahme ist ein Minimum. Sie müssen ja auch fürs Examen Ihre Themenbereiche finden.« (Weitere Themen: Examen, Praktikum.)

Was bin ich, was werde ich die nächsten Wochen sein? Ein qualifizierter Teilnehmer, ein Abwähler, ein Schein-Beleger, ein Examens-Vorzumerkender — und immer dabei doch angeblich ein interessierter und seine Interessen befriedigender Student?

Der Student, der solches erfährt, fühlt sich nicht unmittelbar bedroht durch Examensforderung, durch Auslese- und Einstufungsakte, die am Ende des Studiums warten; er ist auch nicht niedergedrückt durch Signale, die von der Schwierigkeit und Größe der von der Universität verwalteten Wissenschaft Kunde geben. Er sieht sich vielmehr durch das soziale System der Studiereinrichtung irritiert, ortlos gemacht und bedroht.
Es ist nun nicht so, daß in diesem Exempel jemand etwas Bestimmtes will und auf dem Weg zur Verwirklichung dieser seiner Absicht daran gehindert würde, weil ihm etwa Hindernisse in den Weg gelegt werden, die weggeräumt oder überwunden werden müßten. Dieses Bild sieht die Schwierigkeiten so, als blieben sie außerhalb des Subjekts — und verharmlost infolgedessen ihre Bewältigung.
Es ist vielmehr so, daß das Ich, das etwas will — z. B. ein Lehrerstudium an einer Uni anfangen — sich inmitten der Institution von so vielen Ansprüchen getroffen und vorgezeichnet sieht, daß es seiner Selbstgewißheit verlustig zu gehen droht. Es sieht, wer es zu sein, was es zu tun, welche Bedeutungszulegungen es sich anzueignen, was es für wichtig zu nehmen hat (seine imaginären Interessen z. B.), wenn es dieses Ziel erreichen will. Die Rollen, die Denkweisen, die Handlungsformen scheinen — subjektneutral — bereitzuliegen. Man sieht sich durch Signale einer imposant auftretenden Institution (Räume, Gebäude, Titel, Hilfsinstitutionen wie Bibliotheken, Initiationsräume wie Sekretariate mit hauptamtlichen Mitarbeitern) gedrängt, in solche bereitliegenden Futterale zu schlüpfen. Man sieht sich als einer angesprochen, der man bislang nicht zu sein glaubte. Entscheidend: Das Ich sieht sich fragmentiert in divergierende Anteile, die kaum zu integrieren und so zu relativieren sind. Nicht ein konsistent interessiertes Ich, das Lehrer werden will, gerät ins Dickicht, kein einheit-

licher Handlungszug wird unterbrochen, sondern das Subjekt kommt als konsistentes gar nicht ins Spiel — es sieht sich von vornherein aufgesplittert, ein Konglomerat fremder Anteile und Bedeutungen, die ihm da von der Institution zugespiegelt werden. Die Identität ist angeschlagen. Und es ist dieses angeschlagene Subjekt, das die zahllosen Protestplakate liest, das mit Uni-Verwaltung und Prüfungsämtern zu tun hat, das Hiobsposten über Berufschancen für Akademiker erfährt, das von Beamten- und Tutorenüberprüfungen in Sachen Radikalenerlaß hört — es ist dieses angeschlagene Subjekt, das dann eine Lehrveranstaltung besucht. Die Neigung zu allem, was festen Halt gibt — und sei es auch auf Kosten der Reflexion, des Zusammenhangs mit anderen Erfahrungsbestandteilen —, ist verständlich, ebenso wie die Angst vor offenen Situationen. Festen Halt gibt eine kanonisierte Literaturliste, ein Lehrbuch, ein solides Grundwissen, ein klares Anforderungssystem mit präzisen Aufgaben und Bewertungen, mit Klausuren und Noten, mit festgelegten didaktischen Formen wie Vortrag, Referat, mit klaren didaktischen Rollenverteilungen: hier der Wissende, Beurteilende, Steuernde, dort der Nichtwissende, Aufschreibende und Schritt für Schritt Vorankommende. Es sind Merkmale der Institution und ihrer Brechung in den Subjekten, die sich in didaktischen Handlungs- und Deutungsgewohnheiten niederschlagen. Wenn nicht viele Zeichen trügen, ist es nicht mehr — jedenfalls nicht in der BRD, in Österreich liegt der Fall anders — die hierarchische, mit liturgischen Emblemen dekorierte Universität, die die Subjekte einschüchtert und zur Einpassung in ihre rituellen Lehrmuster bringt; es ist vielmehr die irritierende Unübersichtlichkeit, in der nirgendwo eine verbindliche Machtzentrale ausfindig zu machen zu sein scheint, die irritierende Freiheit eines Irrgartens, die die Subjekte dazu zu bringen scheint, nach festen monarchisch verwalteten Formen zu suchen. Klaus Horn hat in Interpretation verschiedener Untersuchungen (Horn 1972, S. 59 ff.) gezeigt, wie die Orientierungsängste inmitten einer labyrinthischen Alltagswelt die Subjekte dazu bringen, sich mit dem übermächtigen Experten oder Befehlshaber zu identifizieren – obwohl es doch die im privaten Alltagsleben praktizierten Wertsysteme und Handlungsgewohnheiten außer Kraft zu setzen zwingt: man ist nicht mehr nichts, wenn man sich dem Anspruch der Wissenschaft, der Armee beugt. Solche die eigene Erfahrungskontinuität liquidierende Identifikation mit dem Aggressor kann vorliegen, wenn Subjekte sich starr und total mit Ritualen der Wissenschaftsdarlegung (es ist ja dann fast so etwas wie säkularisierte Liturgie) identifizieren. Damit ist nicht gesagt, es müsse nicht auch Formen der Lehre, des Lernens in der Hochschule wie in der Schule geben, die den Charakter von Gewohnheiten, von Techniken, von situations- und subjektneutraler Regelsteuerung haben. Nur sollte die Dynamik der Entartung bewußt bleiben, wenn solche Handlungsgewohnheiten und Lehrtechniken zu Ritualen erstarren, d. h. aber sich von Subjekten, ihren Bedürfnissen und Zielen ebenso lösen wie von Anforderungen der zu lernenden Sache, und naturwüchsige Selbstverständlichkeit beanspruchen.

Probleme bei einer nicht-monarchischen Definition von Lehre

Die Alternative zur monarchischen Definition von Wissenschaft und Wissenschaftsdidaktik ließe sich als deren kooperative und kommunikative Definition umschreiben. Was Wissenschaft ist, wird in permanenter Diskussion und Auseinandersetzung der mit Wissenschaft befaßten Personen ausgehandelt, ermittelt, problematisiert. Diese Art, Wissenschaft zu definieren, zu produzieren, zu lehren, schwebt als Leitbild unserer Universität seit Humboldts Zeiten vor – Gemeinschaft der Lehrenden und Lernenden, Lehre aus Forschung, Lernen durch Teilhabe am Forschungsprozeß, auf solche Leitideen können sich doch die an der Universität Tätigen immer noch recht schnell einigen. Will man diese Leitideen allerdings beim Wort nehmen und in die

alltägliche Regulierung von Wissenschaft übersetzen, müssen sowohl im eng didaktischen wie im institutionellen Kontext kooperative Modelle allmählich die monarchischen Modellierungen des Zusammenarbeitens zurückdrängen.
Daß damit viele neue Schwierigkeiten und Ängste auftauchen, ist offensichtlich. Denn kooperative Modelle versuchen es ja nun im Ernst mit dem Tatbestand aufzunehmen, daß es in den Wissenschaften und in der Definition des Verhältnisses von Wissenschaft zu Gesellschaft keine verbindlichen Endlösungen gibt. Studierende können sich kaum an eine Autorität klammern, auf deren Wort hin sie sich in ein Lernen stabiler Erkenntnisse einlassen. Wenn Studierende etwa in Forschungsprojekte oder Projektstudien einbezogen werden, bleibt es ihnen nicht erspart, oft genug lähmende Aporien, Umwege, Zweifel durchzumachen — wenn das Leitungsteam des Projekts eben auch tastet, ohne Sicherheiten, daß die Fragestellung und die Methoden »richtig« sind und etwas bringen. Die enthusiastische Forderung nach Projektstudium sollte diese affektiven Seiten nicht überspielen und übersehen — es bedürfte sorgfältiger Fallstudien, ob nicht gerade solche Studien, solche Studierformen auch die Kompetenzängste und Kompetenzzweifel bei Studierenden vergrößern und nicht vermindern. Es wäre zu fragen, wie Friktionen und Leerläufe verarbeitet werden können. Denn die Komplexität, die bei Kooperation entsteht, ist immens — sie macht die Regression in scheinbar klare und eindeutige Verhältnisse nur zu verständlich und zu verführerisch. Hier wären auch die Fragen anzuschließen, es wären Erfahrungen zu sammeln, in welchen Dosierungen und Abstufungen den Studierenden wie den Lehrenden die aktive Teilnahme an kooperierenden Modellierungen von Wissenschaft angesonnen werden kann, ohne sie zu überfordern. Es ist die Frage, welche Studenten und Dozenten unter welchen Bedingungen solch eine offene Produktion und Lehre von Wissenschaft sinnvoll verarbeiten wollen und können. Hier wie dort dienen idealistische Forderungen,

die gerade in Sachen Hochschuldidaktik verbreitet sind, nicht dem intendierten Ziel, dem Wissenschaftsprozeß in etwa angemessene Formen institutionalisierten Lehrens zu suchen und zu erproben. Denn auf seiten des subjektiven Faktors steht allen diesen Versuchen ohne Zweifel etwas entgegen, was durch keine Verordnung, durch keinen Willensentschluß, durch keine Einrichtung neuer Institute aus der Welt zu schaffen, außer Kraft zu setzen ist: eine im schulischen wie im außerschulischen Sozialisationsprozeß angeeignete Grundvorstellung, Grunderwartung, wie Lehren und Lernen in Institutionen »eigentlich« vorzugehen hat — die Erwartung an eine Position, die den Prozeß des Lernens souverän steuert, kontrolliert, beurteilt; die Erwartung, daß man sich die wichtigen Erkenntnisse, Methoden, Fragestellungen nur durch Vermittlung einer solchen Lehrposition wirklich und mit sozialer Approbation aneignen kann; die Erwartung, daß die Inhaber dieser Position die richtige Übersicht haben und jeden, der sich auf sie verläßt, davor bewahren, sich im Chaos des Wißbaren und Lernbaren zu verlieren. Diese in der didaktischen Sozialisation angeeignete Grundvorstellung ist nicht durch Belehrungen und Aufrufe zu ändern, auch nicht durch die Vermittlung didaktischer Theorien oder Handgriffe.

Hier wäre die Frage nach Details der didaktischen Mikrostruktur noch weiterzutreiben — nach Details, die die nähere Untersuchung auf ihre Angsthaltigkeit hin provozieren. Hier stellen sich auch methodische Fragen der Analyse von didaktischen Geschehnissen: ein sinnlich beobachtbarer Ereignispartikel allein — Ins-Wort-Fallen, Kommentierung und Beurteilung jeder Äußerung von Studierenden durch Lehrende, Zudecken von Pausen und potentiellen Leerstellen durch Lehräußerungen, Präsentieren von Informationen, die Abstand dokumentieren und erzeugen (Spezialliteratur, jüngste Kongreßerkenntnisse, Papiere vom grauen Markt etc.) — schon solche beobachtbaren Verhaltenspartikel sind nicht zu fassen ohne deutende Interpretationen des Kontexts der Geschehnisse; ob eine

Phase in der Lehrveranstaltung eine »potentielle Leerstelle« ist, ob eine Zusatzinformation Abstand dokumentiert oder einfach nur bei einer Frage allen weiterhilft, ist bereits nicht ohne Deutung der Intentionen der Subjekte im Hinblick auf ihr Zueinander und im Hinblick auf den Stand der traktierten Sache möglich. Vollends unzureichend wird aber der distanzierte Blick des Außenstehenden bei der Frage, ob und in welchem Maß solche und ähnliche Aktionsmuster im Einzelfall auch das signalisieren, was man ihnen leicht unterschieben möchte — Abwehr von Angst vor dem Chaos, vor der Leere, die eben dann entsteht, wenn der Lehrende nichts sagt, nicht das Heft in der Hand hält, nicht die Lücken ausfüllt. Ob beispielsweise die nun oft genug kritisierten und gerügten Lehrerdominanzen hinsichtlich des Wort- und Fragenausstoßes pro Stundeneinheit zu verstehen sind als Überlegenheitsrituale, mit deren Hilfe tiefsitzende Ängste vor dem didaktischen Chaos, vor dem Versickern und dem Stillstand des Unterrichts, vor dem Verschwinden des Autoritätsgefälles gemildert und abgedrängt werden sollen — das zu entscheiden, bedürfte es wohl intensiver Interviews mit den Betroffenen, vielleicht anhand von Aufzeichnungen ihrer eigenen Aktionsformen. Man macht als Lehrer in Schule und Hochschule die Erfahrung, daß Gespräche über die Angst, die man im Unterricht, vor dem Unterricht hat, zu den hochtabuierten Themen gehören. Überrascht stellt man in zugespitzten Situationen fest, daß der sich so sicher gebende Kollege genau dasselbe Gefühl kennt, was einen selbst ebenso treibt wie lähmt — die Angst, das Seminar, die Stunde könnte einfach entgleisen und man stehe schutzlos da, bar der Rolle des Wissenden und Steuernden, weil da nichts mehr zu steuern ist. Wahrscheinlich hat jeder Lehrende auch traumatische Erinnerungen an solche Lehrphasen, wahrscheinlich fürchtet er den Identitätsverlust in solchen Situationen, und der von Bernfeld (1967), Fürstenau (1964) und Wellendorf (1973) psychoanalytisch geschulte Blick wird auf zusätzliche privat-lebensgeschichtliche Angstquellen aufmerksam sein. Unter diesem hier nur anzudeutenden Gesichtspunkt wären didaktische Aktionsformen und Gewohnheiten neu zu mustern: was Wagenschein schon vor fast 20 Jahren die »Zwangshandlung des Stoffhäufens« (vgl. Wagenschein 1973, S. 32) genannt hat, gibt es in Schule und Hochschule. Die geschlossenen Curricula, die Lernziele und Lernschritte fixieren und programmieren, haben sie nicht Merkmale eines Rituals, das Unsicherheiten, Ambivalenzen abblenden will, im Interesse der Vorausverteidigung gegen drohende Angstfaktoren?

»Aber es muß doch einen geben, der das Heft in der Hand hält und der sagt, wie es weitergeht«; »es kann doch nicht jeder lernen, was ihm Spaß macht«; »das Fach muß er beherrschen, der Student, alles andere ist Nebensache« — solche stereotypen Einwände sind gewöhnlich gekoppelt mit dem Hinweis auf die etablierten Lehr-Rituale. (Ein Lehrender, der Informationen und Interaktionen kanalisiert, viele gleichzeitig und im wesentlichen dasselbe Lernende im gleichen Raum zu abgegrenzter Zeit.) Es geht nicht darum, diesen Einwänden prinzipiell jedes Recht und jede Vernunft abzustreiten. Es ging nur um die Verdeutlichung des Verdachts, diese so überaus stabilen Formeln und Riten dienten nicht nur dem, dem sie zu dienen vorgeben, sondern auch der alltäglichen Hintanhaltung von Angst aller Beteiligten. Diese unterdrückte Angst wäre dann ein starker Stabilisator der didaktischen Maschinerie — denn jede Kritik, jede Veränderung an dieser Maschinerie würde dasjenige antasten, was vor Angst, vor sozial gefährlichem Zweifel an Sicherheit und Kompetenz schützt. Einen Angriff auf diese Bastionen des Selbstbewußtseins und der sozialen Identität zurückzuschlagen, sind viele Mittel recht.

VI
KONKURRENZLERNEN
GEDANKEN ZUM LEISTUNGSPRINZIP

In dem Buch »Kinder auf dem Weg zur Physik« steht das folgende Zitat: »Ich glaube, unser Christopher, mit seinen acht Jahren, treibt Physik: Wir haben neulich auf einer Wanderung Äpfel gebraten. Der Saft kochte und verdunstete. ›Jetzt ist der Apfel aber leichter.‹ Und nach einer Weile intensiven Nachdenkens: ›Nein. Er ist etwa gleich schwer. Der Saft und die Luft kommen zwar raus, aber die Hitze geht dafür hinein!‹« (Wagenschein u. a. 1973, S. 57).

Was ist da passiert? Ein Kind hat sich beunruhigen lassen durch das, was es erfahren hat — und diese Beunruhigung hat es nicht dazu veranlaßt, Autoritäten zu befragen, die diese Beunruhigung gewißlich durch ihr sicheres Wissen aus der Welt schaffen könnten. Es registriert etwas — der Saft ist zum Teil raus; also muß der Apfel leichter sein, aber es hält einen Stachel des Zweifels aus: irgendwas ist doch auch hineingekommen, in den Apfel. Es steht die Verwirrung durch; es kämpft sich sozusagen zu einer neuen Erklärung durch; es will offenbar nicht das Wissen einfach nur auf Glauben hin übernehmen; es will seine eigenen Gedanken und Erfahrungen einbringen in die Klärung dieses alltäglichen und trotzdem merkwürdigen Phänomens — und es entwickelt die Wärmestofftheorie, eine alte Theorie, für die vieles spricht. War das jetzt eine Leistung in dem uns geläufigen Alltagsgebrauch des Wortes des Achtjährigen — oder war es eine etwas spinnige Gedankenspielerei, noch dazu mit irrigem Ausgang? Wäre es eher so etwas wie eine Leistung gewesen, wenn er sich irgendwoher — vom Vater, aus einem Kinderlexikon — die richtige Antwort beschafft und eingeprägt hätte?
Solche unscheinbaren Alltäglichkeiten haben viel mit der Frage zu tun, welche Leistungen heute notwendig sind —

und welche in Erziehung und Unterricht anzuregen wären. Um das sogenannte Leistungsprinzip in Schule und Erziehung sind Weltanschauungskämpfe ausgebrochen. Man kann sich leicht in Stimmung reden, wenn man einmal mehr »die« moderne Pädagogik, diese linken Leute am grünen Tisch auf die Anklagebank derer versetzt, die den jungen Leuten nichts mehr abverlangen: Leistungsschwund, Leistungsverweigerung, Verfall alles dessen, was ›uns‹ einmal groß gemacht hat — wo doch junge Menschen »gefordert« sein wollen; man kennt das, diese stereotypen Allgemeinheiten helfen so wenig weiter wie die unspezifischen Anklagen gegen den sogenannten Leistungsterror in den Schulen. Bemerkenswert, immer wieder die Erregtheit, die aggressive Gereiztheit, die in die Diskussion kommt, wenn es um das »Leistungsprinzip« geht — hier scheint ein Nerv des Selbstverständnisses aller Beteiligten getroffen. Es kommt für den Didaktiker entschieden auf die Qualität dessen an, was als »Leistungskraft« und was als »Leistungsschwäche« verstanden wird — und da muß man konkret werden, nicht eben eine Stärke von Glaubenskämpfern. Die gesellschaftlichen Determinanten des Leistungsprinzips kann ich hier nicht erörtern — der Didaktiker ist in erster Linie an den oft verachteten konkreten Geschehnissen des Lernens in einem sozialen Gewebe interessiert[1]. Deshalb ein paar Beispiele, die zugleich meine Thesen zum Leistungsprinzip illustrieren sollen:

Beispiel A: Es muß Schlechte geben

In einer pädagogischen Zeitschrift wird folgende Episode berichtet: »Bei der Besprechung einer Klassenarbeit, die als Ergebnis nur die ersten drei Ziffern der Notenskala umfaßt, meldet sich ein Schüler, der als besonders strebsam und lernmotiviert gilt: Er fände es in hohem Maße ungerecht, daß alle Schüler neuerdings relativ gute Noten bekämen. Die Leistungen der einzelnen seien nun einmal unterschiedlich und müßten konsequenterweise auch unterschiedlich beurteilt werden. Andere Lehrer handelten ja auch nach dieser Erkenntnis. Er wisse genau, daß ein Mitschüler aus der Barackensiedlung am Stadtrand niemals für den Unterricht arbeite und trotzdem auf einmal die Note drei erhielte, nachdem er früher immer Fünfer geschrieben hätte. Wozu solle man sich dann überhaupt noch anstrengen? Er sehe keinen Sinn mehr darin, sich für die Schule zu bemühen, wenn andere, die erwiesenermaßen faulenzten, in gleicher oder ähnlicher Weise wie er beurteilt würden. Im übrigen seien seine Freunde der gleichen Meinung und auch der Mathematiklehrer habe sich in einem ähnlichen Sinne wie er geäußert« (Rösel 1974, S. 49).

In dieser Szene wird etwas am landläufigen Verständnis von Leistung deutlich — zugleich mit charakteristischen Zügen, die Kritik auf sich ziehen: Leistungsverhalten als Konkurrenzverhalten, das Befriedigende einer Leistung liegt auch im Triumph über Schwächere, die es weniger weit gebracht haben; eine Triebkraft ist die des Überholenwollens. Angst vor Mißerfolg ist Angst vor dem Konkurrenten, der schneller ans Ziel kommt, der mehr Punkte, bessere Noten davonträgt, dessen Erfolg einen selbst leer ausgehen läßt. Dieses ganze Spiel kommt in Verwirrung, wenn die Hauptregel außer Kraft gesetzt wird — die Hauptregel, nach der es am Ende Gute, weniger Gute und Schlechte geben muß. Es reizt nicht mehr, sich anzustrengen — die Anstrengung bezog ihre Energie auch aus der Chance des Triumphs über die Abgeschlagenen. Sonst könnte das Verschwinden der schlechten Noten nicht so resignative Folgen haben. Unser Alltags-, Freizeit- und Berufsleben dürfte von ähnlichen Triebkräften und Freuden durchsetzt sein; sich um erste Plätze zu raufen, hat nur dann Reiz, wenn es auch letzte Plätze gibt.

Bemerkenswert an dieser Art, wie sich Menschen gegenseitig anstacheln, ist die Tendenz der Ablösung dieser angestachelten Tätigkeiten von den Lebenshintergründen der Individuen, die sie ausführen: ob das Erstrebte inhaltlich wirklich zu den früheren Erfahrungen, zu den persönlichen Hoffnungen der Individuen paßt, das tritt dann in den Hintergrund, wenn der Wettbewerbsmechanismus die Menschen mobil macht: ob der Junge »eigentlich« das Fach mag, in dem er seither triumphierte, das wird er vermutlich gar nicht genau sagen können. Er scheint es als

Rennbahn zu mögen, auf der er Erfolge erzielte — aber sonst?

Daß Lehrinhalte konkurrenzstimulierend inszeniert werden, das ist ohne Zweifel für unsere Schulen charakteristisch. Und diese Stimulation setzt voraus, daß Tätigkeiten und Fähigkeiten immer wieder einer Überprüfung anhand eines gemeinsamen Qualitätsmaßstabes unterzogen werden, von einem Kampfrichter gewissermaßen, ohne den es nichts zu siegen und nichts zu verlieren gibt. Die Beurteilung, die unterschiedliche Beurteilung gehört zum Spiel, genauso wie die klar umgrenzte Aufgabe, an der die Teilnehmer am Leistungswettbewerb ihre Tüchtigkeit erproben wollen.

Zwei Faktoren begünstigen die Schulneigung, Leistungskonkurrenz als vorzüglichen Lernmotor einzusetzen: einmal die Künstlichkeit der Lernsituation, in der viele Schüler und ein Lehrer zusammengebracht werden, um dasselbe zu treiben; zum zweiten, daß die Erwachsenengesellschaft den größten Wert darauf legt, von der Schule in Form definitiver Zeugnisse zu erfahren, wer denn nun die Besseren und die Schlechteren sind; der Wettkampf um die vorderen Rangplätze gewinnt dadurch einen bedrohlichen Ernst.

Unter diesen Druckverhältnissen könnte es zum Luxus geworden sein, sich als Schüler wie als Lehrer darum zu bemühen, wie man denn nun aufgrund seiner Erfahrungen, seiner Interessen, seiner sehr persönlichen Verfaßtheit zu einer Sache steht — was man an ihr fragwürdig und was man an ihr faszinierend findet; das Nachdenken, wie das in die eigene Lebenspraxis hineinpaßt, könnte einen im Leistungswettkampf zurückwerfen.

Der Genfer Psychologe Jean Piaget sagte 1972 anläßlich der Verleihung des Erasmus-Preises: »Man sollte nicht vergessen, daß eine aufgezwungene Wahrheit keine Wahrheit mehr ist: Verstehen heißt Erfinden oder ›Wiedererfinden‹, und dem Kind vorzeitig etwas beizubringen, hindert es daran, Lösungen selbständig zu finden oder wiederzuentdecken. Um sich hiervon zu überzeugen, braucht man nur zu untersuchen, was nach einer gewissen Zeit von beigebrachten ›Wahrheiten‹ und von solchen, die spontan entdeckt worden sind, übriggeblieben ist« (Piaget 1974, S. 5). Es gibt nicht nur den Zwang eines autoritären Zuchtmeisters, es gibt auch den Zwang von Spielregeln, die das Zusammenleben steuern und unter Druck setzen — wobei es ungemein höflich und freundlich zugehen kann. Wenn an dieser Erwägung etwas dran ist, wäre es gerade die Vorherrschaft der Leistungskonkurrenz in den Schulen, die auf Dauer zum sogenannten »Leistungsverfall« führen müßte: was nur unterm Zwang der Notenkonkurrenz gelernt wurde, hat keinen Bestand.

Beispiel B: Die Verwesung von Schulwissen (oder: Lernen und Glauben)

Martin Wagenschein stellte wiederholt die sokratische Frage, wer von uns Schulabsolventen denn wirklich davon überzeugt ist — nicht bloß überredet und im Vertrauen auf die Wissenschaft gläubig —, daß wir auf einer bewegten Erde wohnen, ganz gegen den Augenschein, der die Erde recht stabil und ruhig erscheinen läßt? Wer wird nicht ins Stammeln kommen (wenn er kein Fachmann ist) bei der Konfrontation mit der Feststellung Tycho Brahes, die Erde könne sich nicht drehen, weil dann doch senkrecht in die Luft geworfene Steine nicht am gleichen Ort wieder herunterkommen dürften? Welcher Akademiker ist nicht etwas unsicher, wenn man ihn freundlich sokratisch darauf aufmerksam macht, daß die Gleichung $1/3 = 0{,}3333\ldots$ und so weiter ohne Ende keinesfalls stimmen kann. Wenn immer etwas dazukommt, und sei es auch wenig, muß doch das Ganze unaufhörlich wachsen, zunehmen. Es muß also auf Dauer jede Grenze übersteigen, kann nicht bei $1/3$ haltmachen (Wagenschein 1974, S. 146).

Sollte solche Verlegenheit nicht auch damit zusammenhängen, daß das Schul-Lernen, die Schulleistung eben eine Zwangsangelegenheit im Sinn von Piaget war? Und ein Zwang ist auch der Konkurrenzzwang. Zugrunde liegt folgende Vermutung: Man hat nicht gelernt, die eigenen sogenannten dummen Gedanken, die Einwände des schüchternen Anfängers, die verwegenen Vermutungen, die einem Spaß machen, die Erfahrungen, die nicht recht mit dem Vorgesetzten zusammenstimmen, ernstzunehmen, wahrzunehmen, zu äußern, ins Gespräch zu bringen. Und zwar deshalb, auch deshalb, weil es darum ging, das vorgegebene Leistungsziel mit einer möglichst guten Punktzahl zu erreichen, möglichst vor anderen. Grüblerische Schwierigkeiten werfen zurück, verlangsamen das Tempo, bringen schlechteres Abschneiden. Folge: Die Lehrinhalte werden leicht zum Medium, in dem sich die Leistungskonkurrenz abspielt — sie werden nicht wirklich angeeignet, einbezogen in ein Erfahrungskontinuum; sie sind infolgedessen durch sokratische Fragen der genannten Art leicht zu erschüttern.

Um keine Mißverständnisse zu wecken: Es geht nicht darum, diesem Stachel jedes Recht und jede Legitimität zu bestreiten — die naturwüchsige Selbstverständlichkeit, mit der er nicht ganz selten den Schulalltag und seine Handlungsformen beherrscht, verdient aber kritische Aufmerksamkeit.

Beispiel C: Nachdenken statt Nachreden

Wie können Vorgänge aussehen, in denen Kinder etwas lernen, ohne daß die Materie auf die Ermöglichung und Überprüfung vergleichbarer Leistungen hin stilisiert wird? Anders gesagt: Wie könnten Leistungen aussehen, die Lernende nicht zu einer abstrakten Konkurrenz und zur Verleugnung der eigenen Primärerfahrung führen?

Siegfried Thiel berichtet über die Arbeit mit einer Kleingruppe neunjähriger Buben zum Thema »Schall braucht Zeit«. Bei der Erörterung dieses erstaunlichen Phänomens findet Stephan es erwähnenswert, daß das Trommelfell, das er geschlagen hat, nach dem Schlag immer gezittert habe — bei zwei »aneinandergehauenen Becken« ist es gradeso, man kann das Gezittere mit dem Ton dämpfen, wenn man mit den Händen drauffaßt. An dieser Stelle — nachdem Toni es noch einmal schön mit den

Becken hat tönen lassen — setzt das Gespräch fort; kein Wettlauf auf ein fixes Ziel, der Lehrer kein Kampfrichter, der Punkte verrechnet, scheint mir. Was aber dann?

Stephan I: Das ist wie bei der Fahrradklingel, da darf man auch die Hand nicht drauftun, sonst hört's auf.
Dietmar: Wenn man nicht die Hand drauftut, dann tut's.
Wolfgang: Das ist genauso wie beim Feuer. Wenn man da Feuer hat, und man tut Wasser drauf, dann geht's auch aus, da wird's immer kleiner und geht dann aus, und so ist's da auch.
Pause : 10 Sekunden.
Lehrer: Seltsam, eigentlich müßte das Becken doch auch klingen, wenn ich meine Hand draufhalte. Aber es hört einfach auf. Haltet doch einmal eure Zungen an das klingende Becken.
Versuch: Die Schüler schrecken zurück, wenn sie das klingende Becken mit der Zunge berühren.
Toni: Das elektrisiert!
Dietmar: Das stupft so, 's ist auch so wie Eis.
Wolfgang: Das ist vielleicht so, wenn man des, wenn man des da hinten draufhaut, dann wackelt des immer so ein kleines Stückchen hin und her, und davon kommt das Klingen, wenn's wackelt. Wenn man da die Hand drauftut, dann wackelt des nicht mehr, und dann hört's auf. Vielleicht ist das so?
Pause: 20 Sekunden.
Lehrer: Nun, Wolfgang hat etwas gesagt, und wir müssen nun überlegen, ob das stimmen kann. Wolfgang, sag's noch mal.
Wolfgang: Wenn ma des Ding da, das Becken, irgendwo ranstößt, dann kommt es durch den Aufprall ins Wackeln, des was man zwar nicht sieht, dann wackelt's immer hin und her, und dadurch klingt es, und wenn man dann wieder die Hand drauftut, dann hört es auf zu klingen, weil, weil das Ding da ja dann nicht mehr wackeln kann. Vielleicht ist es so.
Rainer: Wenn des aber an Gummi ranstößt, dann wackelt's nicht.
Dietmar: Des derf ma nicht so sagen, des muß man beweisen. Da is ja ein Gummi, das muß ma machen. Ja, Herr Thiel?
Versuch: Ein Becken wird an einen Radiergummi angestoßen.
Rainer: 's wackelt schon, weil's klingt, aber nicht so arg wie beim Schläger.
Stefan II: Das muß halt ein harter Gegenstand sein.
Thomas: Auf harte Gegenstände, da tut's meistens.
Rainer: Da tut's immer auf harte Gegenstände und je weicher wird's, um so leiser.«

Folgt Versuch mit Watte (Wagenschein u. a. 1973, S. 131 f.).

Eine Gruppe von Kindern ist dem Schall auf der Spur — sie entdecken dessen gemeinsames Auftreten mit dem »Wackeln« des Schallenden, sie probieren, vermuten, experimentieren; sie bringen eigene Erfahrungen, Erinnerungen (die Feuer-Analogie) direkt ins Spiel, sie bilden Theorien (wenn — dann — weil; je — desto), aber alle in einem gänzlich ungeglätteten Zustand, vorläufig tastend, einerseits durchaus riskant (die Gummi-Vermutung), andererseits sehr kritisch (Forderung nach Beweisen gegen pure Behauptungen), Wissenschaft im Urzustand. Der eigene Erfahrungshintergrund wird nicht abgekappt — die Kinder sind ersichtlich keinen äußerlich reglementierenden Normen unterworfen, dem Zwang zu ganzen Sätzen, zur Hochsprache, zum möglichst geradlinigen Herausbringen des »Richtigen«, dessen, was ihnen der Lehrer beibringen will; sie scheinen frei vom Zwang, sich beim Lehrer in ein möglichst vorteilhaftes Licht bringen zu müssen. Sie reden miteinander auch im Streit; sie reden nicht nebeneinander auf ein Leistungsziel hin. Das soziale Gewebe, das hier durchdringt, ist nicht das einer Kampfbahn, in der es darum geht, unter Verzicht auf eigene Hintergrundsinteressen möglichst schnell zum gegebenen Ziel zu kommen. Das Ziel liegt ja auch keineswegs so fest. Das Problem wird erst gefunden, herausgearbeitet. Die Erinnerungen, das Lebenssubstrat der Kinder, das, was sie mitbringen, ist dasjenige, was den Lerngang antreibt — denn dieses Mitgebrachte stößt auf etwas, was nicht ohne weiteres dazu paßt, es muß bearbeitet werden. Arbeit an der Ichidentität durch Bemühung um ein Erfahrungskontinuum — so vielleicht ließe sich eine Seite der hier praktizierten Leistungen umschreiben. Zur Erinnerung, daß eine solche Modellierung keineswegs alltäglich und schulselbstverständlich ist, ein ganz beliebiger Splitter aus einem Sprachlehrbuch für die 4. Klasse Grundschule als letztes Beispiel.

Beispiel D: Ein Lernterrain — für Leistung präpariert

Was der Vater vom Einkaufen mitbringt:
einen Kranz, eine Schachtel Kerzen, einen Blumenstock...
Bildet Sätze:
Der Vater hat uns für Allerseelen einen Kranz mitgebracht...
Schreibt die Sätze der Übung 3 so auf:
Satzgegenstandsgruppe
wer?
Der Vater
Satzaussagegruppe
was wird ausgesagt?
hat uns für Allerseelen
einen Kranz (eine..., ...) mitgebracht.
(Sernko u. a. 1970, S. 49 f.)

Ohne dieses Beispiel fachdidaktisch zu mustern, unter leistungsthematischem Gesichtspunkt ist so viel deutlich: eine klare, für alle Schüler identische Aufgabenstellung, die vorgegeben ist — die also nicht etwa von den Schülern zu entwickeln, zu präzisieren ist. Mit dieser Aufgabenstellung liegt auch das Leistungsziel fest: es gibt eindeutig richtige und falsche Lösungen; der Lehrer kann das beurteilen, die Schüler können die Urteile nachher selbst auch einsehen. Man kann nach dem Durchlaufen auch nur eines solchen Miniaturelements von Unterricht sagen, wer es besser und wer es schlechter gemacht hat.

Die Leistung, die darin bestände, das Studierte auf den komplexen, mit vielerlei affektiven Beziehungen durchsetzten Nah-Erfahrungsbereich zu beziehen, *diese* Leistung kommt, wenn solche und ähnliche Spuren nicht trügen, in unseren Bildungseinrichtungen zu kurz; der Leistungsbegriff der verhaltenswissenschaftlichen Psychologie kommt dem entgegen: er hebt ab auf die kontrollierbare Tüchtigkeit, die zur Bewältigung einer klar umgrenzten Aufgabe erforderlich ist — er bleibt somit formal und neutral gegenüber der Lebensgeschichte und den Affekten von Subjekten (vgl. Heckhausen 1969, S. 194 ff., und »Sinn und Unsinn des Leistungsprinzips« 1974, S. 169 ff.). *Eine* Seite der Bildungskrise der Gegenwart läßt sich wohl als Erosion der Vorherrschaft des abstrakten Leistungsbegriffs verdeutlichen. Die Ziel- und Inhaltsleere einer bestimmten Art von Leistung scheint etwas zu sein, was Heranwachsenden in beträchtlicher Zahl nicht mehr die Mühe wert zu sein scheint: nur besser und schneller zu sein als andere, das scheint nicht zu ziehen, anzuziehen. Die Drop-outs, die Free Schools, die Alternativisten etc. sind ein Menetekel der Leistungsgesellschaft, der Leistungsschule, deren Legitimation abhanden gekommen ist (vgl. Winkel 1974).

Die Herausforderungen, die damit auf Erziehung und Schule zukommen, sind gewiß nicht mit Entrüstung oder mit verklärenden Hinweisen auf die gute, alte, heile Leistungsschule, »in der noch etwas verlangt werden durfte«, anzugehen. Kein Wunder, daß Erziehungswissenschaftler in jüngster Zeit einen »neuen Begriff von Leistung« fordern — so Klafki (in: Sinn und Unsinn ... 1974, S. 100 f.) und Heipcke (1973, S. 287). Der Sozialisationsforscher Bronfenbrenner resümiert Forschungsergebnisse: »Zwar sind Kinder aus solchen auf Leistung gerichteten Elternhäusern eher als andere Kinder fähig, Pläne aufzustellen und auszuführen, aber sie sind gleichzeitig auch aggressiver, angespannter, herrschsüchtiger und grausamer ...« (Zit. bei Fend 1971, S. 200). Sie rächen sich an anderen, so würde man von einer dynamischen Psychologie aus interpretieren, für das, was sie sich selbst namens des Zwangs, zu den Vortrefflichsten gehören zu müssen, angetan haben.

Vor der reformpädagogischen Illusion, es liege nur am pädagogischen Charisma oder am guten Willen einzelner, hier Remedur zu schaffen, ist freilich zu warnen. Mächtige gesellschaftliche Druckfaktoren wirken zugunsten eines subjektneutralen Leistungsbetriebes in den Schulen; sie grenzen mit der Funktion auch weitgehend die Qualität zu fordernder Leistungen ein. Sie präformieren äußere Lernbedingungen (Zwang zur abstrakten Leistungsmessung; Lehrerisolierung; eine Lernumwelt in Gestalt von Lernfabriken; Portionierung von Schüler- und Stoffquantitäten unter dem Gesichtspunkt der Verwaltbarkeit; vorwiegend definitiver Charakter von Schulstoffen; Diskontinuität von Schulfächern) wie auch Auffassungsweisen der Beteiligten (Hochschätzung einer stoffgleichgültigen und beliebig mobilisierbaren Anstrengungsbereitschaft; Angst vor dem letzten Platz; Hoffnung aufs Niederkonkurrieren).

Daraus ist aber nicht zwingend abzuleiten, daß Initiativen zur Begünstigung einer anderen, subjektempfindlichen Art von Leistung in Richtung auf die von Heipcke (1974, S. 36 ff.) und Heipcke/Messner (1973, S. 351 ff.) umschriebenen »Handlungsziele« in unseren Schulen von vornherein unmöglich, sinnlos oder gefährlich illusionär seien. Daß es solche Initiativen gibt, ist gerade in letzter Zeit wiederholt detailliert dokumentiert worden (vgl. Wünsche 1972; Postman/Weingartner 1972; Silberman 1972). Es wäre eine doktrinäre und mythisierende Verteufelung, wollte man strikt leugnen, daß phasenweise jedenfalls auch andere als subjektfremde und außengesteuerte Leistungen in unseren Schulen zum Zug kommen können — in genetischem Unterricht, in Projekt- und Gruppenarbeit beispielsweise.

Abschließend seien einige mögliche Fragen zur Sondierung und Schaffung von Handlungsräumen und ihren Rahmenbedingungen skizziert — daß sie sich ausdrücklich nur auf den Schulbereich beziehen, bestreitet nicht ihre Verflochtenheit in umfassendere gesellschaftliche Zusammenhänge.

Handlungsräume und ihre Rahmenbedingungen

— Kann eine Gruppe von Schulbeteiligten (Lehrer, Schüler, Eltern) — eventuell auch unter Berufung auf eine wissenschaftliche Autorität wie Piaget (1974) mit Aussicht auf Erfolg fordern und durchsetzen: »Lieber nur ein Drittel des üblichen Lehrstoffs, aber den so, daß Schüler wirklich ihre mitgebrachten Erfahrungen, Deutungen, Unsicherheiten und Vermutungen ins Spiel bringen können?« (Wie

ernst ist der irrationale Stoffdruck als eine Komponente des Leistungsdrucks?)
— Kann eine Gruppe von Schulbeteiligten erreichen, daß »Fehler« im wirksamen Normengefüge der Schule etwas von ihrer diffus angstverbreitenden Wirkung verlieren, daß sie ihrer Dinglichkeit verlustig gehen und differenzierte, interessierte Aufmerksamkeit wecken und sich unter Umständen als produktive Tätigkeiten erweisen können. (Wie massiv, wie unantastbar ist die Herrschaft eines verdinglichten Fehlerbewußtseins?)
— Kann eine Gruppe von Schulbeteiligten wirksam dazu beitragen, daß abstrakte Merkmale wie Schnelligkeit und Selbstüberwindung den Charakter gültiger Kriterien für die Einschätzung von Schulleistungen einbüßen? (Welche organisatorischen, administrativen, politischen Widerstände treten auf, wenn die vielfältig abgestützte Diffamierung des Langsamen und Umwegereichen aufgegeben wird?)
— Kann eine Gruppe von Schulbeteiligten es erreichen, daß es bei der Auswahl von Unterrichtsmaterialien und Curricula zu einem Entscheidungsgesichtspunkt wird, ob sie mehr oder weniger auf abstrakte und zielfixierte Leistungskonkurrenz hin gemustert sind?
Diese Fragen setzen allerdings zweierlei voraus: daß sich eine Gruppe von Schulbeteiligten mit spezifischem Interesse überhaupt in einer Schule formieren kann; daß Erziehungswissenschaft und Erziehungspublizistik es fertigbringen, einschlägige und übersichtliche Informationen über zur Verfügung stehende Curriculummaterialien denen zu präsentieren, für die sie gedacht sind. Ohne solche Hilfen und Stützen ist das abstrakte Leistungsprinzip im Schulalltag kaum wirksam anzutasten.

Thesen zum Leistungsprinzip

(1) Menschliche Leistungen, verstanden als mit Anstrengung und Konzentration zu erwerbende Fähigkeiten, sind zur Aufrechterhaltung und Entwicklung unseres Lebens

nötig. Diese Banalität auszusprechen ist deshalb nicht überflüssig, weil jede differenziertere Leistungskritik aus interessanten Gründen als Aufruf zur blanken und schwärmerischen Leistungsverweigerung beschimpft zu werden pflegt.

(2) Wegen der unabdingbaren Notwendigkeit solcher Fähigkeiten sind die im Subjekt mobilisierten Triebkräfte, die sie erzeugen oder erzwingen sollen, zu beachten. Denn diese Triebkräfte können die Bedingungen eines humanen Lebens unterminieren, die doch — wenn man Etiketten trauen soll — durch Leistungen gesichert werden sollen. In diesen Triebkräften schlagen die Prinzipien durch, nach denen Arbeit und Herrschaft in einer Gesellschaft geregelt sind.

(3) Bedenklich am sogenannten Leistungsprinzip — wie es auch unsere Lehrinstitutionen beherrscht — ist nicht, daß Heranwachsende Entäußerung und Konzentration lernen sollen. Bedenklich sind Leistungsmotoren wie Konkurrenzangst, Konkurrenzhast, Konkurrenzkrampf wegen ihrer Tendenz, das Subjekt sich selbst zu entfremden.

(4) Fragwürdig am Leistungsprinzip ist weiter die Fixierung auf vorgeschriebene Zielgrößen und die Gleichgültigkeit der Lernmotoren gegenüber spezifischen Inhalten und Zielsetzungen, zu denen sie den Lernenden antreiben. Wenn Leistungen je länger je mehr mit dem Abschneiden oder Narkotisieren von selbstverantworteten Interessen, Bedürfnissen, Lebenshintergründen von Menschen bezahlt werden, dann sind sie zu teuer bezahlt.

(5) Schulreformen, die sich mit der Verbesserung von Leistungsmessungen und Leistungsgruppierungen zufrieden geben, verdienen diesen Namen nicht.

(6) Es ist nicht überflüssig, daran zu erinnern, in welchem Maß politische und ökonomische Systeme bestimmten Zuschnitts dazu neigen, ein abstraktes Leistungsprinzip als Erziehungsideal in die Institutionen hineinzupeitschen. Kein Wunder: Wer frühzeitig gelernt hat, zu leisten und sich zu überwinden, ohne nach dem Was, dem Wozu und nach sich selbst zu fragen, ist für politisch und wirtschaft-

lich Mächtige beliebig einsetzbar. Wer frühzeitig die Angst vor dem Konkurrenten als entscheidende Triebkraft seines Handelns in Ernstbereichen eintrainiert bekam, dürfte so aufgeladen werden mit vielfältigen Enttäuschungen und Aggressionen, daß er für den Kampf gegen jeweils von oben zu ernennende Feinde, Wühler, Verschwörer, Abweichler gut disponiert scheint.

(7) Wie sehen personelle, institutionelle, kompetenzmäßige und materielle Hilfen aus, die weniger subjektfremde Leistungen in den Schulen gedeihen lassen könnten? Das ist in diesem Zusammenhang für denjenigen die entscheidende, durch Versuch zu klärende Frage, der die Schule unter den obwaltenden Umständen nicht gleich ganz zur Hölle der Entfremdung fahren lassen will. Ohne solche spezifischen Hilfen, ohne Solidarisierungen steht der einzelne auf verlorenem Posten.

VII
ARBEIT AN DER EIGENEN IDENTITÄT

Das Ich und seine sozialen Identitäten — Unterscheidungen und Verdeutlichungen

Es gibt verschiedenartige Ansprüche und Forderungen, denen das Subjekt von seiten seiner Triebnatur wie von seiten der Gesellschaft ausgesetzt ist; es gibt verschiedenartige Erfahrungen, die das Subjekt im Zusammenhang mit solchen verschieden dringlichen, verschieden intensiven und verschieden deutlichen Ansprüchen macht. Die menschlichen Subjekte verfügen jedenfalls potentiell über eine synthetisierende Instanz (vgl. Nunberg 1971, S. 178 ff.; Erikson 1974, S. 144; Horn 1972, S. 183 f.), die die verschiedenartigen Ansprüche und Antriebe distanziert zu betrachten, zu vergleichen und in einen lebensdienlichen Bedeutungszusammenhang zu organisieren versucht. Diese Instanz, in der das biographisch Unverwechselbare einer Lebensgeschichte durchschlägt, kann in Anlehnung an interaktionistischen wie an psychoanalytischen Gebrauch das »Ich« genannt werden.
Mit »Arbeit an der eigenen Identität« ist die Arbeit dieses synthetisierenden Ich gemeint.
Jedem Menschen werden vom ersten Lebenstag an in vielen zwischenmenschlichen Beziehungen Erwartungen und Bedeutungen zugespiegelt und zugespielt — Erwartungen, wie er in bestimmten Kontexten zu sein, zu empfinden, wahrzunehmen hat, wenn er als gut, als normal, als dazugehörig gelten will; er ist auf die Zufuhr solcher Erwartungen angewiesen; ohne sie kann er sich nicht wahrnehmen und stabilisieren. Diese Zuspiegelungen und Festlegungen prägen auf Dauer in ihm verschiedene soziale »Iche«, »me's« im Sinn von Mead (1973, S. 218) aus — mehr oder minder nachhaltig, deutlich, konsistent. Solche

sozial induzierten, von Situationen, Verkehrsformen, Institutionen abhängigen Subjektanteile heißen nach einem sich einbürgernden Sprachgebrauch »soziale Identitäten« (zum Ganzen vgl. Mollenhauer 1972, S. 100 ff.; Krappmann 1973, S. 168 ff.; Wellendorf 1972, S. 35 ff.; McCall/Simons 1974, S. 86 ff.).

Schon diese abstrakten Unterscheidungen drängen die Frage auf: Was fängt das Ich an, wenn es mit disparaten, standardisierten, übermächtigen oder auch verfemten und verformten Subjektanteilen irgendwie zu Rande kommen soll oder muß? Kann es mit aufgespaltenen oder widersprüchlichen sozialen Identitäten überhaupt etwas anfangen — oder muß es nicht im Anspruch auf Zusammenhang und Reflexion von vornherein kapitulieren? (Es ist deutlich, daß dieses »Ich« keine überzeitliche Größe ist, sondern Niederschlag einer bestimmten geschichtlichen Entwicklung.) Wie sehen Interaktionen zwischen Menschen aus, in denen es sich zu regen scheint oder in denen es in seinem Anspruch unterdrückt wird? Wie sehen Herausforderungen dieses Ich aus — und Spielarten dessen, wie es mit solchen Herausforderungen fertig wird?

Stärkung des Subjekts — das heißt so viel wie Stärkung der Arbeit des Ich; in der Folge werden einige Szenen beschrieben, in denen — mit interpretativ erschlossenen Gründen — angenommen wird, daß sich in ihnen solche Arbeit regt[1]. Solches Lernen von Ichidentität unterscheidet sich von dem Lernen, das notwendig ist, um abgegrenzte soziale Identitäten mit ihren Anforderungen an Fähigkeiten, Erfahrungsmustern, Kenntnissen und Deutungsgewohnheiten zu lernen. Es ist etwas anderes, verschiedene Anteile des Subjekts und damit verbundene Erfahrungsströme wahrzunehmen, zu reflektieren und in einen (wie immer fragilen oder klischierten) Zusammenhang zu bringen — und, auf der anderen Seite, in voneinander abgegrenzten sozialen Identitäten spezifische und ichneutral vorgezeichnete Kompetenzen zu erwerben — in der sozialen Identität beispielsweise des Autofahrers, des Physik-Lerners, des Übersetzers, des Studienreferendars.

Wenn sich in den folgenden Szenen und Kommentaren die Aufmerksamkeit auf die Arbeit an der eigenen Ichidentität richtet, besagt dies keine Geringschätzung der Lernarbeit in sozialen Identitäten. Heikel und hier nicht weiter zu entfalten ist das Verhältnis beider Lernarten — ein Grundproblem jeder von Interaktionismus und Psychoanalyse inspirierten Didaktik. Auf einer pragmatischen Ebene läßt sich sagen, daß man heute und hier beides lernen muß: einerseits abgegrenzte und ichneutrale Kompetenzen im Umkreis sozialer Teilidentitäten und Rollen, und hierfür ist die technische Modellierung von Unterricht und Didaktik wohl erfunden und geeignet, weil sie die Lebenswelten von Subjekten ausklammert und neutralisiert; andererseits den Versuch, das von Divergenz und Erstarrung bedrohte Erfahrungs- und Triebpotential zu synthetisieren.

Wenn heute in vielen Einrichtungen und Situationen das Erlernen spezifischer und scheinbar ichneutraler Fähigkeiten und Kenntnisse immer wieder überlagert und verzerrt wird von pathologisch werdenden zwischenmenschlichen Beziehungsproblemen — von Ohnmachts- und Größenphantasien, von Vernichtungsängsten und -bedürfnissen, von Apathie, Kränkbarkeit und Aggressivität —, dann schlagen sich darin vermutlich Deformationen des zusammenbrechenden Ich nieder, Deformationen, die ihrerseits durch objektiv gesellschaftliche Druckfaktoren induziert sind.

Insofern ist das Arbeiten an der eigenen Identität nichts, was isoliert vom Erlernen spezifischer Fähigkeiten zu betrachten und zu praktizieren wäre. Die Isolierung würde die Widersprüche verschärfen und die Ichspaltung forcieren. Die Durchmischung andererseits, wie sie namens progressiver Ideen vom Projektunterricht und von der Subjektwerdung der Schüler immer wieder leicht als Programm suggeriert wird, hat auch ihre Gefahren. Sie droht, das Eigengewicht und den eigenen Charakter des Erlernens spezieller Kompetenzen zu unterschätzen oder auch namens messianischer Träume vom total integrierten Ich

verächtlich zu machen. Es wäre aber unsinnig, einem Lehrer oder Erzieher Vorwürfe oder ein schlechtes Gewissen zu machen, wenn er darum bemüht ist, Heranwachsenden klar umschriebene und fragmentierte Fertigkeiten auf effektive und ökonomische Weise beizubringen. Nur sollte er wissen, was er dabei tut und was er dabei nicht tut.
Die folgenden Szenen zielen also nicht auf eine totale Unterrichtsrevolution — sie wollen nur aufmerksam machen für basale und vielleicht äußerlich unscheinbare Geschehnisse, ohne die auf Dauer jeder noch so perfekte Detailunterricht mit den tragenden Subjekten zusammenbricht.

Szenen, Situationen, Kommentare

1. Nichtigwerden — Sorgen, Erfahrungen, Gespräche

Benno, sieben Jahre, gerade in die zweite Klasse versetzt, äußert ganz unversehens zweierlei beim Warten auf die Straßenbahn zu seinem Vater, während der zehnjährige Bruder dabei steht — auf einer Verkehrsinsel, umflutet vom Verkehr, der in bekannten Rhythmen gestoppt und wieder freigegeben wird. Um seine erste Äußerung zu verstehen, muß man wissen, daß die Familie vor dem Umzug aus dem Ausland ins heimische Deutschland steht — in den nächsten Monaten ist dieser Umzug fällig.
(a) »Der Michi hat gesagt, in Deutschland müßt' ich wieder von vorn anfangen, wieder ins erste Schuljahr.«
(b) »In der Lohbachsiedlung, auf dem neuen Spielplatz mit den Fußballtoren, da kommen einfach die Großen, die einem den Ball abnehmen, mit dem Ball spielen, ohne zu fragen — man kann da nichts machen.«
(Das wird von dem zehnjährigen Bruder bestätigt, etwas verdrossen — »die kommen einfach und spielen mit, und dann kümmern sie sich nicht, ob man aufhören will . . .«)
Zur Äußerung (a) ist zu ergänzen: Michi, das etwas ältere Nachbarskind, war bis vor wenigen Monaten unbestritten der engste Freund; seit einiger Zeit (Schuleifersucht? Statusdifferenzen als Störfaktoren?) sind die Beziehungen getrübt; dem (gemäßigten) Schulvorsprung Bennos entspricht das unbestrittene Führergebaren Michis — *diese* Überlegenheit läßt er Benno

spüren, wo er kann; Michi definiert sich als Chef einer (weithin imaginären) Bande; er setzt durch einfache Mitteilung Benno vom zweiten auf den vierten Platz und vermag damit dem solcherart Zurückversetzten beträchtliche Leiden anzutun. Offenbar ist diese Äußerung Teil der in letzter Zeit immer wieder sichtbaren Neigung, den (früheren) Freund klein zu machen.

Bei der folgenden Erörterung gehe ich von einer allgemeinen Annahme aus: Was einem einfällt, wenn man nicht absorbiert ist von unmittelbar anstehenden Handlungszwängen und Pflichten, ist kein Zufall; die einen wirklich beschäftigenden, wirklich treffenden Ereignisse mitsamt ihren Komplikationen sind dann unversehens präsent, wenn der Druck der unmittelbaren Situation etwas nachläßt. Es lohnt da, aufmerksam zu sein, wenn man die in der Didaktik häufig und abstrakt beschworenen Bedürfnisse und Interessen wahrzunehmen und ernstzunehmen beginnen will.

Die beiden Äußerungen richten sich an der Oberfläche der Ereignisse auf ganz Verschiedenes, auf Schule und Freizeit, auf Vergangenheit und Zukunft. Sie liegen gar nicht mehr weit auseinander, wenn man sie auf eine grundlegende Sorge hin mustert: auf die Sorge, von anderen — von wichtigen und nicht zu übersehenden anderen — übersehen, nicht wahrgenommen, nicht erkannt, nicht anerkannt zu werden: da kommt er als Zweitkläßler nach Deutschland in eine Schule, und sie nehmen ihn nicht, weil er in Österreich in der Schule war; was er ist, findet keine Resonanz, es ist soviel wie nichts, er muß von vorn anfangen, diese Sorge beschäftigt ihn — und sie wurde von dem gleichaltrigen Michi mit einer erstaunlichen Findigkeit für Quälaffekte geweckt und geschürt. Benno könnte als Nichts gelten — in den Spiegel der für ihn wichtigen Umwelt blickend, könnte ihm etwas zurückgespiegelt werden, was er gar nicht ist, nicht sein will: kein Zweitkläßler mehr, ein Schulanfänger. Eine tiefe Sorge vor dem sozialen Nichtigwerden äußert sich, vor dem Verschwinden dessen, der man war, der man sein möchte. Die hier aufgerührten Ereignisse und Gespräche lagen mindestens acht

Tage zurück — denn so lange war Benno schon von seinem Wohnort in Österreich weg, in Ferien, 500 km weit; ganz gegenwärtig ist offenbar die Bedrohung, die Sorge, er könne am neuen Ort nicht anerkannt, nicht ratifiziert werden.

Die Sorge ist auch spürbar in der Erinnerung an die Fußball-Eindringlinge. Sie haben sich so gebärdet, als sei er nichts, als sei das Mitspielen, das Weiterspielen eine Selbstverständlichkeit, obwohl es doch auch ihn, den siebenjährigen Benno, betrifft, seine Lage verändert. Sie haben so getan, als sei er Luft; eine Situation, in der in ihm die Angst entstand, er könnte für sie — die offenbar so überlegen sind, daß sie sich eindrängen — tatsächlich nichts sein. Im Handeln stärkerer Älterer taucht gar kein Reflex auf ihn auf? Ist er so nichtig? Er kann sich in dem Spiegel, den die gesellschaftliche Umwelt in diesem Ausschnitt ihm vorhält, nicht erkennen. Ist er wer, wenn er für andere soviel wie nichts werden kann? Um die unscheinbare Szene zu gewichten, ist es wohl wichtig, sich noch einmal die Umwelt zu vergegenwärtigen. Heftiger Verkehr, wenige Zentimeter entfernt, umflutet die Insel — eine ziemlich übermächtige Welt, in der Benno sich nicht widergespiegelt sehen kann. Er hat wohl keine deutliche Angst — solange der Vater da ist; er hält sich aber ständig in seiner Nähe — und er redet von diesen Sorgen, indem er dem Papa Geschichten erzählt; die Situation ist sonst durchaus nicht bedrohlich — ein Zoo-Ausflug steht bevor. In dieser Lage, in der er zuverlässig von einer wichtigen Bezugsperson zurückgespiegelt wird als existent und bedeutsam, in dieser Situation bringt er die vergangenen und möglicherweise zukünftigen Bedrohungen zur Sprache, die Möglichkeit, ihn sozial zu nichts zu machen. Der Vater kann sagen, daß die Michi-Behauptung Quatsch ist — natürlich bleibt er Zweitkläßler; daß die ihn übersehenden Großen Rüpel sind, die spinnen oder sich etwas auf ihr Ältersein einbilden wollen; indem der Vater das sagt, wird die erlittene Verwundung irgendwie behandelt — aber sie ist natürlich nicht verschwunden; die Sorge, man könnte unversehens »nichts« sein, für nichts gelten — diese Sorge ist offenbar durch nicht einfach wegzuradierende Erfahrungen begründet.

2. Einspruch gegen aufgedrängte Ich-Fiktionen

Äußerungen von Benno (7 Jahre) bei verschiedenen Gesprächsgelegenheiten:
a) »Die NN. (eine Lehrerin seiner Schule, nicht seine Klassenlehrerin), die ist vielleicht blöd. Die kommt rein und tut so blöd freundlich (er verstellt die Stimme hoch angestrengt kindertümelnd): ›Tut jetzt eure Händchen auf den Tisch, und jetzt machen wir ein paar Rechenhäuschen‹, Mensch, die is' vielleicht blöd, das war'n ja Rechenhochhäuser.«
b) »Bei der Oma ihrem Geburtstag, da hab ich mich verkrochen in ein anderes Zimmer, wie die Leute kamen zum Gratulieren. Ich weiß genau, wie das ist, wenn sie einen sehen wollen — ach wie groß is' er schon, un' so, und das kann ich nicht leiden, is' schrecklich.«
c) (Kommt ins Arbeitszimmer gerannt): »Papa, ich ärger mich immer so, wenn auf 'nem Buch steht ›Was Kinder gern hören‹ — da meint man, das hätt 'n Kind geschrieben.«

Nicht, daß er übersehen würde, daß er für nichts erklärt würde, ist in 2a und 2b Stachel des Erinnerns — viel eher, daß er für etwas angesehen wurde, als was er sich nicht sieht, was er nicht sein möchte: ein putziges süßes Kindchen nach den pädagogischen oder forciert entzückten Erwartungsbildern von mächtigen Personen, die sich ohne weiteres Zutritt zu ihm verschaffen, die ihn besichtigen, kommandieren, beurteilen können. Er sieht sich nicht als das Wesen, als das sie ihn ansehen, das sie in ihn hineinsehen wollen. Was trifft ihn dabei so, daß er wiederholt davon erzählt?
Vielleicht doch auch seine soziale Annullierung, die Gewalt, die die Kontinuität seiner Selbst- und Weltorganisation antastet, noch dazu mit freundlichsten Mitteln: lächelnder, umarmender Terror. Er bekommt einen Spiegel vorgehalten, in dem ein ganz anderes Bild seiner selbst ist, als er es für richtig, für den Niederschlag seiner Erfahrungen, Erinnerungen, Wünsche halten mag.

Aber er braucht einen Spiegel, er ist abhängig von dem, was ihn bedroht. Der Ärger über die Sprüche auf den Kinderbüchern: jemand schleicht sich in die Kinderrolle ein, nimmt eine Kindermaske vor, ein blinder Passagier — fast ein Partisan; und er tönt »Was Kindern so gut gefällt«. Man ist sich seiner nicht mehr sicher, wenn offenbar Erwachsene zu bestimmen, zu sagen haben, was Kindern gut gefällt.

Wie reagiert er auf diese und ähnliche Attacken, die eine Herausforderung sind? Er äfft nach, er schimpft, er begründet, er verrenkt im grotesken Nachspielen von Erwachsenenfreundlichkeiten Glieder und Stimme. Vielleicht nimmt er in diesem symbolischen Gegenangriff — der in der Interaktion mit Eltern gestartet wird — seine Kraft wahr, seine Kraft, sich als der andere durchzuhalten gegen solche Überlagerungen.

Daß die eigene Ungebrochenheit, das Bild vom Ich und seiner Welt angetastet, irritiert, befremdet wird, das ist alltäglich; es ist sogar Bedingung dafür, daß sich Welt- und Selbsterfahrung differenziert. Aber alles kommt darauf an, wie das Ich mit diesen Befremdungen fertig wird — ob es sie bearbeitet oder sich zurückzieht, überangepaßt, in Selbstverleugnung.

3. Die neue, fremde Schule

Benno war bis zum 11. 12. 1975 Schüler der Klasse 2 einer Volksschule in Innsbruck — sechs Tage später sitzt er in der Andersen-Schule Darmstadt (Grundschule).
Hier einige seiner Raktionen und Erfahrungen bei den Erschütterungen seitheriger Normalität:

a) »Ein Kind is' hier vor zu der Lehrerin gegangen und hat nicht aufgezeigt — nix is' gesagt worden; ein Kind hat sich auf den Tisch gesetzt in der Stunde — nix is' gesagt worden; ein Kind hat was in den Papierkorb geworfen — nix is' gesagt worden.«
(In der Nacht nach dem ersten Schultag am neuen Ort, er kommt tief beunruhigt früh um 5 Uhr ins Zimmer der Eltern, spricht spontan über das Irritierende.) »Und im Hof, im Treppenhaus dürfen die Kinder rennen!«

(b) Er kommt die ersten Tage völlig erschöpft aus der Schule nach Hause. Welche Leistungen sind es, die ihn erschöpfen? Aus Berichtteilen und Verdeutlichungen des Nachbarkindes wird klar: In Innsbruck waren bestimmte Schüleraktionen nur dann legitim, sie kamen nur dann vor, wenn sie im einzelnen und meist in Teile zerlegt von der Lehrperson abgerufen wurden: »Pennale (= Federetui) aus der Tasche nehmen!« »Pennale öffnen!« »Bleistift herausnehmen!« Und jetzt heißt es auf einmal nur »Schreibt in euer Heft auf« — ohne daß die erforderlichen Voranweisungen bezüglich des Federetuis gegeben wurden. Was in Innsbruck streng verboten war — Federetui ohne Anweisung auf den Tisch holen und öffnen —, ist hier nicht nur erlaubt, sondern sogar streng geboten. Man wird handlungsunfähig, wenn man das in der einen Einrichtung Normale und Selbstverständliche in der anderen Einrichtung erwartet und praktiziert. Man schließt sich selbst aus aus dem Kreis der Dazugehörenden; und beides sind doch Schulen, beidemal ist man Schüler! Man muß ein anderer werden — jedenfalls teilweise!
(c) Benno, spontan, nach acht Wochen Schulerfahrung: »Hier is' es etwas unordentlicher — hier is' es egal, wo man die Aufgaben reinschreibt, man kann's auch ins Schulheft schreiben, es muß nicht im Hausheft stehen.« — »Wie findest Du das?« — »Es is's halt unordentlicher, finde ich, etwas unordentlicher.«
(d) Die Lehrerin berichtet, in den ersten Tagen hätten die anderen Kinder immer gelacht, wenn Benno im Unterricht etwas gesagt habe. Grund: Er stand auf, stand fast stramm, wenn er etwas sagte. Diese Straffheit, in Innsbruck absolute Schulnorm, war so ungewöhnlich, daß die Kinder lachten — Abwehr eines Angriffs auf die Selbstverständlichkeiten eines Systems, auf ihre Identität also?

In diesen Szenen geht es nicht um die Schwervereinbarkeit bestimmter inhaltlicher Aussagen, um Lehrplandifferenzen. Hier geht es um substantiellere Erschütterungen: Was ein Schulkind ist, wie ein Schulkind ist — ein gutes, ein normales, ein richtiges Schulkind, das nicht scheel angesehen, nicht ausgelacht, nicht exkommuniziert wird — das kommt ins Wanken. Was Negt den »emotionalen und sozialen Unterbau« der Kinder nennt (Negt 1975/1976, S. 38), ist hier getroffen. Die Leistung, es mit diesen bedrohlichen Verwirrungen und Angriffen aufzunehmen und damit fertig zu werden — *diese* Leistung wird in den formellen Lehrinstitutionen unterschätzt oder nicht beachtet. Einerseits dazugehören (körperlich, der Karteikarte nach, der Abhängigkeit nach), andererseits sich als fehl am Platz erfahren, als blamiert, als etwas verrückt. Was leider fast ohne Rückbezug auf konkrete Szenen und Interaktionen im Umkreis kompensatorischer Spracherziehung und schichtspezifischer Schulkultur verhandelt wurde, dürfte in solchen alltäglichen Verwundungen und Enteignungen einer mühsam genug angeeigneten Welt, einer mühsam erworbenen Ratifikation des Ich sein konkretes Äquivalent haben.

Was aus diesen Szenen deutlich wird, ist sicher wenig genug: Der siebenjährige Benno ist nicht gewillt, ohne weiteres sein altes Schüler-Ich abzustreifen; er nimmt die Disparitäten, die ihm gewaltsam vorkommenden Umdefinitionen des Schulkindes wahr; er schweigt sie nicht tot; er erzählt sie als Geschichten seinen Eltern – und damit nimmt er ihnen ohne Zweifel etwas von der gewaltsamen und einschüchternden Stummheit, mit der sie ihn zunächst überfallen haben müssen. Denn das in einer Einrichtung Selbstverständliche rechtfertigt und erläutert sich ja nicht, schon gar nicht einem Kind. Indem er darüber spricht, gewinnt er Abstand von dem neuen Schulkind und holt zugleich das alte Schulkind, das seine Schule, seinen Wohnort mit großer Trauer aufgegeben hat, wieder heran. Er versucht, durch Geschichten das Inkongruente doch irgendwie zusammenzubringen – skeptisch zu synthetisieren; er versucht es auch durch Wertungen (»nicht so ordentlich«), die auf Vergleiche unter von ihm gewählten Kriterien zurückgehen. Man müßte viele Tage aufmerksam mit Kindern in solcher Lage zusammenleben, um sagen zu können, wie sie mit den naheliegenden Neigungen zum Regredieren auf den früheren, einmal erworbenen Stand (»dort war alles besser und schöner; so bin ich noch, wie ich dort sein wollte«) einerseits, mit den ebenso naheliegenden Neigungen zur geschäftigen Überanpassung des Neulings und Konvertiten (»hier ist alles besser – und ich werde es ihnen zeigen, wie sehr ich zu ihnen gehöre«) andererseits fertigwerden.

4. Das Aufsatz-Ich

a) Peter Handke berichtet in seinem »Autobiographischen Essay« über Schul- und Internatserfahrungen mit Gattungen alltäglicher Didaktik:

»Die Aufsätze:
Weil ich meine Erfahrungen als Kind inzwischen vergessen hatte, teilte ich in den Aufsätzen die dazugelernten Erfahrungen mit eingelernten Wörtern mit. Sollte ich ein Erlebnis beschreiben, so schrieb ich nicht über das Erlebnis, wie ich es gehabt hatte, sondern das Erlebnis veränderte sich dadurch, daß ich über es schrieb, oder es entstand oft erst beim Schreiben des Aufsatzes darüber, und zwar durch die Aufsatzform, die man mir eingelernt hatte: Sogar ein eigenes Erlebnis erschien mir anders, wenn ich darüber einen Aufsatz geschrieben hatte. In Aufsätzen über Treue und Gehorsam schrieb ich wie in Aufsätzen über T. und G., in Aufsätzen über einen schönen Sommertag schrieb ich wie in Aufsätzen über einen sch. St., in Aufsätzen etwa über das Sprichwort Steter Tropfen höhlt den Stein schrieb ich wie in Aufsätzen über das Sprichwort St. Tr. h. d. Stn., bis ich schließlich an einem schönen Sommertag nicht den schönen Sommertag, sondern den Aufsatz über den schönen Sommertag erlebte« (Handke 1972, S. 13 f.).

Die vorgezeichnete Gattung, die vorgezeichnete Schülerrolle, die vorgezeichnete und für normal gehaltene Form zu schreiben und die Erfahrungen zu modeln — alles das fordert total. Dem Schreiber, will er nicht aus der Sozietät der Normalen und Guten ausgewiesen werden, bleibt nichts übrig, als sich das vorgezeichnete und in der Institution approbierte Schreiber-Ich anzuziehen — und den alten Menschen mit seinen Erfahrungen, Ängsten, Einwendungen abzulegen. Ihm kommt schließlich das wichtig, wirklich, schön, gut vor, was in der Institution, in der Beziehung zu mächtigen Erwachsenen als wichtig, wirklich, schön, gut eingeschätzt wird: kein äußerer Zwang ist vonnöten, keine Unfreundlichkeit; es kann da äußerst sozialintegrativ zugehen, wenn einem klar wird, daß man ins Nicht fällt, nichts ist, wenn man das einem in der Interaktion zugespielte Ich mit seinen Bedeutungszulegungen nicht übernimmt. Die hier geforderte Leistung ist der Ver-

zicht auf Kontinuität, das Anlegen eines neuen Ich; wie grotesk solche Identifikation mit der das Ich gewaltsam und aggressiv bedrängenden Rollenanforderung werden kann, zeigt die Notiz Handkes »Ich begann, gern zur Beichte zu gehen, und erfand Sünden« (Handke 1972, S. 11).
Das Bedürfnis nach der Lebenszufuhr durch soziale Ratifikation ist so übermächtig, daß das Kind (wie natürlich auch der Erwachsene) sich total mit einer Fiktion, die gar nichts von ihm enthält, identifizieren kann, nur um zu überleben. Die psychischen wie politischen Unkosten solcher Unterdrückungen der eigenen Erfahrungsbasis und Lebensgeschichte (»ich wollte mich überallhin *verkriechen*«, Handke 1972, S. 15) sind eminent.

b) Konrad Wünsche gibt als Lehrer seiner Hauptschulklasse das Thema: »Diese Strafe war ungerecht« zum Schreiben: Erfahrungsberichte, Splitter aus der Erinnerung, eigene Kommentare. Das Geschriebene bleibt zunächst liegen — keine Vergleiche, keine Korrekturen, keine Noten. Einige Zeit wird dann über Strafe gemeinsam nachgedacht — Lektüren, Diskussion, Interpretation. Ein paar Tage später nehmen die Schüler ihre erste Niederschrift wieder vor — und schreiben jetzt einen Kommentar dazu; was sie inzwischen dazu meinen. Der Lehrer sieht dann beides, Erstniederschrift und Kommentar — er schreibt seine Einwendungen, Eindrücke, Überlegungen dazu; Schreiben ist ein Medium der Auseinandersetzung über gemeinsame und individuelle Erfahrungen und Erwartungen; gut schreiben ist hier nicht die Erfüllung einer vorgegebenen Norm — etwa der vom guten Deutsch — in einer vorgegebenen Gußform — etwa der des überlieferten, in sich geschlossenen »Aufsatzes«. Detaillierte Berichte liegen vor (Wünsche 1972, S. 41 f.).

Wünsche zeigt in zahlreichen Beispielen, wie die Sorge um die eigene Identität nicht zur starren Identifikation mit vorgeschriebenen und allgemein anerkannten Mustern führen muß — wie im Gegenteil die nichts überspringende Arbeit an der immer als bedroht erfahrenen eigenen Lebenswelt den Unterricht ganz anders antreibt, als es die Verlockung mit billigen Gewinnen auf dem Weg der Identifikation konnte.

5. Angst und Unterwerfungsbereitschaft

Gunther Wollschläger berichtet von einem Projekt mit Achtjährigen: die Geschichte von der Arche Noah wurde neu in Koproduktion zusammen erzählt (Wollschläger 1975, S. 69 ff.): Tierkinder, die sich von zu Hause freimachen, kommen in eine Flut; eine Arche rettet sie provisorisch, sie kommen schließlich in eine Stadt zu Menscheneltern, verändern sich allmählich zu Menschenkindern, eine große freundliche Familie entsteht — die zuerst vermenschlichten Tierkinder sind Affenzwillinge. Bei der Rollenverteilung entsteht Streit: Die Affenrollen sind die begehrtesten — auch die Elternrollen. Keine Einigung über den Beschluß einer in der Klasse mächtigen Clique — andere ziehen sich zurück, der Lehrer wird aufgefordert, ein Machtwort zu sprechen, zu entscheiden. Der Lehrer weist darauf hin, daß alle Tiere Menschen werden, alle Tierrollen also gleich gültig seien — er fordert weitere Begründung und Diskussion der Rollenwünsche.

Es zeigt sich: Die Angst, nur die Affen könnten richtige Menschen werden, treibt die Kinder. Sie werden sich ihrer bewußt; im Gespräch überwinden sie diese Angst — denn ihre Geschichte läßt ja alle Tiere zu Menschen werden; die Blockierung löst sich (»Wir haben wegen eines Quatschs gestritten« sagt Tobias; Wollschläger, S. 77). Bemerkenswert, wie die private Angst der Kinder, in eine minderprivilegierte Rolle zu verfallen, ihre angestrebte und approbierte Identität aufgeben zu müssen, wie diese private Angst zunächst zu einem Zusammenbruch der Arbeit führt — zu einem lähmenden Konflikt: »Wir machen nicht mit, wenn...« Zugleich aber auch zu der Bereitschaft, sich der Autorität zu unterwerfen, sich mit der Sichtweise des mächtigen Lehrers zu identifizieren, das heißt aber, das von diesem vorgesehene und zugeteilte Ich zu übernehmen. Besser ein offiziell zugeteiltes Ich als das Abrutschen in den nicht approbierten Untergrund der Nichtmenschen. Wäre der Lehrer diesem Ansinnen gefolgt, hätten die Kinder ihre persönlichen lebensgeschichtlichen Subjektanteile aus Angst stillgelegt — das Spiel wäre gelaufen, allerdings um den Preis des Abschneidens wichtiger Triebkräfte. Die eigene Affekt- und Lebenswelt wäre abgedrängt worden:

man hätte sie nicht in die Sozietät des Unterrichts einbringen können. Statt dessen ist es dann doch noch gelungen, daß den Kindern ihre Bedürfnisse und die darin steckenden Erfahrungen durchsichtig, beurteilbar und revidierbar wurden — ohne daß dem privaten Ich Gewalt angetan werden mußte.

6. Das sinnliche Wesen

Martin Wagenschein berichtet:
»Das Pendel: Sicherlich ist es richtig, von den Erinnerungen auszugehen, die alle Kinder vom Schaukeln haben. Aber eine kleine Messingkugel an einem dünnen Faden: ist das dasselbe? Für den Physiklehrer schon, für das Kind aber eine Entwürdigung ins Unernste, Puppenstubenhafte hinein. Ich erinnere mich aus der Frühzeit meines Unterrichtens, wie mir das einmal aufging. Also schleppte ich eines Nachmittags einen kopfgroßen Felsbrocken in die Schule und hängte ihn an einem dicken Seil an der fünf Meter hohen Decke auf. Anderntags in der Physikstunde sagte ich gar nichts und ließ nur das schwere Pendel von der Seite her ins Blickfeld schwingen. Wie langsam. Das bloße Zusehen macht ruhig. Von selber lockt es die Jungen und Mädchen von ihren Plätzen. Sie umstehen dicht und respektvoll den gefährlichen Schwingungsraum. Zu sagen ist nichts. Die Fühlung bedarf keiner Aufforderung, sie bedarf nur der Zeit, die die Schule sich so selten nehmen darf. Alle Köpfe gehen mit, auf und ab, hin und her. Das leise Anlaufen, der sausende Sturm durch die Mitte — ein aufgefangener Fall —, drüben der zögernde Aufstieg bis zum Umkehrpunkt; er kommt nicht ganz so hoch, wie er war, der Brocken...
Die vertraute Schaukel ist jetzt objektiviert, ein Gegenüber geworden. Sie schaukelt allein, fast unermüdlich, ohne daß einer sie antreibt, ihrer selbst ganz sicher. Das bloße Anschauen lenkt den Blick aufs Maßvolle. Dieses Pendel trägt das Maß seines Schwingens, seines besonders langsamen Schwingens in sich. Warum schwingt das Pendel langsam? — Es ist zu spüren: Die Zahl nähert sich, das Gesetz. Am großen Pendel sieht man Fragen, die das kleine, eilige, nie erregt, zum ersten Mal: Der rätselhafte, höchste Punkt, an dem der Felsbrocken umkehrt. In diesem Augenblick: bewegt er sich da oder nicht? Hält er an, oder? Wie lange währt die Pause der Bewegungslosigkeit? — Ist diese Frage einmal gesehen, so beginnt ein nicht vorauszusehendes Gespräch, in der Umgangssprache, versteht sich, noch nicht in der Sprache der Physik. Der Lehrer braucht gar nichts zu sagen. Höchstens am Ende kann er zusammenfassen: Es ist

ein Stillstand ohne Dauer; das, was der Physiker einen ›Zeitpunkt‹ nennt. Kürzer als jeder Augenblick, kleiner als jeder Moment, unter aller Zahl. Seine Dauer ist Null. Da steht ein Körper und steht doch nicht still — so etwas gibt es also« (Wagenschein 1976, S. 90 f.).

Jeder bringt sinnliche Welterfahrungen mit in den Unterricht, das sinnlich greifbare Subjekt mit eigenen Erinnerungen — was geschieht mit ihm? Wagenschein berichtet von seinem intuitiven Eindruck, die Messingkugel als Pendel bringe nicht die Anteile der Schüler in Resonanz, die der Felsbrocken virulent macht: eigene Körperlichkeit, Schaukelerinnerungen, Identifikationen mit dem schwingenden Stein. Das kleine Messingpendel — so die These Wagenscheins — coupiert die Sinnlichkeit des Lernenden; er wird genötigt, sie eng zu führen; die Erinnerungen von Schaukelerfahrungen, frappierende wie faszinierende, bleiben draußen — die soziale Situation Unterricht spiegelt dem Lernenden ein Ich zu, das Erinnerungen und an sie knüpfende Gedanken, Äußerungen abblendet, ein Ich, das es seither so nicht gab — mit fiktiven Zügen, nicht so radikal wie Handkes Aufsatzschreiber-Ich, aber in der Tendenz ähnlich. Die sinnliche Erinnerung, die Sedimente der Empfindungen, Überraschungen, jähen Überlegungen sind nicht zugunsten eines neuen und weitgehend fiktiven Lerner-Ichs stillzulegen; sie virulent zu machen, ihnen zum Zug zu helfen — darauf ist Wagenschein aus, wenn er einen Felsbrocken an die Decke hängt und ihn stillschweigend hin- und herpendeln läßt — ohne einführende Erklärungen, ohne demonstrative Hinweise, ohne Aufmerksamkeits- und Problemfragen, ohne eine mehr oder minder raffiniert geplante Dramaturgie eines Unterrichts, bei dem Höhepunkte vorbereitet, durchgestanden und nachbereitet werden müssen. Präsent zu werden mit seinen sonst schnell eskamotierten Erinnerungen, in seinen sinnlichen Lebenszusammenhängen, in den daran hängenden Gedanken: das ist die Leistung, die dieser Unterricht verlangt. Er verträgt in dieser frühen Phase nicht die künstliche Fachsprache — sie muß aus der Durcharbeitung solcher Erfahrungen entwickelt werden. Umgangssprache nicht aus kindertümelnder Zuneigung zum Kind an sich, Konfrontation mit einem komplexen, nicht um der Veranschaulichung eines Gesetzes willen in technisch-didaktische Façon gebrachten sinnlichen Phänomen — ein solcher, die Lernenden nicht mit ihnen fremden Erfahrungsfiltern überziehender Unterricht hat bemerkenswerte Normen hinsichtlich des Umgangs mit der Zeit: »Eile verdirbt alles« (Wagenschein 1976, S. 91). Wo Interaktionsspielregeln wie Kontrollierbarkeit, Beschleunigung, fixe Ziel- und Planorientierung herrschen, dort, so ist zu vermuten, wird anderes gelernt als das Arbeiten an der Kontinuität von Erfahrungszusammenhängen: der Lehrer würde zurückgeworfen, wenn er sich nicht aus seinen Lebenszusammenhängen hinausversetzte. Und der Lehrer muß Zutrauen haben und Nerven. Die Lehrerangst, der Unterricht könne versickern oder im Chaos enden, ist keine Privatsache — sie wird durch Reglementierungen der Institution unablässig geschürt.

7. Regeneration

George Dennisons First Street School von New York macht bewußt, wie sich Schwierigkeiten und Möglichkeiten von Schulerziehung ändern, wenn vor- und außerschulische Einflüsse die Heranwachsenden zertrümmern. Schulunterricht kann *dann* nicht daraufhin betrachtet werden, ob und wie er die Kontinuität von Erfahrungszusammenhängen integriert, bewußt macht, abschnürt, parzelliert, wenn die Jungen und Mädchen kaum Erfahrungszusammenhänge, kaum ein daran stabilisiertes und Erfahrungen synthetisierendes Ich in die Schulsituation mitbringen. Reformerische Unterrichtskritiken — die Schule beschädige die Kinder — stoßen ins Leere, wenn Schule in ihrer Identität zutiefst schon geschädigte Kinder aufnimmt. »Arbeit an der eigenen Identität« heißt dann fast so viel wie Erweckung. Ist so etwas möglich, in welcher Näherung auch immer? Wenn ja, wie kann es aussehen? Zwei Szenen aus dem Umkreis von Free Schools, die diese Herausforderung annehmen, können vielleicht andeuten, wie grundlegend sich Aufgaben von Schulunterricht unter solchen menschenverderblichen Bedingungen ändern: Wissensstrukturen und Kulturtechniken als Lerninhalte versinken ins Nichts, wenn sie nicht von Subjekten assimiliert werden, die sich als Zusammenhang in einer zusammenhängenden Realität finden, schaffen, reflektieren lernen konnten (Dreitzel 1972, S. 236—245). Was ist mit einem Curriculum, das auf Interessen und Bedürfnisse von Lernenden zugeschnitten sein möchte — wenn keine Theorie des Subjekts hilft, chaotische Affekte verstörter Menschen zu unterscheiden von der Bemühung um »die Weiterentwicklung der spezifischen Produktionsform von Erfahrungen des Kindes« (Negt 1973/76, S. 47)?

a) Aus der George Dennison First Street School in New York: »Und doch habe ich den Eindruck, daß einige der Kinder in der *First Street* mit schlimmeren Entbehrungen (als Bauernkinder zu Tolstois Zeit; H. R.) leben mußten, mit einer Unordnung und Verarmung, die an den eigentlichen Wurzeln des Lebens nagten. Anstelle der Felder und wachsenden Dinge, der Tiere und Bäume, des Wetters und des Himmels kannten sie nur den nervenaufreibenden Lärm der Straßen, das Gedränge auf den Gehwegen, die sternlos graue Dunkelheit, die über unsern Köpfen hängt, wo früher einmal der Himmel war. Während die Bauernkinder Fertigkeiten erwarben, die sie einmal als Bauern und Zimmerleute und in Dutzenden anderer Berufe brauchen konnten, und daher wußten, daß sie in der Tat unentbehrliche Menschen waren, hatten unsere nichts erlernt und konnten nichts und fühlten sich keineswegs für den inneren Arbeitsprozeß unentbehrlich, der ein Land aufrechterhält. Sie waren — und fühlten sich — überflüssig. Gleichzeitig wurden sie von allen Seiten gestoßen und bedrängt. Schaufenster, Reklametafeln, Plakate — alles redete ihnen ein, Dinge zu wollen, und drängte sie zum Kauf. Das Fernsehen ersetzte die Familienstimmen am Abend. Ihre Eltern waren verwirrt und aufgewühlt. Sie konnten nirgendwohin gehen. Die Straßen waren verwirrend und einengend. In Hauseingängen und Treppenhäusern roch es nach Pisse und Wein. Es war gar nicht verwunderlich, daß unsere älteren Schüler mißtrauisch und gewalttätig, ungeduldig, gereizt, unentwickelt waren. Es *war* verwunderlich, ein nicht endendes Wunder sogar, daß sie so viel von der Vitalität ihrer Jugend bewahrt hatten und daß sie so schnell auf radikale Veränderungen in ihrer Umwelt reagierten« (Dennison 1976, S. 145 f.).

Die von Schemen und Chimären umstellten und ausgezehrten Kinder stoßen an etwas Wirkliches, an etwas, was Widerstand bietet, was also die Erfahrung ermöglicht, daß sie wer sind — weil sie auch merken, daß andere an dieselbe nichtchimärische Wirklichkeit stoßen:

»5. 2. 65
Wir gingen heute morgen mit den Kindern zum Schlittenfahren, zur Collaberg-Schule hinauf, in die Nähe des Bear-Mountain. Ich fuhr den Kleinbus, und Tom Gomez, Maxines Stiefvater, hatte eine Gruppe in seinem Kombi, der dauernd Pannen hatte.
Der Tag verlief äußerst erfolgreich. Der Schnee, die Berge, die Bäume und der weite, offene Himmel — all das erregte unsere Kinder ungeheuer. Sie stürzten aus den Autos, als schleudere sie eine Explosion hinaus, und rannten den Hügel hinauf und fuchtelten mit den Armen und schrien. Mehrere Schlitten lagen im Schnee neben dem Schulhaus. Vincente packte einen und flog den Abhang hinunter — mit dem Kopf voraus in einen Graben. Ah, die Erfahrung! Wie gewöhnlich war nichts in seinem Kopf gewesen, außer zwei oder drei vagen Bildern, kein Gedanke an Ursache und Wirkung, keine Vorstellung davon, daß zum Beispiel Bäume es unterlassen könnten, ihm aus der Fahrtrichtung zu gehen (er hatte beinahe einen Zusammenstoß mit einem), oder, daß etwa ein Graben, der in der Vorstellung vom Schlittenfahren keinen angemessenen Platz hat, sich dennoch am Fuß des Hügels auftun könnte. Er stand auf und schüttelte sich und schaute sich um. Man konnte fast sehen, wie sich seine bisherigen Vorstellungen auflösten. Hier war ein echter Hügel, echter Schnee, echte Bäume, ein echter Graben. Sein Gesicht hellte sich wieder auf, und er rannte den Hügel hinauf« (Dennison 1976, S. 101).

b) John Holt beschreibt eine ihm unvergeßliche Unterrichtsstunde eines Lehrers namens Dr. Gattegno mit einer Gruppe stark entwicklungsgestörter Vierzehn- bis Sechzehnjähriger:
»Abgesehen von ihren ungewöhnlich ausdruckslosen Gesichtern sahen sie wie normale Jugendliche aus. Meine besondere Aufmerksamkeit erregte ein blasser, dunkelhaariger Junge am Ende des Tisches. Selten habe ich eine derartige Angst und Anspannung in einem Gesicht gesehen. Seine Blicke irrten wie die eines

scheuen Vogels ständig im Raum umher, als ob aus jedem Winkel, den er nur eine Sekunde unbeobachtet ließ, Feinde auftauchen könnten. Die Zunge in seinem geschlossenen Mund bewegte sich ständig von einer Backe zur anderen. Mit der einen Hand kniff, oder besser, umkrallte er unter dem Tisch sein Bein. Er bot einen erschreckenden und erbarmungswürdigen Anblick.
Gattegno ging ohne Vorreden und Formalitäten an die Arbeit, auch ohne ermutigende oder erheiternde Floskeln. Er nahm zwei blaue (9) Stäbe und steckte einen dunkelgrünen (6) dazwischen, so daß zwischen den beiden blauen Stäben und dem dunkelgrünen ein 3 cm hoher freier Raum war. Dann forderte er die Gruppe auf: Macht das auch so! Sie taten es. Darauf sagte er: Jetzt findet das Stäbchen heraus, das genau in die Lücke paßt. Ich weiß nicht, wie die anderen Kinder es bewerkstelligten, ich beobachtete nur den dunkelhaarigen Jungen. Seine Bewegungen waren krampfhaft und übereilt. Hatte er einen Stab aus dem Haufen in der Tischmitte herausgegriffen, so konnte er ihn kaum zwischen die beiden blauen einfügen. Nach verschiedenen Versuchen hatten er und die anderen herausgefunden, daß der hellgrüne (3) Stab die Lücke ausfüllte. Gattegno faßt die Stäbe am oberen Ende — es fällt der dunkelgrüne Sechserstab; auf die Aufforderung zur Lückenfüllung greift nicht einer zu dem herausgefallenen Sechserstab — mühsames Probieren, bis endlich der Lückenfüller gefunden ist. Vier- bis fünfmalige Wiederholung beider Aufgaben, bis alle Teilnehmer in der Lage waren, den benötigten Stab ohne Zögern und vergebliches Ausprobieren herauszugreifen: Während ich das beobachtete, dachte ich: ›Wie muß das wohl sein, wenn man so wenig Ahnung vom Lauf der Welt, so wenig Einsicht in die Regelmäßigkeit, die Ordnung und das Gleichgewicht der Dinge besitzt?‹ Es bedarf einer intensiven Vorstellungskraft, um sich weit in jene Zeit zurückzuversetzen, wo wir ebenso wenig wußten wie diese Jungen. Es handelt sich hier nicht darum, daß sie die eine oder andere Tatsache nicht wissen, sondern sie leben in einer Welt, in der nichts mit dem anderen irgend etwas zu tun hat. Der Unterschied ist aber, daß diese größeren Kinder zu einer Überzeugung gekommen sind, die die meisten kleinen Kinder nicht teilen: Sie glauben, diese Welt sei ihr Feind. Und dann beobachtete ich, wie der dunkelhaarige Junge auf einmal *sah*! Ihm war ein Licht aufgegangen, und zum ersten Mal griff er gleich nach dem richtigen Stab. Er konnte ihn vor Aufregung kaum in die richtige Lücke einfügen. Es ging! Seine wandernde Zunge und die Hand unter dem Tisch verdoppelten ihr Tempo. Als die Jungen nachher die Stäbe umdrehen und die Lücke wieder ausfüllen mußten, war er fast zu aufgeregt, um den ge-

wünschten Stab herauszugreifen und einzusetzen. ›Er paßt! Er paßt!‹ sagte er und hielt seine Stäbe hoch, damit wir es alle sehen konnten ...
Dieser Lehrer weiß, was nur wenige wissen, daß es seine Aufgabe ist, mit der Intelligenz seiner Schüler eine Beziehung herzustellen, wo immer und was immer das sein mag, und er hat genug Intuition und Phantasie, um es auch zu tun ... Ebenso wichtig war seine besondere Art von Achtung vor diesen Kindern, seine Überzeugung, daß sie unter ihnen gemäßen Umständen erstklassige Denkarbeit leisten konnten. Es war weder Herablassung noch Mitleid in seinem Verhalten, nicht einmal irgendwelche sichtbare Sympathie. Für die Dauer der Stunde waren er und die Kinder nichts Geringeres als Kollegen, die ein schwieriges Problem zu lösen versuchten und es auch schafften« (Holt 1969, S. 69 ff.).

Dem Chaos von Sinneseindrücken einen *vorhergesehenen* Zusammenhang abzuringen, diesen vorhergesehenen Zusammenhang bestätigt zu sehen — das scheint eine umstürzende Erfahrung eigener Kontinuität, eigener Verläßlichkeit einzuschließen; man kann sich erproben, die eine Erfahrung annulliert nicht unentwegt die andere; als einer, der sich eines Zusammenhangs vergewissert hat, der sich als Kontinuum in einer nichtchaotischen Welt spürt, sucht er, begeistert, soziale Resonanz: er spiegelt sich in bedeutenden anderen: er hält die Stäbe hoch, damit sie sehen, »er paßt, er paßt«.

Solche ebenso unscheinbaren wie dramatischen Erfahrungen sind nicht technisch in Gang zu setzen durch methodische Kniffe, sozialintegrative Freundlichkeiten und dramatisch modellierte Stundenabläufe mit Einleitungen und runden Schlüssen. Faszinierend an dem Bericht Holts der schier asketische Verzicht des Lehrers auf das, was landläufig als Merkmal pädagogischen Verhaltens verbucht wird. Was besagt es, wenn man angesichts dessen von einer Asymmetrie, einem Informations- und Fähigkeitsgefälle spricht? Solche Charakterisierungen bleiben der Sache äußerlich, wenn es in dieser Weise ernst wird mit der Konstituierung des Ich und seiner Welt. Der Lehrer realisiert, auf dem Weg der Empathie, vermutlich etwas von dem Schrecken der Zusammenhanglosigkeit der Welt, der Nichtigkeit des Ich. Und er arbeitet im Ernst mit den Kindern, nicht als überlegener Spieler, der ohnehin schon über alle Stabilitäten verfügt, an dem Aufbau von Kontinuität, von Sinn. Das meint wohl Holt, wenn er davon spricht, Gattegno habe mit den Kindern wie mit Kollegen gearbeitet. Solche Konstitutionserfahrungen scheinen gar nicht unbedingt abzuhängen von möglichst lebensnahen und praktisch verwendbaren Aufgaben oder Situationen.

Die bedrohte Identität — Schlußbemerkungen

Wer jemand ist, spielt sich in seinen sozialen Beziehungen ein — ebenso wie das, was ihm wichtig, real, unbezweifelbar gültig vorkommt. Charakteristisch für unsere Lage ist, daß sich aufgrund verschiedenartiger, sich überschneidender, undurchschauter und wechselnder sozialer Beziehungen auf seiten des Individuums Irritationen einstellen: Wer bin ich, was ist real, was ist wichtig? Eine Frage, die jeder Tag, jede bedeutsame Interaktion stellt.

Das Individuum ist unter Zugzwang, denn die verschiedenen Identitäten und Weltdeutungen, die ihm in sozialen Beziehungen zugespielt werden, kann es nicht ohne böse Folgen unverbunden nebeneinander stehen lassen — wenn nämlich eine Identität die andere zu annullieren droht. Unter unvereinbaren oder sich neutralisierenden Ansprüchen vermitteln zu müssen, lähmt und kostet Kraft. Der eine Teil des Ich hat Angst davor, von dem anderen Teil des Ich annuliert, durchgestrichen zu werden — so wie der besoffene (und human auf Verbrüderung erpichte) Puntila in Brechts Stück vor dem nüchternen (und brutal rechnenden und herrschenden) Puntila Angst hat, ohne mit dem Dilemma durch innere Umschwünge fertig werden zu können — weil es in der sozialen Konfiguration und nicht in der Innerlichkeit von Subjekten begründet ist.

Eine Instanz im Individuum, nennen wir sie bestimmten Konventionen gemäß das Ich, scheint — wenn nicht tiefe Persönlichkeitsstörungen vorliegen — herausgefordert, zwischen unverträglichem Fremdem zu vermitteln, d. h.

gemeinsame Nenner in Gestalt von Erklärungen und Bedeutungszulegungen zu finden. Das nicht Passende, das schwer Vereinbare braucht übrigens nicht nur Bedrohtheitsgefühle der Angst zu wecken — es kann auch Faszination, Hoffnung hervorrufen. An der Qualität solcher Vermittlungs- und Vereinheitlichungsbemühungen hängt einiges. Arbeit an der eigenen Identität ist Arbeit an der Integration disparater Anteile der Selbst- und Welterfahrung. Verbreitete (interaktionistische) Vorstellungen über wünschenswerte Verarbeitungen solcher Spannungen in der Selbst- und Welterfahrung bleiben leicht formal und abstrakt-programmatisch: formal, wenn technische und ökonomische Metaphern wie »Rollenflexibilität«, »Identitätsbalance«, »identity bargaining«, »Identitätsorganisation«, »plastische Hierarchie« die Argumentation steuern und die lebensgeschichtliche und natürlich-sinnliche Mitgift der Subjekte zu beliebig handhabbarem Material zu entqualifizieren drohen; abstrakt-programmatisch, weil die Herkünfte und die inhaltlichen Quilitäten der belastenden Anforderungen ebenso blaß bleiben wie die verschiedenen Arten, etwas mit diesen Belastungen anzufangen, um mit ihnen leben zu können. Man sieht bei der abstrakten Empfehlung von Rollenflexibilität und Identitätsbalance nicht schärfer auf die Art und Herkunft der Schubkraft, die die Subjekte unter Druck setzt, man wird auch nicht aufmerksam auf konkrete Situationen und Handlungszusammenhänge, auf Szenen also, in denen Menschen irgendwie damit fertig zu werden suchen, daß Anteile ihrer selbst von Annullierung bedroht sind. Was mit bestimmten moralischen, wissenschaftlichen, weltanschaulichen, ökonomischen oder auch didaktisch-erzieherischen Normen unverträglich ist, kann in wichtigen Beziehungen der Exkommunikation verfallen: eine sehr alltägliche Praxis.

Ich wollte versuchen, Szenen und Situationen alltäglichen wie didaktischen Umgangs mit Heranwachsenden — die ja noch weniger Routinen zum Abfangen von Identitäts-

erschütterungen zu entwickeln Gelegenheit hatten — daraufhin zu mustern und vorsichtig zu interpretieren, ob und wie Belastungen der eigenen Identität wahrgenommen, verarbeitet werden.
Solche vorsichtige Phänomenanalyse ersetzt natürlich nicht, was nur eine politisch-gesellschaftlich sensible Theorie des Subjekts und der Interaktion im Erschließen von Zusammenhängen, Druckfaktoren, Bedingungen, Mechanismen vermag — aber gerade auch Autoren, die die Theoriediskussion über die Konstituierung des Subjekts in unserer Gesellschaft vorantreiben, bleiben merkwürdig formal und blaß, wenn es um die Charakterisierung konkret-geschichtlicher Vorgänge geht, in denen Menschen an ihrer provozierten, belasteten Identität arbeiten[2].
Erziehungswissenschaft sollte für identitätsbedeutsame Szenen empfindlich werden, wenn sie aufmerksamer und handlungsfähiger machen will — denn das Antasten von Identitäten in neuen, fremden, irritierenden oder faszinierenden Beziehungen ist vielleicht die normale und alltägliche Provokation, etwas zu lernen.
Arbeit an der eigenen Identität ist eine Reaktion, bei der das Ich divergierende Forderungen und Erfahrungen — trotz der Bedrohung schon verbürgter und sozial approbierter Identitäten und Weltbilder — wahrzunehmen und prüfend in Beziehung zu setzen versucht. Starre und ritualisierte Formen und Vermittlung werden nicht ungeprüft übernommen; die Affekte der Angst — die immer eine Angst vor dem Nichtigwerden, vor der Vernichtung ist — setzen sich nicht übermächtig und blind durch. Arbeit an der eigenen Identität führt zu dem, was in der Literatur als »Ichstärke« und »Ichidentität« von psychoanalytischen wie interaktionistischen Theorien her angepeilt wird — wobei Ichstärke auf die positive Belastbarkeit des Ich, Ichidentität auf die Kontinuität des Ich inmitten verschiedenartiger und widersprechender Welt- und Selbstanteile abhebt.
Eingeschliffene und stereotype Weltbilder und Verhaltensabläufe (Rituale) sind Formen unreifer Abwehr oder Vor-

ausverteidigung gegen das Wahrnehmen und Durcharbeiten von Erfahrungen. Schmerzlich und kränkend sind solche Erfahrungen, wenn die Kontinuität des Subjekts angetastet wird; es kränkt das Selbstwertgefühl, die Selbstachtung, wenn eine Situation, eine Beziehung zwingt, Anteile der Selbst- oder Welterfahrung stillzulegen, zu verachten, zu unterdrücken, die in anderen Situationen und Beziehungen gültig und bedeutsam waren und sind. Der Bruch der Kontinuität kann das mobilisieren, was psychoanalytische Forschung »narzißtische Kränkung« nennt: Das Virulentwerden solcher in der Kindheit freigesetzter Affekte läßt Erwachsene zwischen realitätsfernen Nichtigkeitsängsten und Selbstwertzweifeln und ebenso realitätsfernen Größen- und Allmachtsphantasien taumeln (Kohut 1975, S. 214, 232 ff.). Lernen, mit Brüchen in der Kontinuität der Selbst- und Welterfahrung zu leben, etwas mit ihnen anzufangen, ohne durch starre wissenschaftsdogmatische, rituelle oder politdogmatische Festlegungen die Erfahrungen lebendiger Menschen zu überrollen, dieses Lernziel dürfte wachsende Bedeutung gewinnen, außerhalb wie innerhalb von Schulen. Denn was hilft der Aufbau kognitiver Operationen, was hilft die Beherrschung von Techniken und Informationen, wenn die Subjekte, die über solches verfügen, von blinden Angst- und Größenphantasien getrieben sind?[3]

ANHANG: ARBEITSPAPIERE

Drei der folgenden Papiere stammen aus einschlägigen Lehrveranstaltungen des Wintersemesters 1975/76 an der Universität Frankfurt/Main; das vierte ist als Gesprächsunterlage für eine Projektbesprechung mit verschiedenen Didaktikern niedergeschrieben. Der Werkstattcharakter und das Improvisierte der Darlegungen können vielleicht zum Weiterdenken, zum Widerspruch mehr anregen als eine geschlossene Abhandlung, die schon von ihrem literarischen Genre aus mehr darauf angelegt ist, Ungereimtheiten zu glätten und Offenheiten zu vermeiden.

NOTIZEN NACH DEM SEMINAR »STANDARDISIERUNG UND SELBSTTÄTIGKEIT«

(1) Immer wieder, in Variationen, drei Einwände, Fragen gegen das mit Selbsttätigkeit Gemeinte (und bei Thiel und Wertheimer an Beispielen greifbar Gemachte): (a) Die institutionellen und gesellschaftlich bedingten Druckverhältnisse (Schülerzahlen, Meßzwänge, Kontrollpflichten, Lehrplanzwänge) lassen es nicht zu. (b) Es bleibt scheinbar und fiktiv — Freiräume im Gefängnis, auch wenn's methodisch gelingen sollte. (c) Schüler *wollen* doch geführt werden, das Chaos bricht aus, wenn man sie selbst tun läßt. Hinzu kommt der Verschleierungsverdacht im allgemeinen.

(2) Ob so etwas gelingt, in geringen Beimischungen gelingt, ist offensichtlich Niederschlag von sozialen Kommunikationsverhältnissen, die mehr sind als die Summe methodisch-didaktischer oder sozial-regulierender Techniken, über die ein Lehrer, eine Schule verfügen. Auch nicht Folge gewisser Inhalte, die fast automatisch so etwas hervorrufen.

(3) Ich halte es für einen Irrtum, der die Realität Schule, wie sie von Schülern erlebt wird, verfälscht, wenn man sich auf »Alles-oder-Nichts«-Alternativen verläßt. Es gibt interessanterweise auch in ungünstig erstarrten Lehrverhältnissen empfindliche und lebendige Interaktionen, wenn auch selten.

(4) Kein methodischer Kniff, der souverän technisch von dem raffiniert steuernden Lehrer zu beherrschen wäre (das wäre der Techniker, der den Eindruck der Scheinhaftigkeit, des Unernstes erzeugt), ist gemeint — so wenig sorgfältige Analysen der Bedingungen von Selbsttätigkeit überflüssig sind, wie sie die Psychologie zum Teil auch in Laborversuchen bietet.

(5) Man soll die inhaltliche Planung und Vorgabe nicht geringschätzen, so sehr sie nachher von der Realisierung, der Inszenierung und den in ihnen lebendig werdenden sozialen Verhältnissen überlagert und, je nach dem, verzerrt oder angemessen realisiert werden. Ein Schulbuch mit interessanten Text-, Materialienkombinationen, mit wirklich offenen Fragen und Antworten — das ist eine wichtige Hilfe.

(6) Aber was ist über diese mysteriösen sozialen Beziehungen zu sagen, von denen es der These nach abhängt, ob spurenweise Selbsttätigkeit zum Zug kommt? Woran kann man sie erkennen? Sicher nicht an der Zahl, der Länge der Lehreräußerungen, auch nicht an der Größe der Spielräume für die Schüler — das sind meines Erachtens doch Äußerlichkeiten, die leicht umfunktionierbar sind in totale Vereinnahmung.

(7) Dabeisein in relevanten Situationen; dabeisein, wenn es ernst wird, Überwindung des Abgrunds zwischen persönlichem Umgang und dem beruflich-professionellen Erzieherverhalten (Amt und Person), Zeithaben, Aufmerksamsein (wirklich, nicht gespielt) für das Unfertige, Werdende, Widersprüchliche, oft genug schockierend unglaublich anfängerhaft Anmutende. Zeit und Aufmerksamkeit haben für das nicht Voraussehbare und Terminierte (die Berufsangst vor solcher Offenheit wahrnehmen lernen) — damit ist im Anschluß an von Hentig und Illich etwas angedeutet, bildhaft, aber vielleicht anregend.

(8) Es gibt sichtbare Zeichen für die Abwehr solcher ernster, offener Situationen im Alltag des Umgangs von Lehr- und Erziehungsinstitutionen: Lückenausfüllzwänge, Korrigierzwänge, Einleitungs- und Resümierzwänge; wo sich ein Lehrender hinsetzt, -stellt, Eingangsrituale, Korrektheits- und Endgültigkeitsbedürfnisse in Sprache und Denken. Wenn menschliche Beziehungen entstehen statt Lehr-Lern-Kontakte, dann ... (ich weiß, wie mißverständlich auch das wieder ist). (Februar 1976)

INHALTSANALYSE VON UNTERRICHTSMATERIALIEN – SCHLUSSPAPIER

Eine *Liste von Fragen zur Diagnostizierung von Lehrbüchern und Unterrichtsmaterialien* unter dem Gesichtspunkt, *ob, in welchem Grad, in welcher Art* die inhaltliche Vorgabe ein Lernen begünstigt, das Schul-Lernpraxis von sonstiger Lebens- und Lernpraxis mit ihren sozialen, lebensgeschichtlichen und emotionalen Wertigkeiten abspaltet oder in eine verarbeitende Beziehung zu bringen versucht.

Notiz a: Es ist festzustellen, daß Unterrichtsmaterialien nur *eine* Determinante von Schullernen sind.

Notiz b: Es ist offenkundig, daß die folgenden Fragen – schon weil sie nicht gegenstandsspezifisch sind – nur relativ grobmaschige Orientierungspunkte geben; ihre konkrete Anwendung fordert interpretative Beimischungen von seiten dessen, der sie anwendet. In diese »Beimischungen« gehen natürlich Annahmen ein.

Notiz c: Die folgenden Fragen versuchen, Gesichtspunkte der Einzelanalysen wie der Theorietexte (Adorno, Kosik, Negt/Kluge, Bourdieu) in Handlungsvorschläge umzumünzen – d. h. hier in Vorschläge der Diagnose.

(A) Aufgaben, Handlungsvorschläge, Arbeitshinweise in Unterrichtsmaterialien

(1) Sind die in den Materialien vorgezeichneten Aufgaben und die sie orientierenden Soll-Normen allein aus Sachstrukturen abgeleitet (»optimale Beherrschung einer Sache«)? Gilt es auch als Leistung, in differenzierter, phantasievoller, kritischer Art eigene, persönliche Erfahrungen, Ideen, Vermutungen, Versuche einzubringen (auch wenn dadurch der Lernweg umwegreicher und langwieriger wird)?

(2) Sind die Aufgaben durchweg auf Lernzustände bezogen, die abstrakt beurteilbar, vergleichbar, kontrollierbar sind? Lassen sie eine oder mehrere Lösungen zu? Sind sie auf ein Ergebnis (Produkt) oder auch auf einen Prozeß bezogen? Begünstigen sie isolierte, konkurrenz-orientierte Arbeit? Oder Diskussion, Zusammenarbeit?

(3) Taucht Wissen und Können als von Lebensgeschichte gelöster vorzeigbarer Besitz auf, den weder Rost noch Motten noch künftige Erfahrung anrühren, verändern, beeinflussen können?

(4) Gibt es Aufgaben verschiedenen Typs – unter den in (1) bis (3) genannten Gesichtspunkten? Werden sie deutlich abgegrenzt? Oder tauchen sie vermischt auf?

(B) Modellierung von Inhalten (»Ergebnissen«, »Gehalten«) in Unterrichtsmaterialien

(5) Welche Rolle spielen Vorerfahrungen, alltägliche Selbst- und Welterfahrungen von Lernenden wie Lehrenden (Ideen, Schocks, Hoffnungen, Ängste, Vermutungen, private Theorien, Versuche), alltägliche Verwendungszusammenhänge in der Darstellung und Entwicklung von Sachzusammenhängen, Sachkompetenzen? (Tauchen sie überhaupt nicht auf — der Lernende ein »weißes Blatt«; tauchen sie, ohne Eigengewicht, nur zum Zweck der Demonstration, Illustration auf?)

(6) Kommt nur die Fachsprache, die wie immer übersetzte Fachsystematik zum Zug — oder (auch) die Sprache, die Logik, die Sichtweise des Anfängers, des Laien, des Tastenden?

(7) Werden Inhalte, Kenntnisse, Strukturen, symbolische Materialien auf geschichtlich-gesellschaftliche Entstehungs-, Verwendungs-, Rezeptionsbedingungen hin geöffnet — oder erscheinen sie als abstrakt gültiges (wertvolles) »An-Sich«, das quasi vom Himmel der Wissenschaft (der Kunst etc.) gefallen ist?

(8) Werden kontroverse Deutungen, Ansätze, Grundannahmen genannt — oder auch Informationen, die in die vorgeschlagenen Lösungen (Erklärungen) nicht ganz glatt hineinpassen? Wird die »Problematisierung von Geltungsansprüchen«, Voraussetzung »reflexiven Lernens« (Habermas) dann und wann greifbar — oder betritt der Lernende ein Terrain von Fertigwahrheiten, Fertigwerten?

(9) Wenn eine Anknüpfung an die Lebenswelt versucht wird — welche Qualitäten hat diese einbezogene Lebenswelt (fiktive Idylle, interessante Vielfalt, monotone Überflußwelt...)? Wenn Selbsttätigkeit vorgesehen wird — welches *Selbst*, welche Anteile des *Selbst* werden gefordert? (Der kognitive »learner«? Die Anteile des Selbst, die Negt, mißverständlich, als emotionalen und sozialen Unterbau des Lernens bezeichnet?)

(10) Wer schreibt den Lehrbuchtext — ein Subjekt mit Geschichte, Meinungen, Positionen, Ideen — oder ein abstrakter, subjektloser Mund der Wahrheit?

(11) Wird versucht, Inhalte von einem immer durchsichtigen Problem und Zielzusammenhang her zu organisieren — oder werden sie mehr additiv stückhaft nebeneinandergerückt (am Ende sieht der Lernende dann, daß es einen »Sinn« hatte...)?

(12) Welche Rolle spielen Vorstellungen von den »Grundlagen«, den »Voraussetzungen« in der Strukturierung der Inhalte?

(13) Die Bilder, die Graphik, die Drucktypen: perfekt, fertig, glatt; verwirrend, chaotisch, betriebsam; oder was sonst?

(Februar 1976)

SEMINAR: INHALTSANALYSE VON UNTERRICHTSMATERIALIEN

Arbeitsunterlage: Das Archimedische Prinzip

Im Anschluß an die Diskussion in der Sitzung vom 5. 11. 75 lege ich hier — mit der Bitte um Kritik, um Alternativen, um Rückfragen, um theoretische Verdeutlichungen — einen Lehrtext vor, von dem ich behaupten würde, er kanalisiert und sistiert nicht in gleicher Weise wie die beiden diskutierten Schulbuchtexte die lebensgeschichtlich erworbene Sinnlichkeit und die an sie geknüpften Deutungs- und Erklärungsversuche; er ist insofern eher geeignet, die Kontinuität des Erfahrungszusammenhangs zu wahren, und fordert nicht Unterdrückung eigener Erfahrung zugunsten des Machtspruchs einer so hoch prestigebehafteten Größe wie der (Natur-)Wissenschaft:

Das Archimedische Prinzip

Wenn ich ins Wasser springe, spüre ich einen Widerstand beim Durchstoßen der Wasseroberfläche. Wenn ich eine Dose, einen Topf, ein Stück Holz in Wasser tauche, setzt dem das Wasser offenbar auch einen gewissen Widerstand entgegen — die Bewegung solcher Gegenstände unter Wasser geht schwerer vonstatten. Auch ein Stein beispielsweise, der erst durch die Luft gefallen ist, dann auf Wasser aufplatscht, wird spürbar und sichtbar gebremst: im Wasser sinkt er nur noch — er fällt gewissermaßen viel langsamer. Warum wohl?
Man kann einmal ausprobieren — in einem Schwimmbad, in der Badewanne, in der Spülschüssel z. B. —, wie sich ein Stein trägt, den man zuerst nur in der Luft und dann unter Wasser in der Hand hat. Man wird merken, daß er unter Wasser leichter wird. Vielleicht vermutet man, daß er immer leichter wird, je tiefer er kommt. Man müßte auch das ausprobieren. (Wie könnte man das herausbekommen?)
Aber warum wird der Stein — oder ein Stück Eisen, oder auch der eigene Körper (man kann ja im Wasser Schwebesprünge machen ähnlich wie die Astronauten auf dem Mond) — unter Wasser leichter? Das wird leicht verständlich, wenn man sich daran erinnert, daß das Wasser jeden in es einfallenden Körper — sei es ein Stein, sei es ein Menschenkörper — abbremst, ihnen also einen gewissen Widerstand entgegensetzt. Wenn man ein Stück Holz oder einen Ball unter Wasser drücken und dort halten will, spürt man diesen Widerstand besonders stark. Ein Ball wird ja, wenn man ihn plötzlich unter Wasser losläßt — förm-

lich wieder herausgeschleudert, er springt ein Stückchen über die Wasseroberfläche.
Jedenfalls: Um ein Stück Holz, einen Ball, einen Schwimmring, ein Schiffchen unter Wasser zu halten, muß man mit einiger Kraft nach unten drücken. Man spürt, daß etwas dagegen, nach oben drückt; es treibt gewissermaßen hinauf.
Es stellt sich die Frage, wovon die Stärke dieses auftreibenden Gegendrucks abhängig ist, womit sie zusammenhängt. Mit der Schwere des Gegenstandes (je schwerer, desto mehr oder weniger Gegendruck)? Von der Größe des Gegenstandes? Von der Tiefe unter dem Wasser- oder Flüssigkeitsspiegel, in die man den Gegenstand bringt? Von irgendeiner Eigenart der Flüssigkeit, die den Gegendruck, den Auftrieb entwickelt?
Die Frage ist wohl nicht durch Nachdenken allein zu entscheiden, man muß sich verschiedenes einfallen lassen, um festzustellen, wer oder was an der Stärke des gegen den Gegenstand drückenden Auftriebes schuld ist.

Folgende Versuche lassen sich ausdenken und durchführen, um die Verdachtsmomente zu überprüfen:
(1) Versuch 1: Derselbe Stein – in verschiedener Tiefe, wiegt er verschieden schwer?
(2) Versuch 2: Verschieden schwere Steine in derselben Tiefe, wiegen sie verschieden schwer?
(3) Versuch 3: Verschieden große Steine derselben Sorte in derselben Tiefe, verlieren sie verschieden viel Gewicht (d. h. wirkt auf sie ein verschieden starker Gegendruck nach oben)?
(4) Versuch 4: Die Versuche 1 bis 3 wären nun in verschiedenen Flüssigkeiten zu wiederholen, in Öl, in Mayonnaise vielleicht, in Quecksilber.

Man merkt bei diesen Versuchen: Die Stärke des Auftriebs, des Gegendrucks hängt mit der Eigenart, dem Gewicht der Flüssigkeit zusammen: je schwerer diese Flüssigkeit, um so mehr Widerstand setzt sie entgegen, um so stärker treibt sie den Gegenstand wieder hinauf – klar, daß dann der Gegenstand, weil er ja stärker nach oben gedrückt wird, weniger wiegt, d. h. weniger stark an der Federwaage nach unten zieht.
Man kann jetzt natürlich weiterfragen, ob das »Wieviel« dieses Gewichtsverlustes mit irgend etwas zusammenhängt.
Man hat den Verdacht gehabt, er hinge mit der Menge Flüssigkeit zusammen, die dieser Gegenstand verdrängt; man hat den Verdacht überprüft und bestätigt gefunden: er verliert so viel an Gewicht, wie die von ihm verdrängte Flüssigkeitsmenge wiegt – das ist das sogenannte Archimedische Prinzip.
Versuch 5: Man läßt beim Eintauchen das Flüssigkeitsgefäß

überlaufen und wiegt Gewichtsverlust wie übergelaufene Flüssigkeitsmenge.
Frage: Wann geht ein Gegenstand unter? Wann schwimmt er von selbst? Wie erklärt sich, daß Luftblasen im Wasser hochsteigen?

Zum Vergleich einige Sätze aus »Der neue Grimsehl, Physik I«, Klett, Stuttgart, S. 28:
Der Auftrieb in Flüssigkeiten
a) Das Archimedische Gesetz. Beim Herausziehen eines Steines aus dem Wasser spürt man, daß dieser im Wasser leichter als in der Luft ist. Den scheinbaren Gewichtsverlust, den jeder in eine Flüssigkeit getauchte Körper erfährt, bezeichnet man als *Auftrieb*. Um den Zusammenhang zwischen dem Gewichtsverlust des Körpers und der von ihm verdrängten Flüssigkeitsmenge kennenzulernen, stellen wir folgenden Versuch an: Wir hängen nach Abb. 28 1. einen beliebig gestalteten Körper an eine Federwaage, stellen darunter ein Meßgefäß mit Wasser und senken die Federwaage mit dem dranhängenden Versuchskörper allmählich, bis er ganz ins Wasser eingetaucht ist oder darauf schwimmt. Dabei können wir bei jeder Stellung sowohl den Gewichtsverlust des Körpers am Rückgang der Federwaage als auch den Rauminhalt des verdrängten Wassers am Meßgefäß feststellen. ...

THESEN ZU EINER INTERAKTIONISTISCHEN DIDAKTIK

Eine Gesprächsunterlage für eine Projektbesprechung

(1) Was passiert in einer Situation, in der einem Neues, Unbekanntes, Ungewohntes widerfährt, abgefordert wird? Wie dieses Urbild einer Lernsituation aufgefaßt wird, welche Züge und Zusammenhänge als bedeutsam, als der Aufmerksamkeit bedürftig angesehen werden, davon hängt für Handelnde wie für Theoretisierende viel ab — die Qualität der Didaktik, die Qualität der normalen Schulpraxis.

(2) Ein Mensch in einer Situation, in der es jedenfalls ihm fremde, neue, ungewohnte Elemente gibt, ist von sich aus kein unbeschriebenes Blatt — er bringt schon immer etwas mit an Erwartungen, Bereitschaften und Neigungen, bestimmten Widerfahrnissen bestimmte Bedeutungen und Wertungen zuzulegen, sie irgendwie unter ihm vertraute Kategorien einzuordnen.

Ohne dieses Mitgebrachte könnte ihm ja eine Situation gar nicht neu, fremd, ungewohnt sein.

(3) In diesen mitgebrachten Spielarten, Affekte und kognitive Tätigkeiten irgendwie zu modellieren, schlagen sich frühere Erfahrungen mit anderen Menschen, mit Dingen, mit Geschehnissen nieder.

(4) In den »neuen Situationen«, in die der Neuling, der Fremdling, der »Lernling« kommt, gibt es auch immer schon Erwartungen und Deutungen, die sich auf den Neuen, den, der da nicht zu Hause ist, richten: er wird aktiv als jemand angesehen, ihm wird eine Stellung zugemessen, eine Art, wie er zu agieren hat, welche Bedeutung er bestimmten Dingen und Erfahrungen zuzulegen hat, und zwar unweigerlich, denn jeder Fremde, Neue, Anfangende ist eine Bedrohung für die Stabilität einer bestehenden Einrichtung — ob das eine Schule, eine Kirche, ein Betrieb, ein Büro, eine Familie ist — immer sind mühsam erworbene und dringend nötige Festlegungen in einem empfindlichen Gleichgewicht. Übrigens sind Kennzeichnungen wie die des *Neuen*, des *Anfängers*, des *Fremdlings* schon solche Bedeutungszulegungen, in denen eine Menge von Erwartungen geweckt und für normal erklärt werden.

(5) Es gibt also ein Ich, das Neigungen und Bedeutungszulegungen in die Situation mitbringt — und es gibt ein Ich, das in der Situation erwartet, vorgezeichnet wird: durch bedeutungsvolle andere, durch die Art, wie der *Neue* vormodelliert wird, durch Spielregeln und Sanktionen wie Belohnungen, die die Einrichtung zu vergeben hat, in der die Konfrontationen mit Neuem, Fremdem, Unbekanntem spielen.
Eine entscheidende Frage aus der Perspektive des Lernenden, des Neuen, des Anfängers heißt: Was passiert mit dem alten, dem mitgebrachten Ich, wenn ihm ein neues Ich präsentiert, nahegelegt, vorgeschrieben wird? Ist es (völlig, zum Teil?) fehl am Platz? Was passiert den Bedeutungen, die das Ich in die neuen Situationen mitbringt? Stillegung? Unterdrückung? Konfrontation? Integration? Abtrennung? Gibt es typische Szenen, Abläufe, Affekte? Und mittels welcher Tätigkeiten, welcher Mechanismen wird das Neue angeeignet oder abgestoßen? — Dieselbe Frage gilt dem Alten.

(6) Ein sehr alltägliches Beispiel mag das Gemeinte deutlich machen: ... »Später kamen die sogenannten eingekleideten Aufgaben, die bestimmt nur zur Qual für Schulkinder erdacht waren. 7 Arbeiter graben ein Grundstück in 35 Stunden um —

Fragen« (in: Schulwissen, 1971, S. 113; die zitierte Passage wie lange brauchen 12 Arbeiter? — Warum nahm man keinen Pflug? Waren denn alle Arbeiter gleich schnell? Fragen über steht in einer Skizze von H. Gidion). Die Aufgabe mobilisiert in einer Instanz des Lernenden Erinnerungen an Lebenssituationen — die Leute arbeiten, auch beim Umgraben, verschieden schnell, verschieden gut, heute gibt es Pflüge. Diese mitgebrachten und schon verarbeiteten Erfahrungen werden durch die Aufgabe virulent — aber nur in Opposition. Das Ich, das hier durch die Institution, durch die soziale Situation des Unterrichts vorgeschrieben wird, kennt solche Irritationen durch Gedanken an früher Erlebtes, an den alltäglichen und praktischen Menschenverstand nicht: es rechnet die Aufgabe unter Absehung von historischen und lebenspraktischen Konnotationen, Individualisierungen. Hier ist Arbeiter gleich Arbeiter. Beachtenswert, daß auch hier etwas vom alten Ich, von der mitgebrachten Erfahrungswelt angefordert wird: Arbeiter, die ein Stück umgraben — darunter muß man sich etwas vorstellen können; man soll also ein Stück mitgebrachten Lebens einbringen. Aber anderes muß offenbar unterdrückt, abgestreift werden. Denn woher rührt der vehemente Widerspruch gegen die praktische Unvernunft der Aufgabe, wenn nicht aus dem Reservoir mitgebrachter und in einer Ichinstanz verwahrter Vernunfterwartungen? Offensichtlich reichen abstrakt-plakative Unterscheidungen — wie Abtrennung, Unterdrückung, Integration — nicht hin, die hier spielenden Prozesse aufzuschließen und zu unterscheiden.

(7) Neue Erfahrungen — Dinge, Geschehnisse, Personen, Beziehungen etc. — werden also mit Hilfe der alten aufgefaßt. Der Lernende, der Neuankömmling ist nie ein unbeschriebenes Blatt — es kann aber Versuche seitens der Einrichtung, in die er kommt, geben, ihn dazu zu machen. Wie sehen solche Versuche aus? Wie sehen Formen aus, wie Individuen damit fertig zu werden versuchen? Wenn man beispielsweise sagt, man könne mit einem Buch, einem Problem, einer Sache »überhaupt nichts anfangen«, dann heißt das, man habe in seinen Erfahrungen und Deutungsmustern, diesem Niederschlag früherer Beziehungen, wenig, was heranzuziehen wäre, um irgendeine Integration der Vorgabe zu ermöglichen.

(8) Was in der Didaktik unter »Anknüpfung«, »Motivation«, »Einstieg«, aber auch unter »Veranschaulichung«, »Lebensnähe«, »Anwendung« verhandelt wurde und wird, hat mit der Art und dem Grad zu tun, wie die Erfahrungspotentiale ein-

bezogen werden — welche Anteile gebilligt, aufgegriffen, korrigiert, verworfen, verschwiegen werden. Bildhaft: Was mit dem »alten Menschen« geschieht, interessiert die Didaktik praktisch schon immer.

(9) Wie es dem alten Menschen, dem biographischen Ich in neuartigen Situationen ergeht, welche seiner Anteile in welchem Grad zum Zug kommen und welche mit welchen Mitteln ausgegrenzt werden, das hängt von der Qualität der Interaktion, der in ihr spielenden symbolischen Bedeutungen ab — der Bedeutungen etwa von »Schüler«, von »Lehrer«, von »Schullernen«, von »Fehler«, von »Anfänger«, von »gut« und »schlecht«. Von diesen in einer Interaktion spielenden Bedeutungen und Deutungen hängt es ab, welche Anteile des Ich von wichtigen anderen Personen, in wichtigen Institutionen akzeptiert, vorweggenommen, als normal oder wünschenswert zugespielt werden. Ohne solche Zuspielungen wird das Ich ortlos, nichtig — es weiß nicht, woran es mit seiner Umwelt ist, weil es nicht weiß, woran es mit sich ist — *wer* es ist. Die Gefahr solcher Erfahrungen eigener Ortlosigkeit und Nichtigkeit ist besonders groß in künstlich aus der gesellschaftlichen Lebenspraxis ausgegrenzten Situationen, die zudem noch auf das Lernen von Neuem, Unbekanntem spezialisiert sind.

(10) Wer man sein kann — das ist zum Teil die Frage, wer man zu sein hat. Was einem einfallen darf, was zu fühlen, zu sagen, zu zeigen angeht, ohne daß man sich »unmöglich« macht, wie es sehr treffend heißt (wer sich unmöglich macht, verliert in bestimmten Beziehungen seine Existenz — er ist niemand mehr; und das ist fatal, wenn er auf diese Beziehung angewiesen ist), das ist offenbar eine Machtfrage. Es hängt ab von Spielregeln der Interaktion, von Normen und Traditionen der Institutionen, von gesellschaftlichen Macht- und Druckfaktoren und den in ihnen wirksamen Interessen. Es gibt allenthalben Standardfestlegungen von Handlungsspielräumen — das wären also die Räume, in denen mitgebrachte Erfahrungspotentiale und -bedürfnisse (Neugierden z. B.) in Auseinandersetzung mit den neuen Vorgaben, Anforderungen, Erwartungen zum Zug kommen dürften, Spielräume der Konfrontation mit eigenen Erfahrungen, der Arbeit an der eigenen Identität.

(11) Ein Mißverständnis ist abzuwehren: Fremde und das Ich festlegende Bedeutungen sind keineswegs von vornherein Unterdrückung. Sie sind Voraussetzung, daß ein neu Hinzukommender (ein Fremder, ein Anfänger, ein Kind) etwas lernt, daß

er sich stabilisieren lernt, wenn er sein mitgebrachtes Erfahrungspotential mindestens teilweise annulliert oder jedenfalls überfordert sieht.

(12) Theoretisch ließe sich ableiten, daß es zwei Arten von Standardfestlegungen gibt, die die Arbeit an der eigenen Identität erschweren oder unmöglich machen. Einmal die totale Festlegung in streng vorgeschriebenen und kontrollierten Aktionsfiguren — ohne Probehandeln, ohne Synthetisierungsversuche, ohne Revisionsmöglichkeiten, ohne Möglichkeiten zu riskantem Verhalten, ohne Möglichkeiten, andere als die vorgeschriebenen Relevanzen, Wichtigkeiten zu finden, zu definieren, als approbierte durchzusetzen. Eine zweite Standardfestlegung, als solche schwerer zu durchschauen, ist das totale Offenlassen verbindlich zugespielter Bedeutungen von Menschen, Dingen, Geschehnissen. Das Ich weiß nicht, wer es sein soll — es kann sich nicht auseinandersetzen mit ihm vorgezeichneten Identitäten. Die dadurch ausgelöste Irritation dürfte Ängste wecken, die ihrerseits den Rückzug auf einmal erworbene Stabilitäten, oft ein infantiles Ich, begünstigen. Oder aber es tritt die Aufsplitterung und Auflösung der die Erfahrungen prüfenden und synthetisierenden Ichinstanz ein. Undurchschaute und chaotisch divergierende Umwelterfahrungen lassen keine Subjektbildung zu. Beide Spielarten, die Arbeit an der eigenen Identität zu hintertreiben, finden sich heute in Bildungsinstitutionen.

(13) Die Ichanteile, die ein Mensch in Interaktionen und im Austausch mit Erwartungen anderer bildet, können mehr oder minder unverbunden miteinander sein. Wenn Anteile, die in Beziehungsgeflecht A akzeptiert und förderlich sind (z. B. grübelndes Nachdenken, unbefangenes Probieren von Ideen), in Lebensbeziehung B verboten, schädlich, tabuiert sind — dann wird das integrierende Ich irgendwie mit dieser Disparatheit fertigwerden müssen. Wenn es sich bemühen muß, auch in Lebensbeziehung B jemand zu sein, dann wird es sich bemühen müssen, in dieser Beziehung »ein anderer« zu sein, d. h. Antriebe, Deutungsbereitschaften aus der Beziehung A stillzulegen, zu unterdrücken. Daß viele Menschen in Sachen Kunst und Wissenschaft beispielsweise ihr Alltags-Ich mit seinen Gefühlen und Ideen still- und ablegen zu müssen glauben, das muß mit gesellschaftlichen Praktiken zu tun haben, wie diese Größen Neuankömmlingen ihre Spielräume festlegen und einschränken. Jedenfalls kostet die Unterdrückung Kraft, jedenfalls ist der solchermaßen abgetrennte Ichanteil aller Ressourcen beraubt, die aus anderen Anteilen und Interaktionserfahrungen stammen.

(14) Ein in verschiedene, relativ unverbundene Ichanteile aufgespaltenes Ich wird der Fähigkeit entwöhnt, es lernt schon gar nicht, auf sich zu reagieren — und das wäre nach Mead (und Freuds Grunderkenntnis von der Verdrängung unerträglicher, sozial nicht akzeptabler Ichanteile, Interaktionsanteile stimmt hier überein) die Bedingung zum Aufbau einer Identität, die vielfache Erfahrungen und Impulse aus der Gesellschaft, aus der Triebnatur zu vermitteln, zu integrieren sucht.

(15) Wenn die Aufspaltung lebensdienlich und gesellschaftlich funktional ist, wenn die Aufspaltung zwischen Lerner-Ich und Lebens-Ich darauf vorbereitet, wenn die Aufspaltungen zwischen den Ichen in verschiedenen Fächern, bei verschiedenen Lehrern eine zusätzliche Trainingsmöglichkeit bieten, Identitätsaskese zu üben — warum nicht? Warum soll gekonnte Fragmentierung kein erklärtes Erziehungsziel sein? Die Ichanteile in verschiedenen Beziehungen, wenn sie nicht in irgendeinem Grad von einem integrierenden Ich umfaßt werden, sind dem Druck der Situation ausgeliefert. Das Abkappen aller Beziehungen zu anderen Identitäten liefert den Anforderungen der jeweiligen Beziehung aus — die Beziehung wird total, weil keine Interessen, Erfahrungshintergründe, privaten Deutungen und Theorien aus anderen Lebensbereichen eingebracht werden dürfen und können. Klischierte Weltbildsynthesen, die die Zusammenhangsbedürfnisse befriedigen, sind politisch virulente Surrogate. Sie verheißen auch Befriedigung infantiler Größenbedürfnisse, die durch die Erfahrung der Nichtigkeit in den diskrepanten Situationen geweckt werden: Nichtigkeitsängste führen zu Überanpassungen, zur Auslieferung an die Kontrollen der Einrichtung, die das Ich definiert und approbiert. Nur dann kann das Ich sein Handeln kontrollieren, wenn es zu sich selbst reflexiv in Beziehung tritt — die Aufspaltung und beziehungsspezifische Verwerfung von Ichanteilen macht diese Reflexion bedrohlich oder unmöglich. Verschiedene kritische Diagnosen über die Pathologie des Subjekts in unserer Gesellschaft — von Riesman über Marcuse bis K. Horn — peilen den Zerfall der integrierenden Ichinstanz an. Die Diskrepanzen der Anforderungen werden unvermittelbar, die dabei virulent werdenden Ängste, Affekte, Pathologien sind gesellschaftlich von mächtigen Interessenten verwertbar (K. Horn). Verfolgungswahn, ekstatische Bedürfnisse nach Größe, Kampf, Sieg, Vernichtung, nahblinder Welterlösung sind zu nennen.

(16) Die hier angedeuteten theoretischen Vorschläge, Schullernen unter dem Gesichtspunkt der Arbeit an der Ichidentität zu analysieren, könnten, so wäre zu hoffen, eine Reihe didaktischer

Grundprobleme schärfer sehen und in einen Zusammenhang rücken lehren: das gelenkte Entdeckungslernen und seine Scheinhaftigkeit; die intrinsische wie die extrinsische Motivation; die Typologie der Erziehungs- und Führungsstile nach Grad und Art der Steuerung; aus dem Umkreis der Curriculumtheorie die Unterscheidungen zwischen wissenschafts-, bedarfs- und kindorientierten Ansätzen mit der alten Diskussion über Scientismus und Didaktik. Solche Fragen können meines Erachtens mit Aufmerksamkeiten für Bedeutungen, die in Interaktionen spielen und Identitäten schaffen oder parzellieren, ein Stück weit vorangebracht werden — und zwar so, daß auch Handelnde sich in ihren Problemen darin wiederfinden.

ANMERKUNGEN

I: Schullernen und die Bedrohung der Identität

1 Vgl. das Kapitel »Das Ich und das ICH« in G. H. *Mead*: Geist, Identität und Gesellschaft, suhrkamp taschenbuch Wissenschaft, Frankfurt/M. 1973, S. 207 ff., sowie die vorzüglich informierende Arbeit von Micha *Brumlik*: Der symbolische Interaktionismus und seine pädagogische Bedeutung, Athenäum Fischer, Frankfurt/M. 1973. »Das ICH (= me) ist die organisierte Gruppe von Haltungen anderer, die man selbst einnimmt« (*Mead* a.a.O., S. 218). »Doch ist das Ich immer ein wenig verschieden von dem, was die Situation verlangt« (*Mead*, S. 221). Vgl. dazu auch K. *Mollenhauer*: Theorien zum Erziehungsprozeß, München 1972, S. 100 ff. Mollenhauer (S. 104) und *Wellendorf* (Schulische Sozialisation und Identität, Weinheim 1973, S. 36 f.) schlagen im Anschluß an Goffman und andere vor, zwischen sozialer und persönlicher Identität zu unterscheiden, wenn das Ich etablierten sozialen Anforderungen unterworfen wird oder aber seine einzigartige Kombination lebensgeschichtlicher Daten zustande bringt.

2 Daß die Schule die »biographische Organisation der Identität mit eben den Mitteln verhindert, mit denen sie sie zu ermöglichen vorgibt« (*Wellendorf*, S. 207) — diese von Wellendorf im Hinblick auf die Schul-Abwehr von Triebimpulsen formulierte These wäre auf didaktische Zusammenhänge im engeren Sinn voranzutreiben und zu diskutieren. Die Praxis der »Anknüpfung«, der »Veranschaulichung«, des selektiven Aufgreifens von Erfahrungsbestandteilen der Schüler in Lehrinhalten, in didaktisch gemeinten Interaktionen wäre unter diesem Gesichtspunkt ins Auge zu fassen.

3 Die vorliegende Skizze versucht das Schicksal der persönlichen Identität im Bezirk der von der Schule vorgezeichneten sozialen Identität (vgl. Wellendorfs Verdeutlichung dieser Konzepte in F. *Wellendorf*: Schulische Sozialisation und Identität, Weinheim/Basel 1973, S. 36) *im Hinblick auf inhaltliche Probleme des Schulunterrichts* zu verfolgen. Im Unterschied zu Wellendorf, der die Wiederkehr der — zum Schaden der Ichidentität — abgewehrten aggressiven und libidinösen Triebimpulse im sozialen Normenkontext des

Schullebens aufgespürt hat (vor allem S. 215 ff.), geht es hier didaktisch-inhaltlich darum, wie die die Erfahrungen filternden Schemata, die von der persönlichen Identität getragenen Deutungen im Schulunterricht zum Zug kommen. Auch Wellendorf vertritt mit detaillierten Begründungen die Auffassung, daß die Liquidation mitgebrachter Erfahrungszusammenhänge im etablierten Schulalltag das Ich schwächt, infantilisiert und leicht blinden Affektmechanismen anheimfallen läßt.

4 »Die Rollen fallen gleichsam auf ihn und drohen ihn zu erschlagen« — so skizziert Dreitzel (*Dreitzel*, Stuttgart 1972, S. 238) einige für unsere Gesellschaft typische Belastungen Heranwachsender, denen sie entweder durch »Überanpassung« oder durch »Flucht in negative Identität« (d. h. durch Abwehr angebotener Identifikationsmöglichkeiten) zu entkommen suchen. »Daher denn auch eine besondere Anfälligkeit des Jugendlichen für totalitäre Ideologien und Gruppen, die die schlecht integrierten individuellen Bedürfnisse und die unverkraftete Emotionalität befriedigen« (*Dreitzel*, S. 239). Damit ist von Dreitzel der Zusammenhang zwischen Identitätszersplitterung, Identitätsbedrohung und politisch-totalitärer Deformation des subjektiven Faktors skizziert, wie er in vielen Arbeiten aus dem Umkreis der Kritischen Theorie analysiert wurde (besonders z. B. Th. W. *Adorno*: Studien zum autoritären Charakter, Frankfurt/M. 1973, S. 180 ff., und Klaus *Horn*: Zur politischen Psychologie des Faschismus in Deutschland, in: R. *Kühnl* (Hg.): Texte zur Faschismusdiskussion, rororo, Reinbek 1974, S. 164 ff.). Dreitzels und Wellendorfs Analysen, die unmittelbar dem Thema der Identitätsbedrohung und Identitätsbearbeitung gelten, sind für die inhaltlich-didaktische Diskussion noch fruchtbar zu machen. Daß das etwas bringen könnte, sollte hier an wenigen Beispielen deutlich gemacht werden. Die Curriculumdiskussion ist bislang, sehr zu ihrem Schaden, ohne eine Theorie des Subjekts in unsrer Gesellschaft vorangeschritten.

5 Die entscheidenden psychoanalytischen Arbeiten zu der hier nur eben angedeuteten Problematik des nicht integrierten Narzißmus, der Abspaltung des archaisch-grandiosen Selbst vom Real-Ich, stammen von Heinz Kohut, leicht zugänglich in den Aufsätzen »Formen und Umformungen des Narzißmus« und »Überlegungen zum Narzißmus und zur narzißtischen Wut« (*Kohut* 1975, S. 140 ff. und S. 205 ff.; vgl. auch *Erikson* 1974, S. 199 ff.)

6 »Die synthetisierende Funktion des Ich kommt darin zum Ausdruck, daß es innere und äußere Elemente assimiliert, in

Widersprüchen vermittelt, ja Gegensätzliches miteinander vereinigt und die geistige Produktivität aktiviert« (*Nunberg*, Bern 1971, S. 178). Und: »Je jünger das Kind, je primitiver der Erwachsene, desto weniger einheitlich ist sein Ich, desto leichter kann es Widersprüche nebeneinander bestehen lassen« (*Nunberg* a.a.O., S. 181). Vgl. auch *Erikson* 1974, S. 143 ff.

7 Diese Sicht auf alltägliche Phänomene verdanke ich in erster Linie einem unveröffentlichten Vortragsmanuskript von Klaus Horn über politpsychologische Determinanten des Faschismus.

8 Auf die heute schroffen Übergänge zwischen Familienwelt und öffentlicher Welt und ihre fatalen, weil Anpassung erzwingenden Folgen für die kindliche Identität, die darauf angewiesen ist, sich probierend die Welt neuer Bedeutungen und Anforderungen zurechtzulegen und zu spiegeln, hat H. P. Bahrdt immer wieder hingewiesen – auch unter Hinweis auf Faktoren der gebauten Umwelt und ihrer gesellschaftlichen Hintergründe (H. P. *Bahrdt*: Sozialisation und gebaute Umwelt, in: *Bahrdt*: Umwelterfahrung, München 1974, S. 121 ff.).

9 Vgl. Anmerkung 4. Über die Flucht in Aggression bei dem Angriff auf fixe Orientierungsrahmen, an denen das »Identitätsgefühl« von einzelnen oder Gruppen hängt, schreibt Erich *Fromm* in dem Buch »Anatomie der menschlichen Destruktivität«, Stuttgart 1974, S. 176 f. Bemerkenswert, in welcher Weise Fromm das Identitätsbedürfnis naturalisiert – ein fester Orientierungsrahmen, ein stabiles Weltbild wird unversehens zu einem Ereignis »vitalen Interesses«; ein Angriff darauf weckt nach Fromm sogenannte »gutartige Aggression«. Die Möglichkeit der Relativierung, der Anreicherung, der kommunikativen Durcharbeitung solcher Weltbilder, in denen das persönliche Ich nur gar zu leicht vor dem sozialen Ich abdankt – diese Möglichkeiten kommen bei Fromms Naturerklärung von Aggressivität nicht in Sicht.

II: Zweifel am Monopol des zweckrationalen Unterrichtskonzepts

Der Beitrag ist zuerst erschienen in »neue sammlung«, Heft 5/1971, S. 393–411.

1 Manche Passagen, etwa in dem Aufsatz von Günther *Klotz*: Pädagogische Innovationen (1971, S. 333 ff.), können diesen Verdacht bestärken (z. B. »Lehren und Lernen werden sich

in ihrem Vollzug eines von der Erziehungswissenschaft bereitgestellten Instrumentariums zum Erzielen relativ klar voraussagbarer Resultate zu bedienen haben«, S. 334). Vgl. auch den Hinweis von *Dallmann* und *Preibusch* in *Ingenkamp*, Bd. II, 1970, Spalte 1649, auf den Ursprung der Lerntempountersuchungen im militärischen und privatwirtschaftlichen Ausbildungssektor.

2 Vgl. etwa den Überblick über die Curriculumforschung von Ludwig *Huber* (1971, S. 109 ff.)

3 Eine pointierte Kritik dieser Zusammenhänge wie des zweckrationalen Unterrichtskonzepts von gesellschaftskritischen Bezugssystemen aus gibt Klaus-Jürgen *Bruder*: Taylorisierung des Unterrichts. Zur Kritik der Instruktionspsychologie (Kursbuch 24, S. 113 ff.). Besonders aufschlußreich scheint mir darin die Kritik des Effektivitätskriteriums S. 118—120.

4 Überaus treffend die folgende Feststellung *Bruders*, die die Domestikation der dann noch tolerablen Kreativität aufs Korn nimmt: »Weitgehende Zergliederung des Lehrstoffs zerreißt den Zusammenhang, in dem dieser tatsächlich steht, und schneidet dadurch die Möglichkeit ab, den Lerninhalt wie auch die Lernsituation selbst überhaupt noch in Frage zu stellen. Was bleibt, ist ›creative Anwendung‹ (*McKeachie* 1962) innerhalb des vorgegebenen und im Lauf solchen Unterrichts internalisierten Rahmens der Lernsituation« (Kursbuch 24, S. 119). An einigen Unterrichtsmodellen *Gagnés* habe ich solche Merkmale dingfest zu machen versucht in »Zur Pathologie des Unterrichts«, hrsg. von J. *Flügge*, Bad Heilbrunn 1971, S. 54 ff., sowie in meinem Buch »Scheinklarheiten — Sondierungen von Schule und Unterrichtsforschung«, Braunschweig 1971. Vgl. auch Peter *Schulz-Hageleit*: Einwände zur Lerntheorie von R. M. Gagné, in: Pädagogische Rundschau, 25. Jg./1971, S. 348 ff.

5 Vgl. auch den Abschnitt »Intentionales Handeln und stimuliertes Verhalten« in J. *Habermas* (1970, S. 138 ff.) und den Aufsatz von Klaus *Holzkamp*: Zum Problem der Relevanz psychologischer Forschung für die Praxis, 1970, S. 1 ff., bes. einschlägig S. 6.

6 »This is to say, that any discussion of goals can be made meaningful only by a discussion of procedures elected to achieve these goals« (in: »Worthwhile Activities«).

7 Raths nennt sehr skizzenhaft einige Kriterien für »worthwhile activities«: »Topics, areas, objects: both ty teachers and students must be seen as illustrative of important understandings, intellectual processes and/or problems. Opportunities for making choices... should involve the applica-

tion and mastery of meaningful rules, standards, disciplines. Opportunity to share the results with the group (freedom for inquiry carried with an obligation to share ideas)« (in: »Worthwhile Activities; a.a.O.). Man mag auch an die Unterrichtssituationen denken und sie auf Kriterien hin betrachten, die *Bruner* in seinem Aufsatz »Learning and Thinking« skizziert hat (jetzt übersetzt in: *Rumpf* 1971a, S. 57 ff.). Die didaktische Literatur auf solche Lernsituationen hin durchzusehen, dürfte mindestens so aufschlußreich sein wie die weitverbreitete Suche nach Lernzielen auf den verschiedenen Abstraktionsebenen. Eine wichtige Hilfe für die Analyse und Veränderung von Sprachgeschehnissen in Lernsituationen ist Gerhard *Priesemanns* Arbeit »Zur Theorie der Unterrichtssprache«, Düsseldorf 1971.

8 Damit sind natürlich Zielsetzungen im weiteren (nicht behavioristisch-restringierten) Sinn, wie sie etwa Günther R. *Schmidt* referiert und diskutiert (»Die Wert- und Zielproblematik in der amerikanischen Curriculumtheorie«, Zeitschrift für Pädagogik, Heft 1/1971; bes. S. 42, die Hinweise auf Krug, Goodlad, Dressel) und wie sie vielleicht besser als Sinnrechtfertigungen zu bezeichnen wären, als Größen akzeptiert, die Entwicklung, Durchführung, Evaluation von Unterricht mit beeinflussen müssen. Nur gegen die technokratische Determination von Unterrichtsabläufen durch zuvor explizit und präzis festgelegte Verhaltenslernziele werden Einwände erhoben.

9 »That is, instructional objectives emphasize the acquisition of known; while expressive objectives its elaboration, modification and, at times, the production of the utterly new« (*Eisner* a.a.O., S. 17). Vgl. auch ähnliche Gedanken von Ivan *Illich*: Plädoyer für die Abschaffung der Schule, in: Kursbuch 24, S. 10 f.

10 »Finally, from a moral point of view, the emphasis on behavioral goals, despite of all the protestations of the contrary, still borders on brainwashing or at least indoctrination than education. We begin with some notion of how we want a person to behave and then we try to manipulate him and his environment so as to get him to behave as we want him to.« Herbert M. *Kliebard*: Curricular objectives and Evaluation; A Reassessment, in: Mariam B. *Kapfer* 1971; die angegebene Stelle von Kliebard auf Seite 356. In dem Reader von *Kapfer* ist auch eine andere wichtige Arbeit von *Eisner* (»Educational Objectives: Help or Hindrance?« S. 358 ff.) abgedruckt, neben einer überwiegenden Mehrheit von Beiträgen, die diese kritisch distanzierte Einstellung über Nutzen und Funktion von »behavioral ob-

jectives« nicht teilen. Zu dem hier angedeuteten Problemkreis dürften der Reader von Kapfer und der zitierte Band 3 von der Aera Monograph Serie zusammen den derzeitigen Diskussionsstand umfassend und repräsentativ manifestieren.

11 Die Diskussion ist abgedruckt in *Popham* u. a. (1969, S. 19 ff.) — dort auch, von Popham formuliert, ein geradezu klassischer Einwand, den ein ausschließlicher Verfechter des zweckrationalen Unterrichtskonzepts vorbringen muß, wenn er von nicht von vornherein festzulegenden »expressive objectives« hört: »Now the danger I see in this is that to the extent to which an instructor is unclear regarding the criteria he will use, he may select instructional means erroneously because he doesn't have a clear idea of what might happen at the end of instruction« (a.a.O., S. 23).

12 »Now I happen to believe that expressive objectives are the type that teachers most frequently use. Given the range and the diversity of children it is more useful to identify potentially fruitful encounters than to specify instructional objectives« (*Eisner* a.a.O., Anm. 13, S. 16).

13 Grenzen des zweckrationalen Unterrichtskonzepts werden implizit oder explizit mitdiskutiert in den Aufsätzen von Rudolf *Messner* (1970, S. 755 ff.), Klaus *Giel* und Gotthilf Gerhard *Hiller* (1970, S. 739 ff.), Heinz *Moser* (1971, S. 55 ff., bes. S. 65—71). Ein ausgewiesener Curriculum-Theoretiker wie *Goodlad* gestattet sich auch immerhin die grübelnde Frage: »Ist ›Lernziel‹ eine lebensfähige Kategorie, oder stecken wir uns selbst in eine Zwangsjacke, wenn wir eine solche Trennung von Zielen und Mitteln vorschlagen?« (in: *Achtenhagen/Meyer* 1971, S. 27.).

III: Divergierende Unterrichtsmuster in der Curriculumentwicklung

Dieser Beitrag wurde erstmals veröffentlicht in »Zeitschrift für Pädagogik«, 1973, S. 391—416.

1 Vgl. zur Diskussion des Implikationszusammenhangs: W. *Schulz*, in: P. *Heimann*/G. *Otto*/W. *Schulz* (1965, S. 30 ff.); zum Problem der Nichtdeduzierbarkeit: H. L. *Meyer* (1972, S. 53—56).

2 Hilda *Taba*: The functions of a conceptual framework for curriculum design, in: R. *Hooper* (Hg.) (1971, S. 138).

3 *Taba* a.a.O., S. 141. Auch das Kapitel »Criteria for Learning Experiences« in dem Buch D. K. *Wheeler*: Curriculum Process. London: University of London Press ⁴1972, S.

147 ff., präsentiert ähnliche Kategorien (Angemessenheit an die Lernkapazität, Zielgültigkeit, Balance und Kontinuität zu anderen Bereichen, Vielfalt); Wheeler insistiert nachdrücklich darauf, daß Lernerfahrungen das ganze Zielspektrum decken müßten, wohingegen man faktisch oft beobachten könne, daß umfassende Zielansprüche durch Lernerfahrungen verstümmelt würden, die sich auf den lehrerzentrierten Unterricht und auf niedere kognitive Fähigkeiten beschränkten. Auch die Wheelerschen Kategorien sind in ihrer Formalität vielleicht geeignet, allgemeine Merkmale von Lernerfahrungen aufzudecken und zu überprüfen; ihre Abstraktheit hilft aber der Aufmerksamkeit für das Profil spezifischer – zu analysierender oder zu entwickelnder – Lernerfahrungen wenig weiter.

4 Zur Ausarbeitung des Begriffs »Erfahrungsschema« vgl. Th. *Luckmann* (1967, S. 1081 f.); zu »Relevanzstruktur«: A. *Schütz* (1971). »Diese subjektive Welt von sozialen Vorstellungen bildet ein soziales Orientierungsfeld, dessen Pfade und Wegweiser die Wildnis sozialer Beziehungsgeflechte ordnen und strukturieren«, schreibt H. P. *Dreitzel* in Anlehnung an Schütz, in: *Senghaas/Koch* (Hg.) (1972, S. 32).

5 Diese Zusammenhänge, die eine sozial- und organisationsneutrale Curriculumentwicklung ernüchtern sollten, sind von Ph. W. *Jackson*: Life in Classrooms (1968) in brillanter Klarheit und Detailnähe beschrieben worden.

6 Der Einfachheit halber werden künftig für die vorgebrachten Beispiele gemäß der Reihenfolge die Abkürzungen A (Oxford Moral Education; Paul, his mother's son), B (Weg in die Naturwissenschaft; Klassifizieren von Blättern), C (Humanities Project; War and Society – Combatants and the Enemy – Fraternization at the Front), D (Stoffe und ihre Eigenschaften; »Wie wir Flüssigkeiten unterscheiden können«) verwendet.

7 Die theoretischen Kommentare zu diesen beiden Curricula weisen das ebenso aus wie die hier herausgezogenen Splitter aus Lernsituationen. P. *McPhail* u. a.: Moral Education in the Secondary School, London 1972, etwa S. 82 ff. – S. 82, mit dem vehementen Plädoyer für den Ausgang von Situationen und Lebenserfahrungen. L. *Stenhouse*: Culture and Education, London 1972 – mit der Thematik »transmission or generation of culture«.

8 Zu A: Denkbare Erkärungs- und Urteilsschemata zur Aktivität der Mutter: Mutter wurde falsch erzogen; Mutter von Natur aus herrschsüchtig; Mutter überlastet; Mutter läßt Zorn über Gesellschaft / ihre Position an Sohn aus; zu B:

Fraternisierung als Signal dafür: wieviel stärker Gefühl als Verstand; daß plötzliche Sinnverwirrung eingesetzt hat; daß der Krieg nichts anderes als sportlich fairer Wettkampf ist; daß das Christentum stärke als der Nationalismus ist. Es müßte in der Unterrichtsplanung deutlich werden, welche dieser zu erwartenden Erklärungsschemata bis zu welchem Grad bearbeitet, verändert, differenziert werden sollen — und aufgrund welcher spezifischen Konfrontation bzw. Information.

9 Vgl. die instruktiven Berichte und Kommentare zum Scheitern von »teacher-proof curricula« in den Vereinigten Staaten in S. *Gerbaulet* u. a.: Schulnahe Curriculumentwicklung, Stuttgart 1972.

10 Im deutschen Sprachraum sind hier etwa zu nennen die Arbeiten und Curriculumprodukte aus den Kreisen um R. Messner und G. G. Hiller (z. B. R. *Messner*/A. *Garlichs* 1972, S. 233 ff.; G. G. *Hiller* 1971, S. 61 f.).

11 Die Lehr- und Lernaktivitäten im Unterricht vom Typ »offener Curricula« dürften sich deshalb auch anderen methodischen Zugriffen erschließen als denen distanziert-subsumierender Beobachtung kontextneutraler Verhaltenspartikel. Methodologische Anregungen für solche Unterrichtsanalyse finde ich bei: S. *Kracauer* (1972, S. 53 ff.); J. *Ritsert* (1972). P. *Ricoeur*: Der Text als Modell: hermeneutisches Verstehen, in: W. L. *Bühl* (1972, S. 253 ff.). Zum Ganzen auch die grundlegenden Erörterungen von J. Habermas über die unterschiedliche Realitäten konstituierenden Erkenntnisinteressen und Erfahrungsarten; die Unterscheidung zwischen technisch-instrumentalem und kommunikativem Interesse könnte vermutlich die hier skizzierten Differenzen in Unterrichtskonzepten klären helfen; vgl. J. *Habermas* (1968, etwa S. 235 ff. und 1971 — mit Analysen des subjektneutralen Verhaltensbegriffs S. 138 ff.).

12 Die Interpretationsschemata, mit deren Hilfe bestimmte Aktivitätsmuster im Unterricht aufzuschließen sind, dürfen keinesfalls blindem Zufall oder unreflektierter Eingebung von Lehrern oder Beobachtern (Evaluatoren) überlassen bleiben, soll Curriculumentwicklung noch an Standards der Rationalität orientiert bleiben.

13 Die Problematik der den Adressaten entmündigenden »task analysis« und »activity analysis« habe ich an einem Beispiel aus dem Militärtraining in dem Aufsatz »Zweifel am Monopol des zweckrationalen Unterrichtskonzepts« (der Beitrag II in diesem Band) zu demonstrieren versucht. Instruktiv dazu sind die Analysen von F. *Huisken* (1972, bes. S. 159 ff.).

14 Eine sehr instruktive Analyse dieses Ansatzes (G. G. Hiller spricht von dem »simulacrum« eines Handlungsfeldes, der Ernstwelt im didaktischen Kontext) gab jüngst I. *Hiller-Ketterer* (1972).
15 Vgl. das Kapitel »Erziehung als Interaktion« bei K. *Mollenhauer* (1972, S. 84 ff., bes. den Abschnitt »Situation«).
16 B. *Bernstein* (1971, S. 145–173). »Der Vermittlungsrahmen bezeichnet die Grenzstärke zwischen den zu vermittelnden Inhalten und den von der Vermittlung innerhalb der pädagogischen Beziehung ausgeschlossenen Inhalten« (S. 148).
17 Daß die aus der Lebensgeschichte und der Lebenssituation der Beteiligten andringenden Interpretationsschemata doch nicht so ohne weiteres stillzulegen sind und einen so beschnittenen Unterricht störend unterlaufen, konnte aus dem vielerorts vermerkten Scheitern der Teacher-proof Curricula in den USA gefolgert werden (vgl. S. *Gerbaulet* u. a. 1972). Zur Kritik eines sozialwissenschaftlichen Curriculums, das Erfahrungshintergründe abschneidet bzw. standardisiert vgl. J. *Schwenk*/P. *Kick*/E. *Umbach* (1973, S. 19 ff.).
18 Vgl. vor allem K. *Horn*: Menschliche Aggressivität und internationale Politik, in: D. *Senghaas* (1973, S. 116 ff.) sowie den Sammelband K. *Horn:* Psychoanalyse – Kritische Theorie des Subjekts, 1972.
19 Äußerst anregend für diese anstehende Aufgabe außer den bekannten Arbeiten von A. Cicourel und E. Goffman der Aufsatz von C. B. *Cazden*: Die Situation. Eine vernachlässigte Ursache sozialer Klassenunterschiede im Sprachgebrauch, in: W. *Klein*/D. *Wunderlich* (1971, S. 267–296).
20 Arbeitsgruppe für Unterrichtsforschung 1971, S. 176. Vgl. auch K. *Huhse* (1968, S. 16/17), der in der Begünstigung entdeckungsorientierter Verfahren in amerikanischen Curricula Parallelen zu Wagenscheins Didaktik registrieren zu können glaubte.
21 R. *McClure*: The Reforms of the Fifties and Sixties: A Historical Look at the Near Past, in: The Curriculum 1971, S. 67 ff.
22 Das Problem der Normsysteme, die den Unterricht in den geschlossenen Curricula reglementieren, habe ich in dem Aufsatz: »Lernschnellwege?«, in: Pädagogischer Fortschritt, hrsg. von J. *Flügge*, Bad Heilbrunn 1972, S. 102 ff., anhand einiger Beispiele zu demonstrieren versucht. Daß diese Normen nicht vom Himmel fallen, sondern auf in sie eingehende gesellschaftliche Interessen hin analysiert und diskutiert werden müssen, dokumentieren etwa die Arbeiten von F. *Huisken* (1972) und *Becker/Jungblut* (1972) in höchst

eindringlicher Weise. Unterrichtsbilder sind eben nicht nur Unterrichtsbilder. Die Zweifel an den einschlägigen Normen, sofern sie den Lernzuwachs in punktuellen Überprüfungen von Lernzuständen nach Kursdurchlauf fördern, um die Qualität des Unterrichts zweifelsfrei festzustellen, greifen auch in den Vereinigten Staaten um sich. Vgl. E. W. *Eisner* (1971), darin besonders L. Y. *Cronbach*, S. 52–55, und E. W. *Eisner*, S. 171 f.

23 Die Asymmetrie im Verhältnis Lehrer–Schüler bei den geschlossenen Typen B und D ist direkt vergleichbar der Asymmetrie im Verhältnis zwischen Versuchsleiter und Versuchsperson im psychologischen Laborexperiment, in dem – unter Abschirmung unkalkulierbarer Störungen seitens der gesellschaftlichen Umwelt wie lebensgeschichtlich bedingter Konfliktpotentiale – Verhaltensänderungen von Individuen stimuliert und gemessen werden (vgl. K. *Holzkamp* 1972, S. 55 ff.); situationsspezifische Eingriffe in den Versuchsplan und die Subjektivität verarbeitende Interpretationen seitens der Beteiligten gefährdeten die Vergleichbarkeit und Generalisierbarkeit der Ergebnisse; sie sind im Experiment genauso auszuschließen wie in zweckrational, auf fixe Verhaltensänderungen hin konstruierten Lehrgängen.

IV: Identitätsorientierung im Unterrichtsalltag

1 Die Ausschnitte aus dem 90minütigen Gespräch sind unter dem Gesichtspunkt mutmaßlicher Ergiebigkeit des Materials für eine Überarbeitung des Handlungsentwurfs sowie für die Verdeutlichung der Intentionen ausgewählt; die Äußerungen sind der Zitierbarkeit wegen durchnumeriert.
2 Das Projekt »Sprache als soziales Handeln – ein friedenspädagogisch orientiertes Curriculum« wird am Institut für Erziehungswissenschaft der Universität Innsbruck mit Förderung durch die Berghofstiftung für Konfliktforschung (München) betrieben. Mitarbeiter des Zentralteams sind S. Dermutz, A. Greider, W. Gufler, E. Laimer, D. Larcher, B. Rathmayr, H. Rumpf, Ch. Schönach, Ch. Spiess. – Das Projekt geht der Fragestellung nach, wie soziale und persönliche Identitäten (vgl. *Wellendorf* 1973, S. 36; *Mollenhauer* 1972, S. 104) im Anschluß an Goffman, Habermas und Mitscherlich in Beziehung zueinander zu bringen sind. Infolgedessen wären die Kategorien – mit bereichsspezifischen Ergänzungen – auch über den engen Erfahrungsbereich dieses Projekts hinaus zu erproben und zu diskutieren.

3 Über die Methodenproblematik vgl. das Buch von *Webb* und anderen (1973) mit vielen anregend kommentierten Beispielen der Dokumentenanalyse und der Interaktionsbeobachtung. Das Desiderat einer intentionsorientierten und interpretativen Analyse sozialer Ereignisse wird deutlich, auch wenn diese Problematik nirgends ausdrücklich gemacht wird. Für eine interpretative Durcharbeitung sozialer Geschehnisse grundlegend ist die Arbeit von *Blumer* (1973). Vgl. auch die brillante methodologische Analyse des »Bildes vom Wald« bei *Bahrdt* (1974, S. 63 ff.).

VI: Konkurrenzlernen

Der Beitrag ist zuerst erschienen in »betrifft:erziehung«, Heft 3/1975, S. 27—31.

1 Eine knappe und vorzügliche Darstellung der gesellschaftlichen Ursachen des Leistungsprinzips von H. P. Dreitzel ist leicht zugänglich in »Sinn und Unsinn des Leistungsprinzips« 1974, S. 31 ff.

VII: Arbeit an der eigenen Identität

1 »Was aber empfiehlt der Interaktionismus dann als intersubjektiv nachprüfbares methodisches Vorgehen, insbesondere in der Lernforschung? Er muß empfehlen, Lernvorgänge ›life‹ zu erfassen und so zu dokumentieren, daß möglichst viel vom Lernakt selbst und von seinem Kontext erhalten bleibt. Er wird ferner darauf bestehen müssen, daß der einzelne Lernvorgang im Rahmen der Biographie eines Inviduums eingebettet wird. Die Ausdeutung dieses Materials muß darum bemüht sein, tradierte, sozial verbindliche Deutungen und Handlungsmuster von individuell ausgearbeiteten zu unterscheiden...« (Krappmann 1974, S. 26). Als Vorbereitung einer solchen relativ leicht abstrakt zu fordernden Lernforschung mögen die folgenden Szenen und Kommentare gelten. Jede einzelne Szene hat in sich das Zeug zu einem Forschungsprojekt, sollte es je mit der Lernforschung des genannten Typs ernst werden.

2 Man vergleiche zwei Zitate, in denen — von hervorragenden Theoretikern hinsichtlich der Probleme des Subjekts in unsrer Gesellschaft — die Geschehnisse angepeilt werden, in denen die Kraft des Subjekts, das ein Erfahrungen verarbeitendes Ich aufbaut, begünstigt wird: »Der frühkindliche

Entwicklungsprozeß wird über Frustrationserlebnisse vorangetrieben. Frustrationserfahrungen (als unvermeidliche Unterbrechungen des Interaktionsgefüges) befördern Abgrenzungen, die im einen Falle liebevoll aufgehoben werden, um so zum Aufbau lustvoll erfahrbarer Übereinstimmungen, glücklichen ›bestimmten Interaktionsformen‹ führen, während es beim Ausfall dieser ›Wiederherstellung der Liebesgemeinschaft‹ zwingend zur Verfestigung der Abgrenzung kommt« (Lorenzer 1974, S. 206). — »Eine vorzeitige Störung des narzißtischen Selbst führt zu späterer narzißtischer Verwundbarkeit, weil die Größenphantasie verdrängt und den sie modifizierenden Einflüssen entzogen ist« (Kohut 1975, S. 147). — Wie sehen »Wiederherstellungen« und »Unterbrechungen« konkret aus, in welchen wie gearteten Interaktionen gelingen welche »modifizierenden Einflüsse«? Was der Grundlagentheoretiker mit Recht überspringen darf — der Erziehungswissenschaftler muß typische Szenen ins Visier zu bekommen suchen.

3 Daß Pathologien der Subjekte gesellschaftlich-politisch funktional und verwertbar sind, hat Klaus Horn eindringlich analysiert (Horn 1976). Er begründet damit, daß Arbeit an der eigenen Identität, an Reflexion und Zusammenhang, immer zugleich Politisierung des Bewußtseins besagen wird. Welche Verfassung des objektiven gesellschaftlichen Faktors es ist, die die Subjekte schwächt oder krank macht, diese Frage ist weder auszuklammern, noch sind diese Faktoren durch innere Umschwünge außer Kraft zu setzen. Wie Religion und Christentum von geängstigten und überlasteten Subjekten zum Zweck des Rückzugs auf fiktive stabile Ordnungen übernommen wird, hat etwa H. E. Bahr gezeigt (Bahr 1975).

LITERATURVERZEICHNIS

Achtenhagen, F./*Menck*, P.: Langfristige Curriculumentwicklung und mittelfristige Curriculumforschung, in: Zeitschrift für Pädagogik, Heft 3/1970, S. 407 ff.
Achtenhagen, F./*Meyer*, H.: Curriculumrevision — Möglichkeiten und Grenzen, München 1971.
Adorno, Th. W.: Philosophie und Lehrer, in: *Adorno*: Erziehung zur Mündigkeit, Frankfurt/M. 1971, S. 29 ff.
Adorno, Th. W.: Studien zum autoritären Charakter, Frankfurt/M. 1973.
Arbeitsgruppe für Unterrichtsforschung in Göttingen: Weg in die Naturwissenschaft. Ein verfahrensorientiertes Curriculum, 1. Schuljahr, Stuttgart 1971.
Bahr, H.-E.: Ohne Gewalt, ohne Tränen? Religion 1, Religion 2, in: *Sölle/Habermas/Bahr u. a.:* Religionsgespräche, Darmstadt 1975, S. 31—64.
Bahrdt, H.-P.: Sozialisation und gebaute Umwelt, in: *Bahrdt:* Umwelterfahrung, München 1974, S. 121 ff.
Bahrdt, H.-P.: Wie man in den Wald ruft, so schallt es heraus — Methodologische Überlegungen zur Gegebenheit von Umwelt in Situationen: in: *Bahrdt:* Umwelterfahrung, München 1974, S. 56—91.
Barzun, J.: Vorwort, in: *Toulmin*: Voraussicht und Verstehen (edition suhrkamp, Band 292), Frankfurt/M. 1968, S. 9—13.
Becker/Jungblut: Strategien der Bildungsproduktion, Frankfurt/M. 1972.
Bellack, A./*Kliebard*, H./*Hyman*, R./*Smith*, F.: Die Sprache im Klassenzimmer (Sprache und Lernen, Band 5), Düsseldorf 1974.
b:e-Redaktion (Hg.): Familienerziehung, Sozialstatus und Schulerfolg, Weinheim 1971.
Bernfeld, S.: Sisyphos oder die Grenzen der Erziehung, Frankfurt/M. 1967.
Bernstein, B.: Klassifikation und Vermittlungsrahmen im schulischen Lernprozeß, in: Zeitschrift für Pädagogik, Heft 2/1971, S. 145—173.
Blumer, H.: Der methodologische Standort des symbolischen Interaktionimsus, in: *Arbeitsgruppe Bielefelder Soziologen* (Hg.): Alltagswissen, Interaktion und gesellschaftliche Wirklichkeit, Band 1: Symbolischer Interaktionismus und Ethnomethodologie (rororo studium, Band 54), Reinbek 1973, S. 80—146.

Bruder, K.-J.: Taylorisierung des Unterrichts. Zur Kritik der Instruktionspsychologie, in: Kursbuch 24 (1971), S. 113 ff.
Brumlik, M.: Der symbolische Interaktionismus und seine pädagogische Bedeutung, Frankfurt/M. 1973.
Bruner, J. S.: Der Prozeß der Erziehung, Düsseldorf 1970.
Bruner, J. S.: Lernen und Denken, in: *Rumpf*, H. (Hg.): Schulwissen, Göttingen 1971, S. 68—82.
Bühl, W. L. (Hg.): Verstehende Soziologie, München 1972.
Coleman, J. S.: Bildung in der modernen Gesellschaft, in: Die deutsche Schule, Heft 5/1974.
Corte, De, E.: Analyse der Lernzielproblematik, in: Zeitschrift für Pädagogik, Heft 1/1971, S. 75 ff.
Dennison, G.: Lernen und Freiheit (Fischer Taschenbuch, Band 6304), Frankfurt/M. 1976.
Deutscher Bildungsrat: Empfehlungen der Bildungskommission: Zur Förderung praxisnaher Curriculum-Entwicklung, Stuttgart 1974.
Dreitzel, H.-P.: Die gesellschaftlichen Leiden und das Leiden an der Gesellschaft, Stuttgart 1972.
Eisner, E. W. (Hg.): Confronting Curriculum Reform, Boston 1971.
Eisner, E. W.: Instructional and Expressive Educational Objectives, in: *Popham/Eisner/Sullivan/Tyler*: Instructional Objectives. AERA Monograph Series on Curriculum Evaluation, Band 3, Chicago etc. 1969, S. 1 ff.
Erikson, E. H.: Das Problem der Ichidentität, in: *Erikson*: Identität und Lebenszyklus, Frankfurt/M. 1974, S. 123—212.
Erikson, E. H.: Identität und Lebenszyklus, 2. Aufl., Frankfurt/M. 1972.
Fend, H.: Konformität und Selbstbestimmung, Weinheim 1971.
Flügge, J. (Hg.): Pädagogischer Fortschritt? Bad Heilbrunn 1972.
Flügge J. (Hg.): Zur Pathologie des Unterrichts, Bad Heilbrunn 1971.
Freud, S.: Zeitgemäßes über Krieg und Tod. Gesammelte Werke, Band X, 4. Aufl., Frankfurt/M. 1967.
Frey, K. u. a.: Eine Handlungsstrategie zur Curriculumkonstruktion, in: Zeitschrift für Pädagogik, Heft 1/1971, S. 11 ff.
Fromm, E.: Anatomie der menschlichen Destruktivität, Stuttgart 1974.
Fuchs, W. R.: Knaurs Buch vom neuen Lernen, München 1969.
Fürstenau, P.: Zur Psychoanalyse der Schule als Institution (1964), in: *Fürstenau* (Hg.): Der psychoanalytische Beitrag zur Erziehungswissenschaft, Darmstadt 1974, S. 264 ff.
Gagné, R. M. (Hg.): Psychological Principles in System Development, 2. Aufl., New York etc. 1966.

Gerbaulet, S., u. a.: Schulnahe Curriculumentwicklung, Stuttgart 1972.
Giel, K./*Hiller*, G. G.: Verfahren zur Konstruktion von Unterrichtsmodellen als Teilaspekt einer konkreten Curriculumreform, in: Zeitschrift für Pädagogik, Heft 6/1970, S. 739 ff.
Goslin, D. A. (Hg.): Handbook of Socialization Theory and Research, Chicago 1969.
Habermas, J.: Erkenntnis und Interesse, Frankfurt/M. 1968.
Habermas, J.: Technik und Wissenschaft als Ideologie, 3. Aufl., Frankfurt/M. 1969.
Habermas, J.: Theorie und Praxis, 4. A., Frankfurt 1971.
Habermas, J.: Zur Logik der Sozialwissenschaften, Frankfurt/M. 1970.
Handke, P.: Ich bin ein Bewohner des Elfenbeinturms, Frankfurt/M. 1972.
Hanwehr, W. v.: Rezension eines programmierten Lehrgangs über Lehrmaschinen und programmiertes Lernen von Silvern. Undatierter Sonderdruck (1970) aus der Zeitschrift »pl« (»Programmiertes Lernen und programmierter Unterricht«).
Heckhausen, H.: Förderung der Lernmotivierung und der intellektuellen Tüchtigkeit, in: *Roth* (Hg.): Begabung und Lernen, Stuttgart 1969.
Heimann, P./*Otto*, G./*Schulz*, W.: Unterricht, Analyse und Planung, Hannover 1965.
Heinze-Prause, R./*Heinze*, Th.: Soziale Interaktion in der Schulklasse, in: Westermanns Pädagogische Beiträge 26 (1974), S. 265–274.
Heipcke, K.: Die sozialen Funktionen der Leistung und der Leistungskontrolle in der Schule, in: Westermanns Pädagogische Beiträge, Heft 5/1973, S. 285 ff.
Heipcke, K.: Lehrziele und Handlungsziele im Unterricht, in: *Garlichs/Heipcke/Messner/Rumpf*: Didaktik offener Curricula, Weinheim 1974, S. 36 ff.
Heipcke, K./*Messner*, R.: Curriculumentwicklung unter dem Anspruch praktischer Theorie, in: Zeitschrift für Pädagogik, Heft 3/1973, S. 351 ff.
Heipcke, K./*Messner*, R.: Einführung in wissenschaftstheoretische Fragen der Erziehungswissenschaft: Teil I: Didaktische Probleme bei der Beschreibung von Kurszielen. Monographien zur Hochschuldidaktik/Arbeitsgruppe für Hochschuldidaktik an der Universität Konstanz, 1971.
Hiller, G. G.: Symbolische Formen im Curriculum der Grundschule, in: 9. Beiheft der Zeitschrift für Pädagogik, Weinheim 1971, S. 61 ff.
Hiller-Ketterer, I.: Wissenschaftsorientierter und mehrperspektivischer Sachunterricht, in: Die Grundschule 5 (1972).

Holt, J.: Chancen für unsere Schulversager, Freiburg 1969.
Holzkamp, K.: Kritische Psychologie, Frankfurt/M. 1972.
Holzkamp, K.: Zum Problem der Relevanz psychologischer Forschung für die Praxis, in: Psychologische Rundschau, Heft 1/1970, S. 11 ff.
Hooper, R. (Hg.): The Curriculum: Context, Design, and Development, Edinburgh 1971.
Horn, K.: Die Psychoanalyse und die Widersprüche der Gesellschaft, in: Psyche, Heft 1/1976, S. 26—49.
Horn, K.: Psychoanalyse — Kritische Theorie des Subjekts, Amsterdam 1972.
Horn, K.: Über den Zusammenhang zwischen Angst und politischer Apathie, in: *Marcuse/Rapoport u. a.*: Aggression und Anpassung in der Industriegesellschaft, 6. Aufl., Frankfurt/M. 1972, S. 59 ff.
Horn, K.: Zur politischen Psychologie des Faschismus in Deutschland, in *Kühnl* (Hg.): Texte zur Faschismusdiskussion, Reinbek 1974, S. 164 ff.
Huber, L.: Curriculumentwicklung und Lehrerfortbildung in der BRD, in: Neue Sammlung, Heft 2/1971, S. 109 ff.
Huber, L.: Das Problem der Sozialisation von Wissenschaftlern — Ein Beitrag der Hochschuldidaktik zur Wissenschaftsforschung, in: *Weingart* (Hg.): Wissenschaftsforschung, Frankfurt/M. 1975, S. 58 ff.
Huhse, K.: Theorie und Praxis der Curriculumentwicklung, MPI Berlin 1968.
Huisken, F.: Zur Kritik bürgerlicher Didaktik und Bildungsökonomie, München 1972.
Ingenkamp, K.-H., in Zusammenarbeit mit E. *Parey* (Hg.): Handbuch der Unterrichtsforschung, Weinheim usw.; Band I und II 1970, Band III 1971.
Jackson, Ph. W.: Life in Classrooms, New York 1968.
Kapfer, M. B.: Behavioral Objectives in Curriculum Development, Englewood Cliffs, New Jersey, 1971.
Klein/Wunderlich (Hg.): Aspekte der Soziolinguistik, Frankfurt/M. 1971.
Klotz, G.: Pädagogische Innovationen, in: Frankfurter Hefte, Heft 4/1971, S. 333 ff.
Kohut, H.: Die Zukunft der Psychoanalyse, Frankfurt/M. 1975. (darin die Abhandlungen »Formen und Umformungen des Narzißmus«, S. 140 ff., und »Überlegungen zum Narzißmus und zur narzißtischen Wut«, S. 205 ff.).
Kracauer, S.: Für eine qualitative Inhaltsanalyse, in: Ästhetik und Kommunikation, Heft 7/1972, S. 53 ff.
Krappmann, L.: Interaktion und Lernen (Vorwort zu *McCall/Simons*: Identität und Interaktion, Düsseldorf 1974, S. 7—29).

Krappmann, L.: Soziologische Dimensionen der Identität, 3. Aufl., Stuttgart 1973.

Lorenzer, A.: Kampf und Aggression, in: Politische Psychologie, Wien 1974, S. 198—211.

Luckmann, Th.: Soziologie der Sprache, in: *König* (Hg.): Handbuch der empirischen Sozialforschung, Band II, Stuttgart 1967.

McCall/Simons: Identität und Interaktion, Düsseldorf 1974.

McPhail, P, *u. a.*: Moral Education in the Secondary School, London 1972.

Mead, G. H.: Geist, Identität und Gesellschaft, Frankfurt/M. 1973.

Messner, R.: Funktionen der Taxonomien für die Planung von Unterricht, in: Zeitschrift für Pädagogik, Heft 6/1970, S. 755 ff.

Messner, R./*Garlichs*, A.: Elementare sprachliche Aktionen, in: Die Grundschule 4 (1972), S. 233 ff.

Meyer, H. L.: Einführung in die Curriculum-Methodologie, München 1972.

Mitscherlich, A.: Der Kampf um die Erinnerung, München 1975.

Mollenhauer, K.: Theorien zum Erziehungsprozeß, München 1972.

Moser, H.: Technik der Lernplanung — Curriculumforschung und Ideologie, in: Zeitschrift für Pädagogik, Heft 1/1971, S. 55 ff.

Negt, O.: Schule als Erfahrungsprozeß, in: Ästhetik und Kommunikation, Heft 22/23, 1975/76, S. 36—53.

Nunberg, H.: Allgemeine Neurosenlehre, 3. Auflage, Bern 1971.

Piaget, J.: Lebendige Entwicklung, in: Zeitschrift für Pädagogik, Heft 1/1974, S. 1 ff.

Popham / Eisner / Sullivan / Tyler: Instructional Objectives AERA Monograph Series on Curriculum Evaluation, Band 3, Chicago etc. 1969.

Popper, K. R.: Die offene Gesellschaft und ihre Feinde, 2 Bände, Bern 1957.

Postman/Weingartner: Fragen und Lernen, Frankfurt/M. 1972.

Priesemann, G.: Zur Theorie der Unterrichtssprache, Düsseldorf 1971.

Raths, J.: Worthwile Activities/Specifity as a Threat to Curriculum Reform. Hektographierte Manuskripte (ohne Jahr), University of Maryland, USA.

Ritsert, J.: Inhaltsanalyse und Ideologiekritik, Frankfurt/M. 1972.

Rösel, M.: Was heißt Lehrerrolle? In: Neue Sammlung, Heft 1/1974, S. 49 ff.

Rosenshine, B.: Die Beobachtung des Unterrichts in der Klasse, in: *Weinert u. a.* (Hg.): Pädagogische Psychologie, Band 2: Lernen und Instruktion (Funkkolleg Pädagogische Psychologie, Grundlagentexte), (Fischer Taschenbuch, Band 6114), Frankfurt/M. 1973, S. 200—217.
Rumpf, H.: Das Innsbrucker Berghofprojekt »Sprache als soziales Handeln«, in: *Messner/Rumpf* (Hg.): Schuldeutsch? Materialien zur Einführung in die Sprachdidaktik, Wien 1976.
Rumpf, H. (Hg.): Schulwissen, Göttingen 1971 (a).
Rumpf, H.: Scheinklarheiten — Sondierungen von Schule und Unterrichtsforschung, Braunschweig 1971 (b).
Rumpf, H./*Larcher*, D./*Rathmayr*, B.: Sprache als soziales Handeln. Ein friedenspädagogisch orientiertes Curriculumprojekt, in: *Wulf* (Hg.): Kritische Friedenserziehung, Frankfurt/M. 1973, S. 448—473.
Schmidt, G. R.: Die Wert- und Zielproblematik in der amerikanischen Curriculumtheorie, in: Zeitschrift für Pädagogik, Heft 1/1971, S. 31 ff.
Schools Council Project in Moral Education: Proving the Rule? (I Rules and Individuals), London 1972.
Schütz, A.: Zum Problem der Relevanz, Frankfurt/M. 1971.
Schulz-Hageleit, P.: Einwände zur Lerntheorie von R. M. Gagné, in: Pädagogische Rundschau 25 (1971), S. 348 ff.
Schwenk/Kick/Umbach: Der Junge mit den grünen Haaren. Oder: Sozialwissenschaft für Zehnjährige, keimfrei, in: betrifft:erziehung 6 (1973), Heft 1, S. 19 ff.
Senghaas, D. (Hg.): Friedensforschung und Gesellschaftskritik, Frankfurt/M. 1973.
Senghaas/Koch (Hg.): Texte zur Technokratiediskussion, 2. Aufl., Frankfurt/M. 1972.
Sernko/Wollmann/Niklas: Sprech- und Sprachübungen für die Volksschule, 3. Heft, 4. Schulstufe, 24. Aufl., Wien/Graz 1970.
Silberman, Ch. W.: Die Krise der Erziehung, Weinheim 1972.
Sinn und Unsinn des Leistungsprinzips — Ein Symposion (dtv, Band 990), München 1974.
Spreckelsen, K.: Stoffe und ihre Eigenschaften, 2. Aufl., Frankfurt/M. 1971.
Stenhouse, L.: Culture and Education, London 1972.
The Curriculum: Retrospect and Prospect. 70th Yearbook NSSE, Chicago 1971.
The Humanities Project. Materialien, London 1974 (a).
The Humanities Project. An Introduction, London 1974 (b).
Thiel, S.: Kinder sprechen über Naturphänomene, in: Die Grundschule, Juli 1970, S. 3 ff.
Wagenschein, M.: Der Vorrang des Verstehens, in: Neue Sammlung 14 (1974), Heft 2, S. 144—160.

Wagenschein, M.: Dialogische Allgemeinbildung in Mittelamerika, in: Neue Sammlung 15 (1975), Heft 2.
Wagenschein, M.: Rettet die Phänomene, in: Scheidewege 6 (1976), Heft 1, S. 76—93.
Wagenschein, M.: Verstehen lehren, 4. Aufl., Weinheim 1973.
Wagenschein/Banholzer/Thiel: Kinder auf dem Wege zur Physik, Stuttgart 1973.
Webb, J./*Campbell*, D. T./*Schwart*, R. D./*Sechrest*, L.: Unobtrusive Measures: Nonreactive Research in the Social Sciences, Chicago 1973 (deutsche Übersetzung unter dem Titel: Nichtreaktive Meßverfahren, Weinheim 1974).
Wellendorf, F.: Schulische Sozialisation und Identität, Weinheim 1973.
Wheeler, D. K.: Curriculum Process, University of London Press, 4. Aufl., London 1972.
Winkel, R.: Das Ende der Schule, München 1974.
Wittenberg, A. I.: Bildung und Mathematik, Stuttgart 1963.
Wollschläger, G.: Widerstand und Aggression in pädagogischer Praxis (Fischer Taschenbuch, Band 6284), Frankfurt/M. 1975.
Wünsche, K.: Die Wirklichkeit des Hauptschülers, Köln 1972.
Wulf, Chr.: Curriculumevaluation, in: Zeitschrift für Pädagogik, Heft 2/1971, S. 175 ff.